Gruber I Neumann

Erfolg im Mathe-Abi

Prüfungsaufgaben
Nordrhein-Westfalen

Übungsbuch für den Leistungskurs
mit Tipps und Lösungen
für den wissenschaftlichen
Taschenrechner und den GTR
plus zusätzliche Aufgaben für CAS

Vorwort

Dieses Übungsbuch ist speziell auf die Anforderungen des zentralen Mathematik-Abiturs im Leistungskurs in Nordrhein-Westfalen abgestimmt und enthält Übaufgaben auf Prüfungsniveau aus allen Gebieten (Analysis, Geometrie und Stochastik).

Die Aufgaben sind für Taschenrechner mit und ohne Grafikfähigkeit. Sie sind so gestellt, dass die Verwendung eines grafikfähigen Taschenrchners keine Vorteile mit sich bringt.

Der blaue Tippteil

Hat man keine Idee, wie man eine Aufgabe angehen soll, hilft der blaue Tippteil in der Mitte des Buches weiter: Zu jeder Aufgabe gibt es dort Tipps, die helfen, einen Ansatz zu finden, ohne die Lösung vorwegzunehmen.

Wie arbeitet man mit diesem Buch?

Am Anfang befinden sich die Aufgaben aus den drei Themenbereichen.
Die Aufgaben sind in der Regel in ihrer Schwierigkeit gestaffelt. In der Mitte des Buches befindet sich der blaue Tippteil mit Denk- und Lösungshilfen. Die Lösungen mit ausführlichem Lösungsweg bilden den dritten Teil des Übungsbuchs. Hier findet man die notwendigen Formeln, Rechenverfahren und Denkschritte sowie sinnvolle alternative Lösungswege.

In der Linearen Algebra / Analytischen Geometrie gibt es zwei Schwerpunkte: Abbildungsmatrizen (Schwerpunkt 1) und Übergangsmatrizen (Schwerpunkt 2).

Allen Schülerinnen und Schülern, die sich auf das Abitur vorbereiten, wünschen wir viel Erfolg.

Helmut Gruber, Gregor Kowalski und Robert Neumann

Die Abiturprüfung seit 2007

Seit 2007 werden die Mathematikaufgaben für die schriftliche Abiturprüfung in Nordrhein-Westfalen zentral gestellt. Dabei gibt es folgende inhaltliche Schwerpunkte, wobei die Inhalte des Lehrplans weiter verbindlich sind:

Analysis

- Fortführung der Differentialrechnung:

    - Untersuchung von ganzrationalen Funktionen, gebrochenrationalen Funktionen einschließlich Funktionenscharen, Exponential- und Logarithmusfunktionen mit Ableitungsregeln (Produkt-, Quotienten- und Kettenregel) in Sachzusammenhängen

- Integralrechnung:

    - Untersuchung von Wirkungen

    - Integrationsregeln (partielle Integration, Substitution)

    - Flächenberechnung durch Integration

Lineare Algebra / Analytische Geometrie

Für den Leistungskurs:

- lineare Gleichungssysteme für $n > 2$, Matrix-Vektor-Schreibweise, systematisches Lösungsverfahren für lineare Gleichungssysteme

- lineare Abhängigkeit von Vektoren, Parameterformen von Geraden- und Ebenengleichungen

- Standard-Skalarprodukt mit den Anwendungen Orthogonalität, Winkel und Länge von Vektoren

- Normalenformen von Ebenengleichungen, Lagebeziehungen von Geraden und Ebenen

- Abstandsprobleme (Abstand Punkt-Ebene)

- Alternative 1: Abbildungsmatrizen, Matrizenmultiplikation als Abbildungsverkettung, inverse Matrizen und Abbildungen, Eigenwerte und Eigenvektoren
  oder

- Alternative 2: Übergangsmatrizen, Matrizenmultiplikation als Verkettung von Übergängen, Fixvektoren

Stochastik

Für den Leistungskurs:

- Wahrscheinlichkeit, bedingte Wahrscheinlichkeit, Unabhängigkeit
- Binomialverteilung und Normalverteilung einschließlich Erwartungswert und Standardabweichung
- Alternative 1: Ein- und zweiseitiger Hypothesentest
  oder
- Alternative 2: Schätzen von Parametern für binomialverteilte Zufallsgrößen

Vorwort

Der Ablauf der Abiturprüfung

Im Abitur sind, neben einer mathematischen Formelsammlung und einem deutschen Wörterbuch, ein wissenschaftlicher Taschenrechner ohne oder mit Grafikfähigkeit (TR oder GTR) oder ein Computer-Algebra-System (CAS) erlaubt.

Die Schule erhält zwei Aufgabensätze: einen Aufgabensatz für TR/GTR und einen Satz für CAS. Dabei enthält der Satz für TR/GTR je eine Aufgabe mehr als der Satz für CAS. Jeder Satz besteht aus zwei Aufgabengruppen:

Aufgabengruppe 1

Analysis	Analysis	Analysis
Aufgabe 1	Aufgabe 2	Aufgabe 3 nur TR / GTR

Aufgabengruppe 2

Lineare Algebra / Geometrie	Lineare Algebra / Geometrie	Lineare Algebra / Geometrie
Alternative 1 Abbildungsmatrizen	Alternative 2 Übergangsmatrizen	Alternative 1 oder 2 nur TR / GTR

Stochastik	Stochastik
Aufgabe 1	Aufgabe 2

Die Fachlehrerin/der Fachlehrer wählt insgesamt drei Aufgaben und zwar aus den beiden Aufgabengruppen mindestens eine Aufgabe aus. **Die Abiturprüfung besteht also aus drei Aufgaben**: In jedem Fall eine Analysisaufgabe und eine der Aufgaben aus der Aufgabengruppe 2. Die Bearbeitungszeit beträgt 255 Minuten. Eine Aufgabenauswahl durch den Schüler/die Schülerin ist nicht vorgesehen.

Inhaltsverzeichnis

Analysis

1 Ganzrationale Funktion – Windeln 8
2 Gebrochenrationale Funktion – Mineraldünger 9
3 Gebrochenrationale Funktion – Heizkosten 10
4 Gebrochenrationale Funktion – Bakterienkultur 11
5 Exponentialfunktion – Funktionenschar 12
6 Exponentialfunktion – Schädlinge 13
7 Exponentialfunktion – Medikament 14
8 Logarithmusfunktion – Schale 16
9 Logarithmusfunktion – Rotweinkaraffe 17
10 Logarithmusfunktion – Atemstoßtest 18
11 Gebrochenrationale Funktion – Zahnpasta (CAS) 19
12 Gebrochenrationale Funktion – Straßenlaterne (CAS) 20
13 Exponentialfunktion – Glockenkurve (CAS) 21
14 Exponentialfunktion – Baumdurchmesser (CAS) 22

Lineare Algebra / Analytische Geometrie

15 Abbildungsmatrix – Planetarium 24
16 Abbildungsmatrix – Pyramide 26
17 Abbildungsmatrix – Antennenmast 29
18 Abbildungsmatrix – Tetraeder 30
19 Übergangsmatrix – Versandkiste 31
20 Übergangsmatrix – Pyramidenstumpf 32
21 Übergangsmatrix – Haftpflichtversicherung 33
22 Kletterpyramide 34

Stochastik

23 Wähleranalyse 35
24 Cornflakes 36
25 Raucher 38
26 Osterhasen 39
27 Glückstetraeder 40

Tipps 41

Lösungen 65

Stichwortverzeichnis 189

Analysis

1 Ganzrationale Funktion – Windeln

Tipps ab Seite 41, Lösungen ab Seite 65

Gegeben ist die Funktionenschar f_a durch

$$f_a(x) = -\frac{1}{a^2}x^3 + e^{-a}x;\ x \in \mathbb{R},\ a > 0$$

a) Untersuchen Sie die Graphen der Funktionenschar auf Symmetrie, Schnittpunkte mit der x-Achse, Extrem- und Wendepunkte, Asymptoten sowie das Verhalten für $x \to \pm\infty$.

b) Skizzieren Sie für $a = 1$ den Graphen von f_a.

Eine Firma stellt Babywindeln her. Diese bestehen aus übereinandergelegten Schichten, deren Materialdichte alle $0{,}1$ mm linear zunimmt. Durch die Funktion f_a wird der Vorgang der Flüssigkeitsaufnahme in Abhängigkeit von der Materialkonstanten a im Intervall $I = [x_E; x_N]$, $x > 0$ in guter Näherung beschrieben (dabei ist x_E Extremstelle und x_N Nullstelle von f_a).
Es gilt für die Längeneinheiten auf den Koordinatenachsen:
x-Achse: Anzahl der Schichten
y-Achse: Saugfähigkeit innerhalb einer Schicht in ml pro Flächeneinheit.

c) Für welchen Wert der Materialkonstanten a existieren die meisten Schichten?

d) Für welchen Wert der Materialkonstanten a kann im Intervall I die meiste Flüssigkeitsmenge pro Flächeneinheit aufgenommen werden?

2 Gebrochenrationale Funktion – Mineraldünger

Tipps ab Seite 41, Lösungen ab Seite 70

In einem landwirtschaftlichen Versuchsbetrieb wird auf gleich großen Versuchsflächen jeweils eine bestimmte Menge Mineraldünger ausgebracht. Nach der Ernte wird der Ertrag bestimmt. Man kommt zu folgenden Ergebnissen:

Mineraldünger in kg	0	10	20
Ertrag in kg	800	880	940

a) Der Zusammenhang zwischen Mineraldünger und Ertrag soll modellhaft durch die Funktion f mit $f(x) = \frac{ax+b}{x+c}$ (x: Menge an Mineraldünger in kg, $f(x)$: Ertrag in kg) beschrieben werden.

Bestimmen Sie die Parameter a, b und c so, dass die Funktion f die obigen Ergebnisse wiedergibt $\left(\text{Teilergebnis: } f(x) = \frac{1360x+48000}{x+60}\right)$.

b) Welcher Ertrag kann nach diesem Modell maximal erzielt werden? Interpretieren Sie Ihr Ergebnis.

Welche Menge an Mineraldünger muss eingesetzt werden, so dass der Ertrag auf das 1,5-fache im Vergleich zur ungedüngten Versuchsfläche gesteigert wird?

Berechnen Sie die prozentuale Abweichung des Modells vom realen Ertrag, wenn dieser bei einem Einsatz von 60 kg Mineraldünger 980 kg beträgt.

c) Da die Funktion f die tatsächlichen Werte nur anfangs gut wiedergibt, werden die obigen Versuchsergebnisse durch eine ganzrationale Funktion g zweiten Grades näherungsweise dargestellt.

Geben Sie eine Funktionsgleichung von g an und berechnen Sie damit, bei welcher Menge Mineraldünger der höchste Ertrag erzielt werden kann und geben Sie den maximalen Ertrag an.

d) 1 kg Mineraldünger kostet 2 Euro. 1 kg Ernteertrag erzielt einen Preis von 6 Euro.

Bei welcher Mineraldüngermenge ist der Gewinn am größten? (Benutzen Sie die in Aufgabenteil c) aufgestellte Ertragsfunktion.)

3 Gebrochenrationale Funktion – Heizkosten

Tipps ab Seite 42, Lösungen ab Seite 72

Für $t \in \mathbb{R}$ ist eine Funktion f_t gegeben durch

$$f_t(x) = \frac{16 \cdot (x-t)}{(x-1)^2}; x \in D$$

Ihr Graph sei G_t. Für $t_1 = 0$, $t_2 = 1$ und $t_3 = 2$ erhält man folgende Graphen:

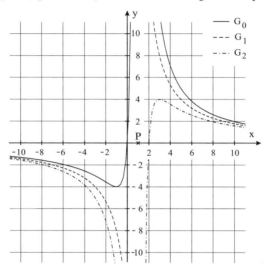

a) Bestimmen Sie den maximalen Definitionsbereich D und geben Sie die Eigenschaften der Kurven der Schar in Abhängigkeit von t an.

b) Berechnen Sie die Koordinaten und die Art des Extrempunkts in Abhängigkeit von t.
   Bestimmen Sie die Ortskurve der Extrempunkte der Kurvenschar.

c) Für welchen Wert von t beträgt der Flächeninhalt der Fläche, die vom Graphen G_t, der x-Achse und den Geraden $x = 2$ und $x = 5$ eingeschlossen wird, 16 FE?

d) Bei einer Wärmedämmschicht der Dicke d gilt für die jährlichen Heizkosten $H(d)$ pro m² Außenwand eines Hauses: $H(d) = \frac{18}{d+3}$ (d in cm, $H(d)$ in €).

   I) Bei welcher Dicke der Dämmschicht betragen die Heizkosten ein Viertel der Heizkosten ohne Dämmschicht?

   II) Für das Anbringen der Dämmschicht mit Dicke d rechnet eine Firma pro m² mit Kosten von $K(d) = 10 + 3d$ (d in cm, $K(d)$ in €).
   Bei welcher Dicke der Dämmschicht sind die Gesamtkosten bei einer Betriebszeit von 30 Jahren am kleinsten?

   III) Welche Kosten hat man bei dieser Dicke und einer Außenwandfläche von 150 m² im Laufe der 30 Jahre gegenüber den Kosten ohne Dämmschicht gespart?

4 Gebrochenrationale Funktion – Bakterienkultur

Tipps ab Seite 42, Lösungen ab Seite 76

Gegeben ist die Funktion f durch

$$f(x) = \frac{4x^2}{x^2+2}; x \in \mathbb{R}$$

Ihr Graph sei G:

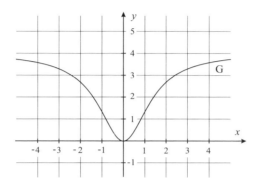

a) Untersuchen Sie für $a > 0$ die Anzahl der gemeinsamen Punkte von G und der Parabel mit der Gleichung $y = ax^2$ in Abhängigkeit von $a \in \mathbb{R}$.

b) Für welchen Wert von u ($u > 0$) ist der Flächeninhalt des Dreiecks PQR mit $P(u \mid f(u))$, $Q(0 \mid 4)$ und $R(-u \mid f(-u))$ maximal?

c) Untersuchen Sie, ob bei der Rotation des Dreiecks PQR um die y-Achse das Kegelvolumen einen Extremwert annimmt.
Welches Kegelvolumen wird nicht überschritten?

d) Bei einer besonderen Versuchsanordnung in einem Labor für Biotechnologie wird die Wachstumsgeschwindigkeit einer Bakterienkultur modellhaft durch die Funktion g_k mit

$$g_k(t) = \frac{4t^2}{t^2+k}, k > 0, t \geq 0$$

(t in Tagen nach Beginn der Beobachtung, $g_k(t)$ in cm² pro Tag) beschrieben.
Zeigen Sie, dass g_k beschränkt ist.
Drei Tage nach Beobachtungsbeginn beträgt die Wachstumsgeschwindigkeit 3 cm² pro Tag. Ab welchem Zeitpunkt beträgt die Wachstumsgeschwindigkeit mehr als 90 % der maximalen Wachstumsgeschwindigkeit?

e) Da g_k das Wachstum der Bakterienkultur nur anfangs gut beschreibt, wird zur Modellierung eine quadratische Funktion h verwendet, deren Funktionswerte zu Beginn, nach drei und nach sechs Tagen mit den Funktionswerten von g_3 übereinstimmen.
Berechnen Sie mit Hilfe von h näherungsweise den Flächeninhalt der innerhalb einer Woche von der Bakterienkultur bedeckten Fläche.

5 Exponentialfunktion – Funktionenschar

Tipps ab Seite 43, Lösungen ab Seite 80

Gegeben sei die Funktionenschar f_k mit $f_k(x) = (k-x) \cdot e^x$; $k \in \mathbb{R}_0^+$, $x \in \mathbb{R}$.
Drei Graphen von f_k sind in Abbildung 1 zu sehen.

a) Untersuchen Sie den Graphen der Funktion f_k auf Schnittpunkte mit den Koordinatenachsen, Extrempunkte und Wendepunkte.
Ordnen Sie den Graphen der Schar in Abbildung 1 ihre Parameter zu.
Bestimmen Sie die Gleichung der Ortskurve aller Hochpunkte der Funktionenschar.

b) Ein Rechteck liegt im ersten Quadranten und wird nach links und nach unten durch die Koordinatenachsen begrenzt. Die rechte obere Ecke soll auf dem Graphen von f_2 liegen. Berechnen Sie die Koordinaten dieses Eckpunkts so, dass das Rechteck den größten Flächeninhalt annimmt. Geben Sie die Größe dieser maximalen Rechtecksfläche an.

c) Beschreiben Sie ausgehend von den ersten drei Ableitungen von f_k, welchem Bildungsgesetz die Funktionsterme der höheren Ableitungen gehorchen.
Leiten Sie damit her, dass $F_2(x) = (3-x) \cdot e^x$ eine Stammfunktion von f_2 ist.
Berechnen Sie den Inhalt der Fläche, die vom zu f_2 zugehörigen Graphen und der x-Achse im ersten und zweiten Quadranten eingeschlossen wird.

d) Zeigen Sie, dass sich alle Tangenten, die im jeweiligen Schnittpunkt mit der y-Achse an die Graphen von f_k gelegt werden, in einem Punkt schneiden.

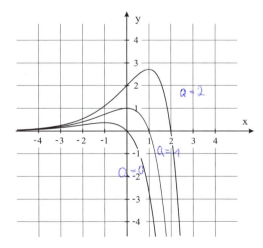

Abbildung 1

6 Exponentialfunktion – Schädlinge

Tipps ab Seite 44, Lösungen ab Seite 84

Zu jedem $k > 0$ ist eine Funktion f_k gegeben durch

$$f_k(t) = 80e^{k \cdot t} - \frac{1}{3}e^{2k \cdot t} = 80e^{k \cdot t} - \frac{1}{3}\left(e^{k \cdot t}\right)^2; t \in \mathbb{R}$$

a) Bestimmen Sie die Schnittpunkte mit der t-Achse, die Hoch-, Tief- und Wendepunkte sowie die Asymptoten von f_k.

b) Begründen Sie, dass der folgende Graph zu $f_{0,5}$ gehört:

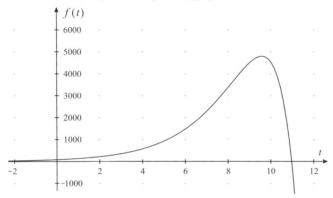

c) Die t-Achse und der Graph von f_k begrenzen eine bis «ins Unendliche reichende» Fläche. Berechnen Sie die Gleichung der zur t-Achse senkrechten Geraden g, welche diese Fläche in zwei Teilflächen einteilt, so dass der Inhalt der linken Teilfläche dreimal so groß ist wie der Inhalt der rechten Teilfläche.

d) Der Graph von $f_{0,5}$ (siehe Aufgabenteil b) zeigt die Entwicklung einer Schädlingspopulation in einem Wald während der Bekämpfung mit einem Pestizid, beginnend bei $t_1 = 0$ und endend zu derjenigen Zeit t_2, ab der keine Schädlinge mehr im Wald vorhanden sind. Dabei gilt:
1 Einheit der Funktionswerte $\hat{=}$ 1000 Schädlinge, 1 Einheit der t-Werte $\hat{=}$ 1 Tag

   I) Beschreiben Sie kurz die Entwicklung der Population im Intervall $[t_1; t_2]$. Gehen Sie dabei auf die Größe und die Wachstumsgeschwindigkeit der Schädlingspopulation ein.

   II) 18 Stunden bevor die Population am stärksten wuchs, wurde das Pestizid über dem Wald versprüht. Bestimmen Sie den Zeitpunkt und die Anzahl der Schädlinge zu diesem Zeitpunkt.

   III) Jeder Schädling vertilgt pro Tag $3\,\text{cm}^2$ Blattfläche. Wie viel Blattfläche wurde von den Schädlingen insgesamt gefressen?

7 Exponentialfunktion – Medikament

Tipps ab Seite 45, Lösungen ab Seite 89

Durch $f(t) = 20t \cdot e^{-0{,}5t}$ wird die Konzentration eines Medikaments im Blut eines Patienten beschrieben. Dabei wird t in Stunden seit der Einnahme und $f(t)$ in $\frac{mg}{l}$ gemessen.

Für die ersten 12 Stunden ergeben sich – gerundet auf eine Dezimale – folgende Werte:

t	0	1	2	3	4	5	6	7	8	9	10	11	12
$f(t)$	0	12,1	14,7	13,4	10,8	8,2	6,0	4,2	2,9	2,0	1,3	0,9	0,6

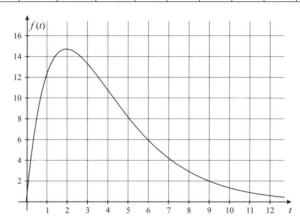

Die folgenden Betrachtungen sind nur für die Zeitspanne der ersten 12 Stunden nach der Einnahme des Medikaments durchzuführen.

a) Nach welcher Zeit erreicht die Konzentration ihren höchsten Wert?
   Wie groß ist dieser höchste Wert?
   Wie hoch ist die mittlere Konzentration innerhalb der ersten 12 Stunden?

b) Zu welchem Zeitpunkt wird das Medikament am stärksten abgebaut?
   Wie groß ist zum Zeitpunkt $t = 4$ die momentane Änderungsrate der Konzentration?
   Ab diesem Zeitpunkt wird die Konzentration des Medikaments nun näherungsweise durch die Tangente an den Graphen von f an der Stelle $t = 4$ beschrieben.
   Bestimmen Sie damit den Zeitpunkt, zu dem das Medikament vollständig abgebaut ist.

c) Anstelle der Näherung aus Teilaufgabe b) wird nun wieder die Beschreibung der Konzentration durch die obige Funktion f verwendet.
   Vier Stunden nach der ersten Einnahme wird das Medikament in der gleichen Dosierung erneut eingenommen. Es wird angenommen, dass sich dabei die Konzentrationen im Blut des Patienten addieren.
   Skizzieren Sie den zeitlichen Verlauf der Konzentration $k(t)$ für $0 \leqslant t \leqslant 12$.

Die Konzentration des Medikaments im Blut darf 20 $\frac{mg}{l}$ nicht übersteigen.
Wird diese Vorgabe in diesem Fall eingehalten?

d) Das Medikament wird nun in seiner Zusammensetzung verändert.
Die Konzentration des Medikaments im Blut wird durch
$g(t) = at \cdot e^{-bt}$ mit $a > 0$ und $b > 0$ beschrieben.
Dabei wird t in Stunden seit der Einnahme und $g(t)$ in $\frac{mg}{l}$ gemessen.
Bestimmen Sie die Konstanten a und b, wenn die Konzentration vier Stunden nach der Einnahme ihren größten Wert von 10 $\frac{mg}{l}$ erreicht.

8 Logarithmusfunktion – Schale

Tipps ab Seite 46, Lösungen ab Seite 92

Für jede Zahl $t > 0$ ist eine Funktionenschar $f_t(x)$ gegeben durch

$$f_t(x) = \ln\left(x^2 + t\right)\,;\ x \in \mathbb{R}$$

a) Untersuchen Sie den Graphen von $f_t(x)$ auf Symmetrie, Nullstellen, Extrem- und Wendepunkte (auf die hinreichende Bedingung für Wendepunkte kann verzichtet werden).
Skizzieren Sie den Graphen zu $f_4(x)$ für $-3 \leqslant x \leqslant 3$ (1 LE $\cong$ 2 cm).
Für welche Werte von t liegen die Wendepunkte des Graphen von $f_t(x)$ unterhalb der x-Achse?

b) Für $0 < t < 0{,}5$ sind die Punkte $A_t\left(\sqrt{t} \mid \ln(2t)\right)$, $B_t\left(-\sqrt{t} \mid \ln(2t)\right)$ und $O(0 \mid 0)$ Eckpunkte eines Dreiecks, das um die y-Achse rotiert.
Für welchen Wert von t wird der Rauminhalt des entstehenden Kegels am größten ? Geben Sie den größtmöglichen Rauminhalt des Kegels an.

c) Der Graph von $f_4(x)$ und die Gerade $y = \ln 8$ umschließen eine Fläche.
Rotiert diese Fläche um die y-Achse, entsteht eine Schale.
Berechnen Sie das Volumen der Schale, wenn einer Längeneinheit 5 cm entsprechen.

9 Logarithmusfunktion – Rotweinkaraffe

Tipps ab Seite 46, Lösungen ab Seite 95

Für jede reelle Zahl t ist eine Funktionenschar $f_t(x)$ gegeben durch

$$f_t(x) = \frac{t + \ln(x)}{x}; \quad x > 0$$

a) Weisen Sie nach, dass der Graph zu $f_t(x)$ Null-, Extrem- und Wendestellen besitzt. Untersuchen Sie auch das Verhalten für $x \to 0$ und $x \to +\infty$ und zeichnen Sie den Graphen zu $f_2(x)$ für $0 < x \leq 5$ (wählen Sie $1\,\mathrm{LE} \,\widehat{=}\, 2\,\mathrm{cm}$).

b) Erklären Sie, was in den drei Schritten im untenstehenden Kasten berechnet wird. Was genau beschreibt y im 3. Schritt?

Bestimmung einer besonderen Kurve:

Für den zu $g_t(x) = 2x^4 + tx^3;\ x \in \mathbb{R},\ t \in \mathbb{R}$ gehörigen Graphen ist der Punkt $T_t\left(-\frac{3}{8}t \,\big|\, -\frac{27}{2048}t^4\right)$ Tiefpunkt.

1. $x = -\frac{3}{8}t$
2. $t = -\frac{8}{3}x$
3. $y = -\frac{27}{2048} \cdot \left(-\frac{8}{3}x\right)^4 = -\frac{2}{3}x^4$

Übertragen Sie die Rechnung auf den Punkt $\left(e^{1-t} \,\big|\, e^{t-1}\right)$ der zu $f_t(x)$ gehörigen Kurvenschar und interpretieren Sie das Ergebnis.

c) Der zu $f_t(x)$ gehörige Graph, die x-Achse und die zur y-Achse parallele Gerade durch den Hochpunkt des Graphen von $f_t(x)$ umschließen eine endliche Fläche. Bestimmen Sie deren Inhalt und interpretieren Sie Ihr Ergebnis.

d) Lässt man den Graphen zu $f_2(x)$ (siehe a) im Intervall $\left[e^{-2}; h\right]$ mit $h > e^{-2}$ um die x-Achse rotieren, so entsteht ein Rotationskörper, der einer Rotweinkaraffe ähnelt.

Man kann jetzt das Volumen der Karaffe in Abhängigkeit von h (entspricht in etwa der genauen «Füllhöhe» $h - e^{-2} \approx h - 0{,}135$) berechnen. Möchte man zu einem gegebenen Volumen V dieser Karaffe h bzw. die Füllhöhe bestimmen, so gelangt man nach einigen Umformungsschritten zu folgender Gleichung (mit $z = \ln(h)$):

$$z^2 + 6z + 10 = \left(\frac{-\mathrm{V}}{\pi} + 14{,}78\right) \cdot e^z$$

Diese Gleichung ist mit den herkömmlichen Mitteln algebraisch nicht lösbar. Erläutern Sie, wie man zumindest näherungsweise eine Lösung für z bestimmen könnte. Begründen Sie, warum es nicht für jeden Wert von V eine Lösung geben kann und geben Sie diese Werte an.

10 Logarithmusfunktion – Atemstoßtest

Tipps ab Seite 47, Lösungen ab Seite 99

Gegeben ist die Funktionenschar f_a mit $f_a(t) = \frac{a+\ln(t)}{t^2}$ mit $a \in \mathbb{R}$.

a) Bestimmen Sie die zweite Ableitung von f_a und zeigen Sie, dass deren Term durch $\frac{6\ln(t)+6a-5}{t^4}$ dargestellt werden kann.

b) Bestimmen Sie eine Stammfunktion von f_a und zeigen Sie damit, dass gilt:
$$\int f_a(t)\,dt = \frac{-a-1-\ln(t)}{t} + C \quad \text{mit } C \in \mathbb{R}.$$

c) Geben Sie den Definitionsbereich für f_a an und begründen Sie das Verhalten von f_a für $t \to \infty$. Untersuchen Sie f_a auf Nullstellen, Extrempunkte und mögliche Wendepunkte (die Wendepunkte nur mit der notwendigen Bedingung).

d) Um in der Medizin die Funktion der Lunge zu untersuchen, stellt man die pro Zeit ausgeatmete Luftmenge, den so genannten Fluss (in Litern pro Sekunde), in Abhängigkeit von der Zeit (in Sekunden) fest, während der Patient ausatmet. Beim so genannten Atemstoßtest nach Tiffeneau wird der Patient aufgefordert, nach langsamer, tiefstmöglicher Einatmung schnellstmöglich mit größter Anstrengung die maximale Luftmenge auszuatmen.

Der folgende Graph der Funktion g mit $g(t) = f_2\left(t+e^{-2}\right) = \frac{2+\ln\left(t+e^{-2}\right)}{\left(t+e^{-2}\right)^2}$ zeigt für einen jungen Patienten den Fluss (in Litern pro Sekunde) während der gesamten Ausatmung, beginnend bei $t_1 = 0$ und endend bei $t_2 = 2,4$ (t in Sekunden).

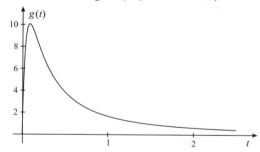

I) Beschreiben Sie kurz den Verlauf der Ausatmung bei diesem Patienten.

II) Bestimmen Sie unter Zuhilfenahme der Tatsache, dass es sich bei g um einen verschobenen Graphen der Funktion f_a handelt, den Zeitpunkt, zu dem der Fluss bei diesem Patienten am stärksten abnahm.

III) Das Verhältnis des Volumens, das nach maximaler Einatmung in der ersten Sekunde schnellstmöglich ausgeatmet werden kann, zu dem Volumen, das nach maximaler Einatmung insgesamt ausgeatmet werden kann, sollte bei einem jungen, gesunden Menschen größer als 75 % sein. Überprüfen Sie, ob dies bei diesem Patienten der Fall ist.

11 Gebrochenrationale Funktion – Zahnpasta (CAS)

Tipps ab Seite 48, Lösungen ab Seite 102

Ein Supermarkt A führt eine neue Zahnpasta ein. In den ersten fünf Wochen ergeben sich folgende wöchentliche Verkaufszahlen:

Verkaufswoche	1	2	3	4	5
verkaufte Stückzahl in dieser Woche	26	46	60	76	86

In einem Modell beschreibt die Funktion f der Form

$$f(x) = \frac{ax+15}{bx+15}$$

die verkaufte Stückzahl $f(x)$ innerhalb der Woche x.

a) Bestimmen Sie a und b anhand der Werte der ersten und fünften Woche.

   Zeichnen Sie den Graphen der Funktion f für das erste Jahr.

   Wie entwickeln sich nach diesem Modell die wöchentlichen Verkaufszahlen während des ersten Jahres?

   Nennen Sie mögliche Gründe für diese Entwicklung.

   (Teilergebnis: $f(x) = \frac{427x+15}{2x+15}$)

b) Bestimmen Sie näherungsweise, wie viele Tuben Zahnpasta der Supermarkt A in den ersten 52 Wochen insgesamt verkauft.

   Nach wie vielen Wochen sind insgesamt mehr als 1500 Tuben verkauft?

c) Gleichzeitig mit dem Supermarkt A bringt der Supermarkt B ein Konkurrenzprodukt auf den Markt. Seine wöchentlichen Verkaufszahlen lassen sich modellhaft durch die Funktion g mit $g(x) = 214 - 214 \cdot e^{-0,08x}$ beschreiben.

   Zeichnen Sie den Graphen dieser Funktion in das Koordinatensystem von Teilaufgabe a) ein.

   Mit welchen wöchentlichen Verkaufszahlen kann der Supermarkt B langfristig rechnen?

   Wann hat der Supermarkt A den größten Vorsprung an insgesamt verkauften Tuben?

d) Berechnen Sie den Zeitpunkt, zu dem in beiden Supermärkten gleich viele Tuben verkauft wurden.

12 Gebrochenrationale Funktion – Straßenlaterne (CAS)

Tipps ab Seite 49, Lösungen ab Seite 106

Ein schmaler Weg wird mit Hilfe von Straßenlaternen, die sich in 6 m Höhe befinden und einen Abstand von jeweils 15 m haben, beleuchtet.

Die Beleuchtungsstärke in einem Wegpunkt P mit Abstand d zu einer Laterne wird modellhaft beschrieben durch

$$B(d) = \frac{22\,000}{d^3 + 4}$$

(d in Meter, $B(d)$ in Lux).

a) In welchem Wegpunkt Q ist die Beleuchtungsstärke bezüglich einer Laterne halb so groß wie im Lotfußpunkt direkt unter der Laterne?

b) Wie groß ist die Beleuchtungsstärke im Lotfußpunkt direkt unter einer Laterne, wenn man auch noch das Leuchten der beiden benachbarten Laternen berücksichtigt?
Um wieviel Prozent erhöht sich dieser Wert, wenn man auf beiden Seiten das Leuchten von zwei Laternen mit einbezieht? Interpretieren Sie das Ergebnis.

c) Berechnen Sie die durchschnittliche Beleuchtungsstärke in einem Wegpunkt zwischen zwei Laternen, wenn nur das Leuchten dieser beiden Laternen berücksichtigt wird.

d) Weisen Sie nach, dass der dunkelste Wegpunkt genau in der Mitte zwischen zwei Laternen liegt, berücksichtigen Sie dabei nur das Leuchten von zwei Laternen.
Wie ist der Laternenabstand zu wählen, so dass bei Berücksichtigung von zwei Laternen jeder Wegpunkt mit mindestens 90 Lux ausgeleuchtet ist?

13 Exponentialfunktion – Glockenkurve (CAS)

Tipps ab Seite 49, Lösungen ab Seite 109

a) Gegeben ist die Funktion f mit $f(x) = \dfrac{e^x}{(e^x+1)^2}$

- Lassen Sie den Graphen von f plotten und übertragen Sie ihn in ein geeignetes Koordinatensystem.
- Beweisen Sie die vermutete Symmetrieeigenschaft von f.
  Zeigen Sie, dass F mit $F(x) = \dfrac{e^x-1}{2(e^x+1)}$ eine Stammfunktion von f ist und berechnen Sie den Inhalt der Fläche zwischen dem Graphen von f und der x-Achse im Intervall $[-1,3;1,3]$.
- Begründen Sie folgenden Grenzwert: $A = \lim\limits_{t \to \infty} \left(\int_{-t}^{t} f(x)\,dx \right) = 1$

b) Skizzieren Sie in dasselbe Koordinatensystem den Graphen der Gaußschen phi-Funktion φ mit
$$\varphi(x) = \frac{1}{\sqrt{2\pi}} \cdot e^{-0,5x^2}$$

Vergleichen Sie die Graphen der beiden Funktionen f und φ miteinander, indem Sie mindestens zwei wesentliche Übereinstimmungen und zwei wichtige Unterschiede auffinden und rechnerisch begründen.

c) Beide Graphen sind Glockenkurven.

- Durch Streckung und Stauchung lässt sich der Graph von f dem Graphen von φ anpassen. Führen Sie dies durch und geben Sie einen Term für die Näherungsfunktion $\bar{f}$ an.
- Als Maß für die Güte der Anpassung wird das Integral
$$I(k) = \int_{-k}^{k} \left(\varphi(x) - \bar{f}(x) \right) dx$$

vorgeschlagen. Mit einer geeigneten Näherung für $\bar{f}$ erhält man untenstehende Werte

k	1	2	3
I	0,0187	0,0328	0,0136

Nehmen Sie Stellung zu diesem Gütemaß und machen Sie Verbesserungsvorschläge, die Sie durch Rechnungen begründen.

14 Exponentialfunktion – Baumdurchmesser (CAS)

Tipps ab Seite 50, Lösungen ab Seite 113

Nach der Fällung einer 200 Jahre alten Rotbuche wurde anhand der Jahresringe der Stammdurchmesser bestimmt. Die folgende Tabelle gibt einen Auszug aus den Messdaten:

Alter in Jahren	0	25	50	75	100	125	150	175	200
Durchmesser in Metern	0,05	0,26	0,40	0,85	1,05	1,20	1,23	1,24	1,26

a) Zeichnen Sie die Messpunkte in ein geeignetes Koordinatensystem ein. Skizzieren Sie eine Kurve, die auch den weiteren Verlauf des Durchmessers prognostizieren könnte und beschreiben Sie den Wachstumsprozess in Worten.

Modellieren Sie die Entwicklung des Durchmessers während der ersten 75 Jahre als exponentielles Wachstum. In welcher Zeitspanne verdoppelt sich die Dicke des Baumes nach Ihrem Modell? Beurteilen Sie dieses Modell.

b) Die Funktion
$$d(x) = \frac{5}{100 \cdot e^{-0,05 \cdot x} + 4}; \; x \in [0; 200]$$
ist ein weiteres Modell, um das Wachstum des Baumdurchmessers zu beschreiben.
Zu welchem Zeitpunkt hatte nach diesem Modell der Baum eine Dicke von 1 m?
Wann wächst der Baum nach diesem Modell am schnellsten und wie schnell wächst er dann?

c) Max hat ein anderes Modell gewählt:

«*Eine kubische Regression führt doch zu einem wesentlich einfacheren Funktionstyp*:
$n(x) = -2,08 \cdot 10^{-7} \cdot x^3 + 2,48 \cdot 10^{-5} \cdot x^2 + 9,34 \cdot 10^{-3} \cdot x + 2,04 \cdot 10^{-2}$
Damit erhalte ich folgende Tabellenwerte – gerundet auf zwei Nachkommastellen – und die sind doch nicht schlechter als die Werte der Funktion d.»

x	0	25	50	75	100	125	150	175	200
$n(x)$	0,02	0,26	0,52	0,77	0,99	1,17	1,28	1,30	1,22
$d(x)$	0,05	0,15	0,41	0,79	1,07	1,19	1,23	1,25	1,25

Vergleichen Sie die beiden Anpassungen. Welche ist besser? Geben Sie eine quantitative und eine qualitative Begründung.

d) Durch Untersuchungsergebnisse an weiteren Buchen hat man festgestellt, dass sich allgemein das Wachstum der Durchmesser durch die folgende Funktion beschreiben lässt:

$$d_p(x) = \frac{5}{p \cdot e^{-0{,}05 \cdot x} + 4}$$

Betrachten Sie für verschiedene Werte von p den jeweiligen Graphen. Welchen Einfluss übt der Faktor p auf den Verlauf des Graphen aus? Wie verändert sich demnach das Wachstum des Baumdurchmessers in Abhängigkeit von p?

Lineare Algebra / Analytische Geometrie

15 Abbildungsmatrix – Planetarium

Tipps ab Seite 52, Lösungen ab Seite 117

Gegeben sind die Ecken des Dreiecks ABC: A(4 | 8 | 10), B(2 | 8 | 10) und C(3 | 4 | 5).

a) Welche Besonderheiten weist das Dreieck ABC im Hinblick auf Form und Lage im Raum auf? Welchen Winkel φ schließt die Ebene, in der das Dreieck ABC liegt, mit der x_1x_3-Ebene ein?

b)   I) Projizieren Sie das Dreieck entlang der x_2-Achse auf die x_1x_3-Ebene und geben Sie die Ortsvektoren des Projektionsdreiecks $A'B'C'$ an.
Geben Sie die zugehörige Abbildung α an.

    II) Verschieben Sie das Dreieck $A'B'C'$ so, dass der Bildpunkt von C' im Nullpunkt liegt und geben Sie die Ortsvektoren des neuen Dreiecks $A''B''C''$ an.
Geben Sie die zugehörige Abbildung β an.

    III) Das Dreieck $A''B''C''$ wird so verändert, dass der Öffnungswinkel bei $C''' = C''$ (Lage im Nullpunkt) genau 47 Grad beträgt und die Seitenlängen $\overline{C''A''}$ und $\overline{C''B''}$ unverändert bleiben. Ferner soll das neue Dreieck $A'''B'''C'''$ achsensymmetrisch zur x_3-Achse sein und oberhalb der x_1-Achse liegen.
Geben Sie die Ortsvektoren des Dreiecks $A'''B'''C'''$ an.
Bestimmen Sie die zugehörige Abbildung γ.

    IV) Geben Sie die Gleichung derjenigen Abbildung δ an, die das Dreieck ABC auf das Dreieck $A'''B'''C'''$ abbildet.

c) Das Dreieck $A'''B'''C'''$ rotiert um die x_3-Achse, so dass ein Kegel entsteht.
Die Erdachse beschreibt einen ähnlichen Kegel in 25 920 Jahren, wobei sie um die Achse der sogenannten Ekliptik rotiert. Diese Achse steht in guter Näherung in der Sonne senkrecht auf der Ebene der Erdbahn um die Sonne. Die Spitze der Erdachse, der Himmelsnordpol S, beschreibt dabei einen Kreis um den Ekliptikpol E als Mittelpunkt. Der Ekliptikpol E liegt auf der Spitze der Ekliptikachse. Als gemeinsamer Punkt beider Achsen wird trotz eines kleinen Fehlers der Nullpunkt des Koordinatensystems angenommen.
Für eine Simulation dieser Bewegung wird der Himmelsnordpol S an die halbkugelförmige Decke ($r = 4$ m) eines Planetariums projiziert. Ermitteln Sie die vektorielle Funktionsgleichung für den Ortsvektor der Kreisbewegung des Himmelsnordpols S in Abhängigkeit des Kreiswinkels α. (Zeichnung siehe nächste Seite.)

15. Abbildungsmatrix – Planetarium

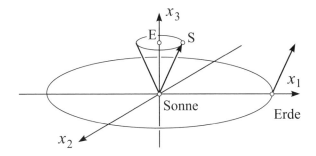

16 Abbildungsmatrix – Pyramide

Tipps ab Seite 53, Lösungen ab Seite 123

Eine quadratische Pyramide (Grundkante 4 LE und Höhe 6 LE) steht neben einer Stufe.

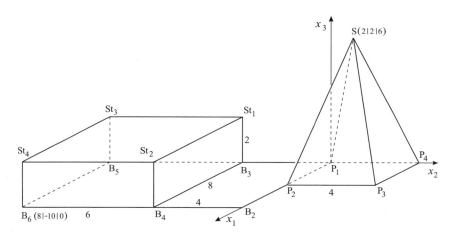

Die Sonne scheint und wirft einen Schatten der Pyramide auf der Stufe.

Die Richtung der Sonnenstrahlen ist $\vec{v} = \begin{pmatrix} 0{,}75 \\ -2{,}5 \\ -1 \end{pmatrix}$.

a) Bestimmen Sie die Gleichung der Geraden durch die Spitze der Pyramide, die den Richtungsvektor $\vec{v}$ hat (Sonnenstrahl durch die Spitze der Pyramide). Zeigen Sie, dass die Punkte $P(5\,|\,-8\,|\,2)$ und $Q(6{,}5\,|\,-13\,|\,0)$ auf dieser Geraden liegen. Erkären Sie, wie man mit Hilfe des Punktes Q entscheiden kann, welche Pyramidenflächen in der Sonne liegen.

b) Die Punkte $S_1(5{,}2\,|\,-4\,|\,0)$ und $S_2(4{,}4\,|\,-4\,|\,2)$ liegen auf dem Rand des Pyramidenschattens. Zeichnen Sie den Schatten der Pyramide, nachdem Sie die noch fehlenden Punkte berechnet haben. Erläutern Sie Ihren Lösungsweg. (Zeichenvorlae auf Seite 28)

c) Beschreiben Sie, wie man den Winkel berechnen kann, unter dem die Sonnenstrahlen auf einer Pyramidenfläche auftreffen. Bestimmen Sie diesen Winkel für eine der beiden Pyramidenflächen, die in der Sonne liegen.

d) Die Darstellung eines räumlichen Objekts auf dem Bildschirm ist eine lineare Abbildung des dreidimensionalen Raums in den zweidimensionalen Raum.

16. Abbildungsmatrix – Pyramide

Im Bild unten ist eine lineare Abbildung des zweidimensionalen Raumes dargestellt.
Bestimmen Sie die zugehörige Abbildungsmatrix und erläutern Sie Ihre Überlegungen.

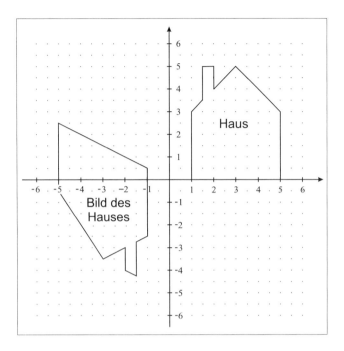

16. Abbildungsmatrix – Pyramide

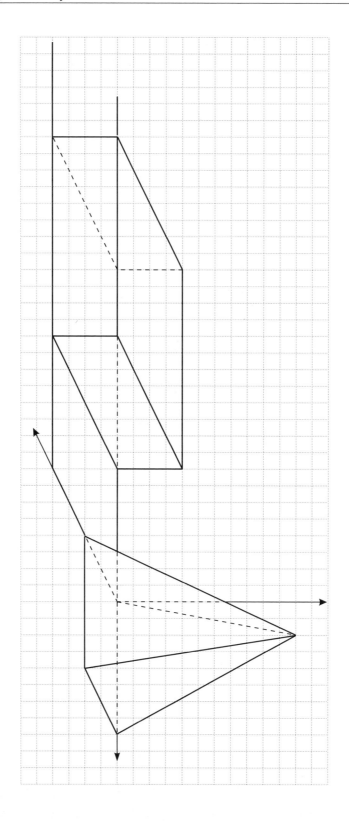

17 Abbildungsmatrix – Antennenmast

Tipps ab Seite 53, Lösungen ab Seite 129

Die Ebene E: $x_1 + x_2 + 2x_3 = 8$ stellt für $x_3 \geqslant 0$ einen Hang dar, der aus der x_1x_2-Ebene aufsteigt. Im Punkt H(6 | 4 | 0) steht ein 80 m hoher Antennenmast senkrecht zur x_1x_2-Ebene (1 LE entspricht 10 m).

a) Stellen Sie den Hang und den Antennenmast in einem Koordinatensystem dar.
Bestimmen Sie den Neigungswinkel des Hangs.
Der Antennenmast wird auf halber Höhe mit einem möglichst kurzen Stahlseil am Hang verankert.
Berechnen Sie die Koordinaten des Verankerungspunktes am Hang.
Bestimmen Sie die Länge des Stahlseils.

b) Der Antennenmast wird von der Sonne beschienen und wirft einen Schatten auf die x_1x_2-Ebene und den Hang. Der Schatten des Antennenmastes endet in einem Punkt T des Hangs.
Beschreiben Sie einen Weg, wie man die Gesamtlänge des Schattens bestimmen kann.

c) Bei einem Sturm knickt der Antennenmast im Punkt K_k(6 | 4 | k) um.
Die Spitze des Antennenmastes trifft dabei den Hang im Punkt R(4 | 0 | 2).
Bestimmen Sie die Höhe, in welcher der Antennenmast abgeknickt ist.

d) Zu einem bestimmten Zeitpunkt fallen die Sonnenstrahlen parallel zum Vektor $\vec{v} = \begin{pmatrix} -1 \\ -2 \\ -2 \end{pmatrix}$ ein. Durch

$$\begin{pmatrix} x'_1 \\ x'_2 \\ x'_3 \end{pmatrix} = \alpha \left(\begin{pmatrix} x_1 \\ x_2 \\ x_3 \end{pmatrix} \right) = A \cdot \begin{pmatrix} x_1 \\ x_2 \\ x_3 \end{pmatrix} + \vec{b}$$

wird eine Abbildung α des Raumes festgelegt, welche jeden Punkt auf seinen Schattenpunkt auf der Ebene E abbildet. Dabei ist A eine 3×3-Matrix und $\vec{b} = \begin{pmatrix} b_1 \\ b_2 \\ b_3 \end{pmatrix}$ ist der Vektor, der die Verschiebung des Ursprungs unter der Abbildung α angibt.
Bestimmen Sie die Abbildungsmatrix A und den Vektor $\vec{b}$.

18 Abbildungsmatrix – Tetraeder

Tipps ab Seite 54, Lösungen ab Seite 133

Gegeben sind die Punkte A (1 | 1 | 0), B (1 | −1 | 2), C (−1 | −1 | 0) und D (−1 | 1 | 2).

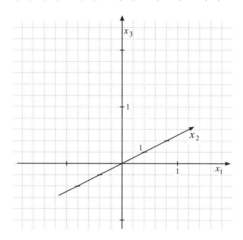

a) Die Punkte A, B, C und D bilden einen räumlichen Körper. Zeichnen Sie diese Punkte in ein der abgebildeten Vorgabe entsprechendes Koordinatensystem ein.

b) Zeigen Sie, dass dieser Körper ein regelmäßiger Tetraeder ist. Erläutern Sie ihre Überlegungen dazu.

c) Zeigen Sie, dass die Punkte A, C und D in der Ebene E mit der Gleichung $E : x_1 - x_2 + x_3 = 0$ liegen. Berechnen Sie den Schnittpunkt dieser Ebene mit derjenigen Geraden, welche durch den Punkt B geht und welche senkrecht auf der Ebene E steht. Welchen Abstand hat der Punkt B von der gegenüberliegenden Tetraederfläche?

d) Eine Abbildung $\alpha : \mathbb{R}^3 \to \mathbb{R}^3$ heißt lineare Abbildung, wenn α die beiden Linearitätseigenschaften

(L1) $\alpha(\vec{x} + \vec{y}) = \alpha(\vec{x}) + \alpha(\vec{y})$ und (L2) $\alpha(r \cdot \vec{x}) = r \cdot \alpha(\vec{x})$ erfüllt.

Begründen Sie mit einer kurzen Rechnung, dass bei einer solchen Abbildung der Nullpunkt fest bleibt, d.h. $\alpha(\vec{0}) = \vec{0}$.

Symmetrieabbildungen des Tetraeders sind Abbildungen, bei denen die Bilder der vier Eckpunkte des Tetraeders wieder vier Eckpunkte des Tetraeders sind, z. B. eine Abbildung, bei der die Punkte A und C fest bleiben und die Punkte B und D vertauscht werden. Geben Sie alle Symmetrieabbildungen des Tetraeders an, die gleichzeitig lineare Abbildungen sind. Beschreiben Sie die Abbildungen anschaulich und geben Sie die zugehörigen Matrizen an.

19 Übergangsmatrix – Versandkiste

Tipps ab Seite 55, Lösungen ab Seite 137

Eine quaderförmige Kiste für den Versand von Videofilmen ist in einem Koordinatensystem durch die Eckpunkte A(0|0|0), B(3|0|0), D(0|5|0) und F(3|0|4) festgelegt.
Die Fläche EFGH stellt den Deckel der geschlossenen Kiste dar.
Dieser ist drehbar um die Kante EH.
Weiterhin ist für jedes $t \in \mathbb{R}$ eine Ebene E_t gegeben durch die Gleichung $E_t: tx_1 - x_3 = -4$.

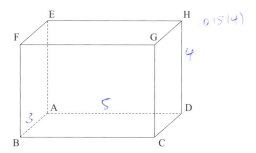

(Skizze nicht maßstabsgerecht)

a) Berechnen Sie den Abstand zwischen den Kanten AB und GH. Zeigen Sie, dass die Gerade durch E und H in jeder Ebene E_t liegt.
In welcher Ebene E_t liegt der Deckel bei geschlossener Kiste?
Liegt der Deckel in einer Ebene E_t, wenn er um 90° geöffnet ist?

b) Wenn der Deckel der geöffneten Kiste in E_2 liegt, wird er durch einen Stab orthogonal zum Deckel abgestützt. Dieser Stab ist in der Mitte der Kante EF befestigt und trifft im Punkt P auf den Deckel. Berechnen Sie die Koordinaten von P.

c) Wie groß ist der Öffnungswinkel, wenn der Deckel in E_2 liegt?
In welcher Ebene E_t liegt der Deckel, wenn der Öffnungswinkel 60° beträgt?

d) Eine punktförmige Lichtquelle in L(0|2,5|20) beleuchtet die Kiste.
Wie weit kann man die Kiste höchstens öffnen, ohne dass Licht von L in die Kiste fällt?

e) Eine Videokette besitzt in einer Stadt drei Filialen: A, B und C. Die Filme werden nach einem vom Besitzer als optimal eingeschätzten Verfahren am Ende des Monats rotiert:
Zum Monatswechsel wechseln 10 % der Filme von A zu B und 5 % zu C. 15 % der Filme bei B werden zu A gesandt und 10 % zu C. Filiale C sendet je 5 % der Filme A und B.

  I) Zeichnen Sie einen Übergangsgraphen und bestimmen Sie eine Übergangsmatrix dieses Prozesses.

  II) Geben Sie die Verteilung der Filme für den folgenden Monat an, wenn es 400 Filme in Filiale A, 360 in Filiale B und 500 in Filiale C gibt.

  III) Berechnen Sie jeweils den prozentualen Anteil der Filme, die innerhalb von zwei Monaten von A und B zu Filiale C gesendet werden.

  IV) Bestimmen Sie die prozentuale Verteilung der Filme, die sich langfristig einstellen wird.

20 Übergangsmatrix – Pyramidenstumpf

Tipps ab Seite 57, Lösungen ab Seite 143

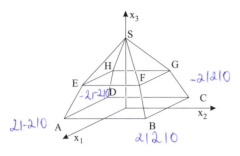

Ein massiver Messingklotz hat die Form eines quadratischen senkrechten Pyramidenstumpfes mit aufgesetzter senkrechter Pyramide der Höhe $h = 6$ cm und der Spitze S. Ein kartesisches Koordinatensystem mit der Längeneinheit 1 cm hat seinen Ursprung im Mittelpunkt der Grundfläche des Pyramidenstumpfes, die Grundlinien sind jeweils parallel zu den Koordinatenachsen. Die Punkte $A(2\mid -2\mid 0)$ und $E(1,5\mid -1,5\mid 4)$ sind gegeben.

a) Bestimmen Sie die Koordinaten der übrigen Punkte sowie den Neigungswinkel α des Pyramidenstumpfes und den Neigungswinkel β der Pyramide (jeweils zwischen einer Seitenfläche und der entsprechenden Grundfläche).

b) Im Schwerpunkt des Dreiecks FGS wird ein Loch senkrecht zur Dreiecksfläche gebohrt. Berechnen Sie die Länge der Bohrung innerhalb der Pyramide.
Eine zweite Bohrung, die von unten kommt, geht durch $P(0\mid -1\mid 0)$ und ist parallel zur x_3-Achse.
Wie lang darf diese Bohrung höchstens sein, wenn in ihrer Verlängerung der Mindestabstand zum Loch der 1. Bohrung 1 cm betragen soll?

c) Berechnen Sie den Abstand der Diagonalen BS und AG.

d) Eine Künstler stellt die Pyramidenstümpfe als Kunstwerke aus. Teil der Ausstellungskonzeption ist das wöchentliche Vertauschen der Kunstwerke in den drei Ausstellungsräumen R_1, R_2 und R_3 des Museums. Der Vertauschungsvorgang wird durch die folgende Matrix beschrieben.

$$M = \begin{pmatrix} a & b & \frac{1}{2} \\ \frac{1}{5} & c & \frac{3}{10} \\ a & d & \frac{1}{5} \end{pmatrix}$$

Langfristig stellt sich eine Verteilung von 80 Pyramidenstümpfen in R_1, 84 Pyramidenstümpfen in R_2 und 40 Pyramidenstümpfen in R_3 ein.

I) Berechnen Sie die fehlenden Elemente der Matrix.

II) In der 5. Woche sind die Pyramidenstümpfe so verteilt, dass sich 96 Pyramidenstümpfe in R_1 befinden, 60 in R_2 und 48 in R_3. Berechnen Sie die Verteilung der Vorwoche.

21 Übergangsmatrix – Haftpflichtversicherung

Tipps ab Seite 57, Lösungen ab Seite 150

Ein Versicherungsunternehmen bietet eine Haftpflichtversicherung für Privatpersonen an. Dabei gibt es drei Tarifklassen A, B und C. Die Tarifklasse C ist die für den Versicherten ungünstigste Klasse und A die günstigste. Bleibt man während eines Kalenderjahres schadensfrei, steigt man im folgenden Jahr in die nächstgünstigere Klasse auf; ist man bereits in Klasse A, so verbleibt man in ihr.

Im Schadensfall (zunächst unabhängig von der Anzahl Schäden in einem Jahr) steigt man in die jeweils nächste, ungünstigere Klasse ab. Ist man bereits in Klasse C eingestuft, so verbleibt man im Schadensfall in dieser. Die Gesamtzahl der Versicherten sei konstant.

Der folgende Übergangsgraph gibt die Anteile der in den Tarifklassen auf- und absteigender Versicherten an:

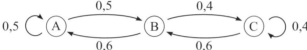

a) Stellen sie die zugehörige Übergangsmatrix M auf.

b) Die Gesamtzahl der Versicherten betrage über die Jahre konstant 4300. Im Jahr 2000 sind dabei 1500 Versicherte in die Tarifklasse A, 1500 in B und der Rest in C eingestuft. Berechnen Sie die Verteilung im Jahr 2001.

Berechnen Sie M^2 und interpretieren Sie die Bedeutung dieser Produktmatrix für das Sachproblem.

c) Ermitteln Sie eine Matrix, mit der man aus einer gegebenen Verteilung die vorjährige berechnen kann und bestimmen Sie damit die Verteilung im Jahr 1999.

d) Bestimmen Sie die Verteilung der Versicherten in den jeweiligen Tarifklassen, die sich langfristig einstellen wird. Kontrollergebnis: $\vec{x} = \begin{pmatrix} 1800 \\ 1500 \\ 1000 \end{pmatrix}$

e) Die langfristig sich einstellende Anzahl der Versicherten in der Tarifklasse A ist dem Unternehmen zu hoch. Es beschließt, dass bei zwei oder mehr Schadensfällen pro Jahr ein Versicherter, der sich bisher in der Klasse A befand, direkt nach Klasse C zurückgestuft wird.

Wie groß muss der Anteil der Versicherten in Tarifklasse A sein, die direkt nach Klasse C zurückgestuft werden, damit sich langfristig nur noch 1600 Versicherte in Klasse A befinden? Geben Sie auch die neue Übergangsmatrix und die neue langfristige Verteilung an.

22 Kletterpyramide

Tipps ab Seite 58, Lösungen ab Seite 155

In einem Freizeitpark steht eine Kletteranlage in Form eines Pyramidenstumpfes mit vier unterschiedlichen Kletterwänden.
Der Pyramidenstumpf entsteht aus einer Pyramide, indem diese parallel zur Grundfläche durchgeschnitten und der obere Teil weggelassen wird.
Der Pyramidenstumpf hat als Grundfläche das Viereck ABCD mit
A(0 | 0 | 0), B(6 | 6 | 0), C(0 | 18 | 0) und D(−8 | 4 | 0)
und als Deckfläche das Viereck A*B*C*D* mit
A*(4 | 1 | 20), B*(7 | 4 | 20) und C*(4 | 10 | 20)
(Koordinatenangaben in Meter).

a) Zeigen Sie, dass S(8 | 2 | 40) die Spitze der ursprünglichen Pyramide ist.
   Bestimmen Sie die Koordinaten des Punktes D*.
   Zeichnen Sie den Pyramidenstumpf in ein Koordinatensystem ein.

b) Berechnen Sie den Flächeninhalt der Wand ABB*A*.
   Untersuchen Sie, ob die Wand ABB*A* nach außen überhängt.

c) Gegeben sind die Geraden $g: \vec{x} = \begin{pmatrix} 0 \\ 0 \\ 3 \end{pmatrix} + s \cdot \begin{pmatrix} 1 \\ 0 \\ 1 \end{pmatrix}$ und $h: \vec{x} = \begin{pmatrix} 2 \\ 2 \\ 0 \end{pmatrix} + t \cdot \vec{v}$; $s, t \in \mathbb{R}$.

   Geben Sie zu jeder der folgenden Lagebeziehungen von g und h jeweils einen möglichen Vektor $\vec{v}$ an und begründen Sie ihre Antworten:

   (1) g und h schneiden sich im Punkt S(−4 | 0 | −1);
   (2) g und h sind windschief;
   (3) g und h schneiden sich orthogonal.

Stochastik

Die Tabellen der Binomial- und Normalverteilung sind auf Seite 181 zu finden.

23 Wähleranalyse

Tipps ab Seite 60, Lösungen ab Seite 161

a) In einer Gruppe von 30 Personen sind 10 Wählerinnen und Wähler der Partei ABC und 20 Wählerinnen und Wähler der Partei XYZ. Es werden für Interviews 5 Personen zufällig ausgewählt.

   I) Mit welcher Wahrscheinlichkeit werden nur Wählerinnen und Wähler der Partei XYZ ausgewählt?

   II) Mit welcher Wahrscheinlichkeit gelangen genau 2 Wählerinnen oder Wähler der Partei ABC in die Stichprobe?

   Erläutern Sie jeweils Ihren Lösungsweg.

b) Eine zufällig ausgewählte Person aus der Bevölkerung gibt ihre Stimme mit einer Wahrscheinlichkeit von $p = 0,3$ der Partei ABC.

   I) Wie groß ist die Wahrscheinlichkeit, dass von 100 befragten, zufällig ausgewählten Wählern mehr als 60 und weniger als 78 ihre Stimme einer anderen Partei geben?

   II) Für Berechnungen von Wahrscheinlichkeiten bei großen Stichproben hat die Gaußsche φ-Funktion eine wichtige Bedeutung. Beschreiben Sie den Zusammenhang einer Binomialverteilung und der Gaußschen φ-Funktion. Bestimmen Sie näherungsweise, wie groß die Wahrscheinlichkeit dafür ist, dass die Anzahl der ABC-Wähler unter 2100 befragten, zufällig ausgewählten Wählern mehr als 661 beträgt.

c) Bei Umfragen zur Prognose des Wahlausgangs lag der Wähleranteil der Partei XYZ bisher bei 54 %. Die Strategen im Wahlkampfbüro vermuten, dass nach einer Werbekampagne der potentielle Wähleranteil der Partei XYZ größer geworden ist.
Entwickeln Sie einen Hypothesentest für einen Stichprobenumfang von 150, mit dem die Vermutung des Wahlkampfbüros bei einem Signifikanzniveau von 10 % untersucht werden kann. Erläutern Sie an diesem Beispiel auch die möglichen Fehler bei der Entscheidung. Berechnen Sie die Wahrscheinlichkeit für den Fehler 2. Art, wenn der potentielle Wähleranteil nach der Werbekampagne tatsächlich 60 % beträgt. Welchen Einfluss hat der Stichprobenumfang auf die Größe der Wahrscheinlichkeit eines Fehlers 2. Art?

24 Cornflakes

Tipps ab Seite 61, Lösungen ab Seite 165

Zum Jubiläum einer Fernsehserie bringt eine Firma Cornflakes-Packungen mit Figuren dieser Fernsehserie auf den Markt. Die Firma wirbt damit, dass sich in jeder 5. Packung eine Figur befindet.

a) Ein Kindergarten kauft 20 Packungen, wobei man davon ausgehen kann, dass die Verteilung der Figuren zufällig ist.
Erklären Sie, welche Bedeutung in diesem Zusammenhang die folgende Rechnung hat:

$$\binom{20}{2} \cdot \left(\frac{1}{5}\right)^2 \cdot \left(\frac{4}{5}\right)^{18} \approx 0{,}13691$$

Berechnen Sie die Wahrscheinlichkeiten P(A) und P(B) der folgenden Ereignisse:
A: In keiner Packung ist eine Figur aus der Serie.
B: Es befinden sich in höchstens 2 Packungen Figuren aus der Serie.

b) Ein Käufer möchte unbedingt eine Figur bekommen. Berechnen Sie, wieviele Packungen er mindestens kaufen muss, um mit einer Sicherheit von 99,9 % mindestens eine Packung mit einer Figur zu erhalten.

c) Bei der Produktion der Packungen treten nur die folgenden beiden Fehler auf:
F_1: falsches Gewicht der Füllung
F_2: fehlerhafte Verpackung

F_1 und F_2 treten unabhängig voneinander auf. Eine Packung ist einwandfrei, wenn sie keinen der beiden Fehler aufweist, was erfahrungsgemäß bei 90 % aller Packungen der Fall ist. Erfahrungsgemäß haben 7,5 % der Cornflakes-Packungen ein falsches Gewicht.
Veranschaulichen Sie die Zusammenhänge mit einem Baumdiagramm und bestimmen Sie die Wahrscheinlichkeit, mit der der Fehler F_2 auftritt.

d) Ein Konkurrenzunternehmen vermutet, dass die Firma mit der Werbung betrügt, d.h. dass die Behauptung «In jeder fünften Packung...» in Wirklichkeit nicht eingehalten wird. Es beauftragt ein Kontrollinstitut, dies zu untersuchen. Das Institut kauft 100 Cornflakes-Packungen.
Erklären Sie, warum aus Sicht des Konkurrenzunternehmens die Behauptung nur abzulehnen ist, wenn zu wenige Figuren gefunden werden.
Das Institut entschließt sich, die Behauptung der Firma abzulehnen, wenn bei 100 gekauften Packungen höchstens 11 Figuren gefunden werden.
Erklären Sie, was hier ein Fehler 1. Art ist und begründen Sie, dass die Wahrscheinlichkeit für einen Fehler 1. Art hierbei kleiner als 2,5 % ist.

e) Auf Grund umfangreicher Erhebungen kommt das Institut zu der Annahme, dass entweder jede 5. oder jede 6. Packung eine Figur enthält.

Bestimmen Sie zu der obigen Entscheidungsregel die Wahrscheinlichkeit für einen Fehler 2. Art unter der Annahme, dass nur jede 6. Packung eine Figur enthält.

Erklären Sie, warum diese Wahrscheinlichkeit im Vergleich zu derjenigen für den Fehler 1. Art groß ist.

Erläutern Sie, wie das Institut vorgehen muss, damit bei einer Entscheidungsregel, ob jede 5. oder jede 6. Packung eine Figur enthält, sowohl die Wahrscheinlichkeit für einen Fehler 1. Art als auch die für einen Fehler 2. Art kleiner werden.

25 Raucher

Tipps ab Seite 62, Lösungen ab Seite 168

Rauchen ist das größte vermeidbare Gesundheitsrisiko unserer Zeit: Über 110 000 tabakbedingte Todesfälle sind pro Jahr in Deutschland zu verzeichnen. Umso wichtiger ist es, bereits Jugendliche vom Tabakkonsum fernzuhalten.

Der Drogen- und Suchtbericht im Jahr 2004 der Drogenbeauftragten der Bundesregierung, Frau Marion Caspers-Merk, kommt zu dem Ergebnis, dass ca. ein Drittel aller Schüler, die eine 9. oder 10. Klasse besuchen, täglich Zigaretten rauchen. Befragt wurden mehr als 11 000 Schülerinnen und Schüler verschiedener Schularten.

a) Mit welchem mathematischen Modell lässt sich eine (auf Basis der obigen Ergebnisse später durchgeführte) Stichprobe von 100 zufällig ausgewählten Schülern beschreiben?

b) Berechnen Sie die Wahrscheinlichkeit dafür, dass von 100 zufällig ausgewählten Schülern
   I) höchstens 20 rauchen,
   II) mindestens 27 rauchen.

c) Wie viele zufällig ausgewählte Schülerinnen und Schüler müsste man befragen, um mit einer Wahrscheinlichkeit von mindestens $0,99$ mehr als einen Raucher zu finden?

d) Bei der Prävention nehmen laut der Bundeszentrale für gesundheitliche Aufklärung (BZgA) die Sportvereine eine wichtige Rolle ein. Als Beispiel sei die Kampagne «Kinder stark machen» genannt, die bereits seit den 90er Jahren läuft.
   In einer aktuellen Umfrage an einer Schule ist erfasst worden, wie viele Schülerinnen und Schüler der 9. und 10. Klassen regelmäßig rauchen und Mitglied in Sportvereinen sind. 43 Raucher gaben an, Mitglied in einem Sportverein zu sein, 65 Raucher hingegen zählen zu den Nichtmitgliedern. Bei den Nichtrauchern waren 77 Mitglied eines Sportvereins und wiederum 65 nicht.
   Zeigen Sie, dass die beiden Ereignisse «Mitgliedschaft im Sportverein» und «Raucher» nicht unabhängig sind.

e) Die BZgA ergreift verschiedene Maßnahmen zur Suchtprävention. Zum Beispiel muss eine Zigarettenpackung mittlerweile mindestens 17 Zigaretten enthalten, so dass durch Kleinpackungen, bezeichnenderweise «Kiddy Packs» genannt, keine erschwinglichen Alternativen für Kinder und Jugendliche mehr angeboten werden. Im Rahmen einer anderen Kampagne wurde eine fünfteilige Anzeigenserie in Jugendzeitschriften geschaltet.
   Die von der BZgA beauftragte Werbeagentur behauptet, dass die präventiven Kampagnen bereits Erfolg hatten. Die BZgA möchte dies überprüfen und lässt dazu 1200 zufällig ausgewählte Schülerinnen und Schüler befragen. Erläutern Sie, warum sich ein einseitiger Hypothesentest anbietet und geben Sie eine ausführlich begründete Entscheidungshilfe: Bis zu welcher Anzahl von Rauchern kann die Suchtprävention als gelungen angesehen werden? Welche Fehler können bei der Interpretation der Daten unterlaufen?

26 Osterhasen

Tipps ab Seite 63, Lösungen ab Seite 172

a) Ein Supermarkt startet vor Ostern eine Werbeaktion, bei der die Kunden Schokoladenosterhasen gewinnen können. Das Gewinnspiel ist wie folgt konzipiert: In einem Behälter sind 20 grüne und 10 weiße Kugeln, die sich nur in der Farbe voneinander unterscheiden. Der Kunde zieht «blind» nacheinander 3 Kugeln und gewinnt, wenn er genau zwei grüne und eine weiße Kugel gezogen hat. Es ist ihm freigestellt, ob er mit oder ohne Zurücklegen der Kugeln spielen möchte.
Welche Wahl würden Sie treffen? Berechnen Sie die beiden Wahrscheinlichkeiten und stellen Sie das Ziehen ohne Zurücklegen in einem Baumdiagramm dar.

b) Von den zu gewinnenden Osterhasen stammen erfahrungsgemäß 5 % aus dem vergangenen Jahr, so dass deren Qualität schlecht ist.
Berechnen Sie die Wahrscheinlichkeit, dass von 100 Gewinnern mindestens 10 einen alten Hasen bekommen.

c) Erfahrungsgemäß beklagen sich 25 % der Gewinner, die einen alten Hasen bekommen haben, über dessen Qualität.
In einer Schokoladenhasengroßpackung befinden sich 50 alte Hasen, die von 50 verschiedenen Kunden gewonnen werden.
Berechnen Sie die Wahrscheinlichkeit, dass die Anzahl der Kunden, die sich beklagen, um mindestens 5 vom Erwartungswert abweicht.

d) Ein Unternehmensberater will die Aussage des Supermarkts überprüfen, dass höchstens 5 % der Hasen alt seien. Er vermutet, dass der Anteil alter Ware größer ist und nimmt eine Stichprobe von 800 Hasen. Falls er zu der Entscheidung kommt, dass die Aussage falsch ist, so soll die Werbeaktion abgebrochen werden, da die negativen Folgen der Kundenklagen im Vergleich zum positiven Effekt der Aktion überwiegen würden.
Bestimmen Sie eine Entscheidungsregel zur Überprüfung der Aussage, wenn der Unternehmensberater eine Entscheidung für die Aussage auf einem Sicherheitsniveau von 99 % treffen will.

e) Ein zweiter Unternehmensberater ist gegen die Vorgehensweise aus Aufgabenteil d) und macht einen Alternativvorschlag: Sind bei einer ersten Stichprobe von 50 Hasen 7 oder mehr alt, soll die Werbeaktion sofort beendet werden. Sind 5 oder 6 Hasen alt, wird eine zweite Stichprobe vom Umfang 100 genommen. Die Werbeaktion wird dann gestoppt, wenn in dieser Stichprobe mehr als 5 % alte Hasen sind, ansonsten geht sie weiter. Berechnen Sie die Wahrscheinlichkeit für einen Abbruch bei diesem Vorschlag, obwohl die Aussage des Supermarkts stimmt, dass höchstens 5 % aller Hasen alt sind.

27 Glückstetraeder

Tipps ab Seite 64, Lösungen ab Seite 176

Damit Donald Duck seine chronische Geldknappheit bekämpfen kann, bekommt er von seinem glücksverwöhnten Vetter Gustav dessen Glücks-Tetraeder geliehen, das auf vier Flächen die Zahlen 0, 3, 3, 7 trägt. Donald probiert das Glücks-Tetraeder kurz aus und beschließt dann, mit folgendem Spiel auf verschiedenen Volksfesten ein reicher Mann zu werden: Der Spieler zahlt einen Einsatz von 10 Talern an Donald und würfelt dann einmal mit dem Glücks-Tetraeder. Anschließend zahlt Donald dem Spieler die Summe der nach dem Wurf auf dem Tetraeder sichtbaren Augenzahlen aus, wobei gilt: 1 Taler = 100 Kreuzer.

In den folgenden Wochen aber stellt Donald fest, dass er insgesamt Verluste macht, und bittet deswegen seine Neffen Tick, Trick und Track um Hilfe. Die Neffen überprüfen das Glücks-Tetraeder, indem sie es 100-mal werfen, und sie beobachten dabei, dass das Glücks-Tetraeder 33-mal auf der «0» landet. Sie gehen zu Donald und sagen ihm: «Wir können uns zwar auch – allerdings mit einer Wahrscheinlichkeit von weniger als 5 Prozent – irren, aber dein Glücks-Tetraeder bevorzugt die Lage auf der «0»».

Aufgaben

Gehen Sie von einem idealen Tetraederwürfel aus, der auf seinen vier Flächen einmal eine «0», einmal eine «7» und zweimal eine «3» trägt. Als geworfene Zahl gilt die Zahl, auf der das Tetraeder steht.

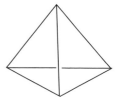

a) Bestimmen Sie die Wahrscheinlichkeit, beim 4-maligen Werfen des Tetraederwürfels zuerst eine «0», dann zweimal eine «3» und zum Schluss eine «7» zu werfen.

b) Entscheiden Sie, welches Ereignis wahrscheinlicher ist: beim 6-maligen Werfen genau 3-mal eine «3» zu werfen oder beim 13-maligen Werfen höchstens 2-mal die «0» zu werfen.

c) Untersuchen Sie, wie oft das Tetraeder mindestens geworfen werden muss, damit mit einer Wahrscheinlichkeit von mehr als 95 Prozent wenigstens einmal eine «7» geworfen wird.

d) Bestimmen Sie den für Donald zu erwartenden Gewinn pro Spiel, wenn Donald das oben beschriebene Glücksspiel mit einem idealen Tetraeder anbietet.

e) Bestimmen Sie mit deutlicher Erläuterung des rechnerischen Ansatzes den Zahlenwert, mit dem Donald eine der beiden «3»-er-Flächen des idealen Tetraeders überkleben müsste, damit sein Spiel bei gleichbleibenden Regeln und einem Einsatz von 10 Talern fair wäre.

f) Erläutern Sie, welche Bedeutung die «Wahrscheinlichkeit von weniger als 5 Prozent» in der Aussage der Neffen hat. Überprüfen Sie dann die Richtigkeit der Aussage von Tick, Trick und Track über Gustavs Glücks-Tetraeder. Falls Sie einen Taschenrechner ohne eingebaute Statistikfunktion benutzen, können Sie folgenden Wert zur Berechnung benutzen: $F_{100;\frac{1}{4}}(32) \approx 0{,}9554$.

g) Das oben angegebene Testergebnis der Neffen legt nahe, dass Gustavs Glücks-Tetraeder eine andere Wahrscheinlichkeitsverteilung als die eines fairen Tetraederwürfels zugrunde liegt. Geben Sie auf der Grundlage des Testergebnisses eine mögliche Wahrscheinlichkeitsverteilung an und zeigen Sie, dass Donalds Verluste demnach plausibel sind.

Tipps

Analysis

1 Ganzrationale Funktion – Windeln

a) Bei der Untersuchung des Graphen von f_a auf Symmetrie beachten Sie, dass es sich um eine ganzrationale Funktion handelt, die nur ungerade Exponenten besitzt; setzen Sie $(-x)$ in $f_a(x)$ ein. Gilt $f_a(-x) = -f_a(x)$, ist der Graph punktsymmetrisch zum Ursprung. Um die Schnittpunkte mit der x-Achse zu bestimmen, berechnen Sie die Lösungen von $f_a(x) = 0$. Zur Bestimmung der Extrem- und Wendepunkte leiten Sie die Funktion f_a dreimal ab und setzen die erste bzw. zweite Ableitung gleich Null. Prüfen Sie jeweils auch die hinreichende Bedingung. Bestimmen Sie die Grenzwerte, falls möglich, von $f_a(x)$ für $x \to \pm\infty$.

b) Benutzen Sie die charakteristischen Punkte aus Aufgabenteil a), um den Graphen zu skizzieren. Insbesondere die Symmetrie kann bei der Zeichnung hilfreich sein.

c) Bestimmen Sie die Grenzen des Intervalls I; beachten Sie, dass $x > 0$ ist. Damit die Anzahl der Schichten im Intervall I möglichst groß ist, muss der Abstand zwischen der positiven Extremstelle und der positiven Nullstelle möglichst groß sein. Stellen Sie eine Funktion $D(a)$, die von a abhängt, auf und bestimmen Sie deren Maximum mit Hilfe der 1. und 2. Ableitung von $D(a)$.

d) Die meiste Flüssigkeit kann aufgenommen werden, wenn der Flächeninhalt $F(a)$ der Fläche zwischen dem Graphen von f_a und der x-Achse im Intervall I möglichst groß ist. Berechnen Sie $F(a)$ mit Hilfe eines Integrals in Abhängigkeit von a und bestimmen Sie das Maximum von $F(a)$ mit Hilfe der 1. und 2. Ableitung vo $F(a)$.

2 Gebrochenrationale Funktion – Mineraldünger

a) Stellen Sie mit Hilfe der gegebenen Daten drei Gleichungen mit drei Unbekannten auf und lösen Sie das Gleichungssystem.

b) Skizzieren Sie das Schaubild von f und überlegen Sie, ob f monoton ist (Nachweis mit f'). Wo liegt dann das «Maximum»?
Berechnen Sie den 1,5-fachen Ertrag und setzen sie ihn mit $f(x)$ gleich.
Berechnen Sie die Differenz zwischen $f(60)$ und 980, sowie den Prozentsatz bezüglich 980.

c) Eine ganzrationale Funktion 2. Grades hat den Ansatz: $g(x) = rx^2 + sx + t$. (Die Parameter a, b und c wurden schon für die Funktion f verwendet.) Stellen Sie drei Gleichungen auf und lösen Sie das Gleichungssystem.
Das Maximum von $g(x)$ erhalten Sie mit Hilfe der 1. und 2. Ableitung von $g(x)$.

d) Überlegen Sie sich, wie sich der Gewinn zusammensetzt, stellen Sie eine Gewinnfunktion $G(x)$ auf und bestimmen Sie das Maximum von $G(x)$ mit Hilfe der 1. und 2. Ableitung von $G(x)$.

3 Gebrochenrationale Funktionen – Heizkosten

a) Zur Bestimmung des Definitionsbereichs setzen Sie den Nenner der Funktion f_t gleich Null.
Untersuchen Sie (ohne Rechnung) die gegebenen Graphen auf Asymptoten, Symmetrie, Schnittpunkte mit den Achsen, Hoch-, Tief- und Wendepunkte.

b) Die Koordinaten des Extrempunkts von f_t erhalten Sie mit Hilfe der 1. und 2. Ableitung von f_t, die Sie mit der Quotientenregel bestimmen. Setzen Sie als notwendige Bedingung $f_t{}'(x) = 0$ und lösen Sie die Gleichung. Setzen Sie den errechneten x-Wert in $f_t{}''(x)$ ein und überlegen Sie, für welche Werte von t das Ergebnis positiv bzw. negativ wird; beachten Sie den Definitionsbereich von f_t. Den y-Wert des Extrempunkts erhalten Sie durch Einsetzen des errechneten x-Werts in $f_t(x)$.

c) Der Flächeninhalt der Fläche zwischen G_t, den beiden Geraden und der x-Achse erhalten Sie durch Integration.
Schreiben Sie $f_t(x)$ als Produkt zweier Funktionen und verwenden Sie die Formel für partielle Integration (Produktintegration):

$$\int_a^b u(x) \cdot v'(x)\,dx = \left[u(x) \cdot v(x)\right]_a^b - \int_a^b u'(x) \cdot v(x)\,dt$$

Setzen Sie $u(x) = 16(x-t)$ und $v'(x) = (x-1)^{-2}$ in die Formel ein.

d) I) Bestimmen Sie die Heizkosten ohne Dämmung ($d = 0$) und setzen Sie ein Viertel davon mit H(d) gleich.

II) Überlegen Sie, wie sich die Gesamtkosten in 30 Jahren zusammensetzen, stellen Sie eine Funktion G(d) auf und bestimmen Sie das Minimum von G(d) mit Hilfe der 1. und 2. Ableitung von G(d).

III) Berechnen Sie jeweils die Gesamtkosten; die Ersparnis ergibt sich aus der Differenz.

4 Gebrochenrationale Funktion – Bakterienkultur

a) Gemeinsame Punkte von G und der Parabel erhalten Sie durch Gleichsetzen der Funktionsgleichungen; überlegen Sie, wie viele Lösungen die Gleichung unter Beachtung des Radikanden hat.

b) Skizzieren Sie ein Dreieck entsprechend der Problemstellung, überlegen Sie die Länge der Grundseite sowie die Höhe und stellen Sie eine Funktionsgleichung für den Flächeninhalt A(u) auf, deren Maximum Sie mit Hilfe der 1. und 2. Ableitung bestimmen.

c) Für den Kegel gilt: $V_{Kegel} = \frac{1}{3} \cdot \pi \cdot r^2 \cdot h$. Stellen Sie eine Funktionsgleichung für das Kegelvolumen V auf und prüfen Sie V auf Monotonie mit Hilfe der 1. Ableitung. Betrachten Sie anschließend $\lim_{u \to \infty} V(u)$.

d) Um zu zeigen, dass g_k beschränkt ist, betrachten Sie g_k' und $\lim_{t\to\infty} g_k(t)$.

Stellen Sie mit den gegebenen Daten eine Gleichung auf und bestimmen Sie k sowie die zugehörige Funktionsgleichung.

Überlegen Sie, welche maximale Wachstumsgeschwindigkeit erreicht werden kann und stellen Sie eine Ungleichung auf, um den gesuchten Zeitpunkt zu bestimmen.

e) Berechnen Sie die Funkionswerte von g_3 für $t_1 = 0$, $t_2 = 3$ und $t_3 = 6$. Verwenden Sie für die Funktion h den Ansatz $h(t) = at^2 + bt + c$, stellen Sie mit Hilfe der berechneten Funktionswerte ein Gleichungssystem mit 3 Gleichungen und 3 Unbekannten auf und lösen Sie dieses. Den gesuchten Flächeninhalt erhalten Sie mit Hilfe eines Integrals von h mit den Integrationsgrenzen $t_1 = 0$ und $t_2 = 7$.

5 Exponentialfunktion – Funktionenschar

a) Den Schnittpunkt mit der y-Achse erhalten Sie, indem Sie $x = 0$ in $f_k(x)$ einsetzen.
Schnittpunkte mit der x-Achse erhalten Sie, indem Sie $f_k(x)$ gleich Null setzen.
Zur Bestimmung der Extrempunkte benötigen Sie die 1. und 2. Ableitung von $f_k(x)$, die Sie mit Hilfe der Produktregel erhalten. Setzen Sie die 1. Ableitung gleich Null, lösen Sie die Gleichung und setzen Sie den erhaltenen x-Wert in die 2. Ableitung ein; ist $f_k''(x)$ größer als Null, handelt es sich um einen Tiefpunkt, ist $f_k''(x)$ kleiner als Null, handelt es sich um einen Hochpunkt. Den zugehörigen y-Wert erhalten Sie, indem Sie den x-Wert in $f_k(x)$ einsetzen.
Zur Bestimmung des Wendepunkts setzen Sie die 2. Ableitung von $f_k(x)$ gleich Null, lösen die Gleichung und setzen den erhaltenen x-Wert in die 3. Ableitung von $f_k(x)$ ein; ist das Ergebnis ungleich Null, handelt es sich um einen Wendepunkt. Den zugehörigen y-Wert erhalten Sie, indem Sie den x-Wert in $f_k(x)$ einsetzen.
Um den gegebenen Graphen den jeweiligen Parameter k zuzuordnen, lesen Sie die Nullstellen an den Graphen ab und vergleichen diese mit den Nullstellen von $f_k(x)$. Alternativ können Sie auch den y-Achsenabschnitt von $f_k(x)$ verwenden.
Die Gleichung der Ortskurve aller Hochpunkte der Funktionenschar erhalten Sie, indem Sie die x-Koordinate von H_k nach k auflösen und k in die y-Koordinate von H_k einsetzen; beachten Sie den Definitionsbereich.

b) Skizzieren Sie die Problemstellung.
Legen Sie die rechte obere Ecke des Rechtecks in Abhängigkeit von u fest:
$P(u \mid f_2(u))$, $u > 0$.
Bestimmen Sie die Grundseite und die Höhe und damit den Flächeninhalt $A(u)$ des Rechtecks in Abhängigkeit von u.
Zur Bestimmung des größten Flächeninhalts benötigen Sie die 1. und 2. Ableitung von $A(u)$, die Sie mit der Produktregel erhalten. Setzen Sie die 1. Ableitung von $A(u)$ gleich Null, lösen Sie die Gleichung und setzen Sie den erhaltenen Wert von u (beachten Sie den möglichen Wertebereich) in die 2. Ableitung von $A(u)$ ein; ist das Ergebnis kleiner als Null, handelt es sich um ein Maximum.

6. Exponentialfunktion – Schädlinge   Tipps

(Den y-Wert von P erhalten Sie, indem Sie den Wert von u in $f_2(u)$ einsetzen.)
Die maximale Rechtecksfläche erhalten Sie, indem Sie den Wert von u in $A(u)$ einsetzen.

c) Überlegen Sie, durch welche Summanden sich die Ableitungen von $f_k(x)$ unterscheiden und versuchen Sie, die n-te Ableitung von f_k anzugeben. Setzen Sie das Bildungsgesetz zur Stammfunktion von f_k hin fort und setzen Sie $k = 2$ ein.
Prüfen Sie durch Ableiten mit der Produktregel, ob F_2 eine Stammfunktion von f_2 ist.
Den Flächeninhalt der Fläche, die vom Graphen von f_2 und der x-Achse im 1. und 2. Quadranten eingeschlossen wird, berechnen Sie mit Hilfe des Integrals und der gegebenen Stammfunktion $F_2(x)$. Da die Fläche nach links ins Unendliche reicht, setzen Sie die untere Integrationsgrenze gleich z ($z < 0$), die obere Integrationsgrenze ist die Nullstelle von $f_2(x)$. Anschließend betrachten Sie den Grenzwert von $A(z)$ für $z \to -\infty$.

d) Die Steigung m_k der Tangente t_k im berechneten Punkt S_k erhalten Sie, indem Sie $x = 0$ in die 1. Ableitung von f_k einsetzen.
Setzen Sie S_k und m_k in die Punkt-Steigungsform $y - y_1 = m \cdot (x - x_1)$ ein, so erhalten Sie die Gleichung der Tangente t_k an den Graphen von f_k im Punkt S_k.
Um den gemeinsamen Punkt der Tangenten t_k zu bestimmen, setzen Sie z.B. $k = 1$ und $k = 2$ in t_k ein und berechnen den Schnittpunkt S von t_1 und t_2 durch Gleichsetzen der Tangentengleichungen.
Um zu zeigen, dass S auf allen Tangenten t_k liegt, setzen Sie die Koordinaten von S in die Gleichung von t_k ein und machen eine Punktprobe.

6 Exponentialfunktion – Schädlinge

a) Für Nullstellen muss gelten: $f_k(t) = 0$.
Für die Bestimmung von Extrem- und Wendestellen der zu $f_k(t)$ gehörigen Kurvenschar benötigen Sie die ersten drei Ableitungen des Funktionsterms. Diese erhalten Sie mit Hilfe der Kettenregel.
Für Extremstellen müssen zwei Bedingungen erfüllt sein: $f_k'(t) = 0$ ist notwendige Bedingung; gilt zusätzlich $f_k''(t) \neq 0$, so ist dies hinreichend für die Existenz eines Extrempunkts. Ist $f_k''(t) < 0$, so liegt ein Hochpunkt vor, im Falle $f_k''(t) > 0$ handelt es sich um einen Tiefpunkt.
Für Wendestellen muss gelten: $f_k''(t) = 0$ als notwendige Bedingung und zusätzlich $f_k'''(t) \neq 0$ als hinreichende Bedingung.
Für das asymptotische Verhalten des Graphen am Rand des Definitionsbereichs überlegen Sie, wie sich die beiden Summanden des Funktionsterms für $t \to -\infty$ bzw. $t \to +\infty$ verhalten. Es ist $\lim_{t \to -\infty}(e^{k \cdot t}) = 0$ und $\lim_{t \to +\infty}(e^{k \cdot t}) = +\infty$, d.h. der zweite Grenzwert existiert nicht.

b) Um den abgebildeten Graphen der Funktion $f_{0,5}$ zuzuordnen, verwenden Sie die im vorherigen Aufgabenteil berechneten Ergebnisse für $k = 0,5$. Vergleichen Sie die theoretisch erhaltenen Ergebnisse mit dem vorliegenden Graphen.

c) Gehen Sie in drei Schritten vor, um die Gleichung der zur t-Achse senkrechten Geraden $g: t = t^*$ zu bestimmen.

Tipps 7. Exponentialfunktion – Medikament

1. Schritt: Berechnen Sie den Flächeninhalt A_k der «ins Unendliche reichenden» Fläche zwischen der t-Achse und dem Graphen von $f_k(t)$ durch Integration; die rechte Integrationsgrenze ist die Nullstelle t_0, für die linke Integrationsgrenze legen Sie a mit $a < t_0$ fest und bestimmen den Grenzwert für $a \to -\infty$.
2. Schritt: Bestimmen Sie mit Hilfe von A_k den Flächeninhalt F_2 der rechten Teilfläche in Abhängigkeit von k.
3. Schritt: Bestimmen Sie die Integrationsgrenze t^* mit Hilfe von F_2. Die Integration haben Sie bereits in Schritt 1 durchgeführt. In der entstandenen Gleichung substituieren Sie $z = e^{k \cdot t^*}$, lösen die quadratische Gleichung und resubstituieren wieder. Beachten Sie, dass t^* kleiner als die Nullstelle sein muss.

d) I) Um die Entwicklung der Schädlingspopulation im Intervall $[t_1; t_2]$ zu beschreiben, richten Sie Ihr Augenmerk insbesondere auf die Achsenschnittpunkte sowie auf den Hoch- und Wendepunkt des abgebildeten Graphen. Beachten sie, dass die Ableitung einer Funktion ein Maß für die momentane Änderungsrate (hier: Wachstumsgeschwindigkeit) ist.

II) Für die Bestimmung des Zeitpunkts t_p des Pestizideinsatzes verwenden Sie die Wendestelle, da die Population zu diesem Zeitpunkt am stärksten wuchs. Beachten Sie die Maßeinheiten.

III) Die Blattfläche, die von der Population während des gesamten Beobachtungszeitraums vertilgt wurde, berechnen Sie mit Hilfe des Integrals; beachten Sie die Maßeinheiten.

7 Exponentialfunktion – Medikament

a) Zur Bestimmung des Maximums verwenden Sie die ersten beiden Ableitungen von $f(t)$, die Sie mit Hilfe der Produkt- und Kettenregel erhalten.
Die mittlere Konzentration $\overline{K}$ erhalten Sie, indem Sie die Gesamtkonzentration K durch ein Integral berechnen und anschließend durch die gesamte Zeitspanne dividieren. Verwenden Sie dazu die Formel für partielle Integration (Produktintegration):

$$\int_a^b u(t) \cdot v'(t)\,dt = \Big[u(t) \cdot v(t)\Big]_a^b - \int_a^b u'(t) \cdot v(t)\,dt$$

Setzen Sie $u(t) = 20t$ und $v'(t) = e^{-0{,}5t}$ in die Formel ein.

b) Um den Zeitpunkt, zu dem das Medikament am stärksten abgebaut wird, zu erhalten, berechnen Sie die Wendestelle von $f(t)$ mit Hilfe der 2. und 3. Ableitung von $f(t)$.
Die momentane Änderungsrate erhalten Sie mit $f'(t)$.
Um die Tangentengleichung zu berechnen, setzen Sie den Punkt $(4 \mid f(4))$ und $m = f'(4)$ in die Punkt-Steigungsform $y - y_1 = m(t - t_1)$ ein; schneiden Sie die Tangente mit der t-Achse ($y = 0$).

c) Um die Konzentration $k(t)$ zu skizzieren, stellen Sie eine Funktionsgleichung für $k(t)$ auf und erstellen eine neue Wertetabelle mit Hilfe der bereits gegebenen Wertetabelle; beachten

Sie dabei, dass zu $f(t)$ ab $t = 4$ die Werte von $f(t-4)$ addiert werden, da der Graph von $f(t)$ um 4 LE nach rechts verschoben werden muss. Verwenden Sie die Wertetabelle und prüfen Sie, ob $k(t)$ an einer Stelle den Wert von 20 überschreitet.

d) Stellen Sie mit Hilfe der Funktion $g(t)$ und ihrer Ableitung sowie den gegebenen Daten zwei Gleichungen mit zwei Unbekannten auf und lösen Sie diese; beachten Sie, dass das Maximum angegeben ist.

8 Logarithmusfunktion – Schale

a) Zur Untersuchung des Graphen von $f_t(x)$ auf Symmetrie setzen Sie $(-x)$ in $f_t(x)$ ein; gilt $f_t(-x) = f_t(x)$, ist der Graph achsensymmetrisch zur y-Achse. Für Nullstellen muss gelten: $f_t(x) = 0$. Zur Bestimmung der Extrem- und Wendestellen der zu $f_t(x)$ gehörigen Kurvenschar benötigen Sie die ersten beiden Ableitungen des Funktionsterms. Für Extremstellen müssen zwei Bedingungen erfüllt sein: Die notwendige Bedingung ist $f_t'(x) = 0$, die zusätzliche hinreichende Bedingung lautet $f_t''(x) \neq 0$. Ist $f_t''(x) < 0$, so liegt ein Hochpunkt vor; im Fall $f_t''(x) > 0$ handelt es sich um einen Tiefpunkt.
Für Wendestellen muss $f_t''(x) = 0$ als notwendige Bedingung gelten; auf die hinreichende Bedingung $f_t'''(x) \neq 0$ kann verzichtet werden, somit benötigen Sie keine dritte Ableitung. Überlegen Sie, welches Vorzeichen der y-Wert der Wendepunkte haben muss, damit diese unterhalb der x-Achse liegen.

b) Skizzieren Sie das Dreieck z.B. für $t = \frac{1}{4}$. Das Volumen eines Kegels erhält man mit der Formel: $V = \frac{1}{3} \cdot \pi \cdot r^2 \cdot h$. Überlegen Sie, wie groß der Radius r und die Höhe h des Kegels sind; beachten Sie, dass die Punkte A_t und B_t unterhalb der x-Achse liegen. Bestimmen Sie das Maximum des Volumens mit Hilfe der 1. und 2. Ableitung der Volumenfunktion. Beachten Sie die Randwerte des zulässigen Intervalls.

c) Das Volumen eines Rotationskörpers, der bei der Rotation um die y-Achse entsteht, erhalten Sie mit der Formel: $V = \pi \cdot \int_{y_1}^{y_2} x^2 dy$, wobei $x = \bar{f}_4(y)$ die Umkehrfunktion von $f_4(x)$ ist; es genügt, $y = f_4(x)$ nach x^2 aufzulösen. Die Integrationsgrenzen y_1 und y_2 liegen auf der y-Achse. Beachten Sie, dass eine Längeneinheit 5 cm ist und überlegen Sie, wie groß dann eine Volumeneinheit ist.

9 Logarithmusfunktion – Rotweinkaraffe

a) Für die Bestimmung von Null-, Extrem- und Wendestellen der zu $f_t(x)$ gehörigen Kurvenschar benötigen Sie die ersten drei Ableitungen des Funktionsterms. Diese erhalten Sie mit Hilfe der Quotientenregel.
Für Nullstellen muss gelten: $f_t(x) = 0$.
Für Extremstellen müssen zwei Bedingungen erfüllt sein: Die notwendige Bedingung ist $f_t'(x) = 0$ und die zusätzliche hinreichende Bedingung lautet $f_t''(x) \neq 0$. Ist $f_t''(x) < 0$, so liegt ein Hochpunkt vor; im Falle $f_t''(x) > 0$ handelt es sich um einen Tiefpunkt.
Für Wendestellen muss $f_t''(x) = 0$ als notwendige Bedingung gelten und zusätzlich als

Tipps   *10. Logarithmusfunktion – Atemstoßtest*

hinreichende Bedingung $f_t'''(x) \neq 0$.

Für das asymptotische Verhalten des Graphen am «Rand» des Definitionsbereichs überlegen Sie, wie sich Zähler und Nenner des Funktionsterms für $x \to 0$ bzw. $x \to +\infty$ verhalten. Denken Sie an die Faustregel «$\ln(x)$ wächst schwächer als x».

Zum Zeichnen des Graphen erstellen Sie zusätzlich eine Wertetabelle mit geeigneter Unterteilung.

b) Überlegen Sie, welcher Zusammenhang bezüglich des Tiefpunkts T_t in den drei Schritten hergestellt wird.

Bei der Übertragung auf die Funktionenschar $f_t(x)$ gehen Sie analog vor. Bei der Interpretation des Ergebnisses beachten Sie die besondere Form des zugehörigen Graphen.

c) Den Flächeninhalt berechnen Sie mit Hilfe des Integrals. Bestimmen Sie die Integrationsgrenzen in Abhängigkeit von t. Verwenden Sie $\int \frac{1}{x} dx = \ln(x)$. Falls Sie die Stammfunktion eines Integrals nicht direkt angeben können, verwenden Sie die partielle Integration

$$\int u(x) \cdot v'(x) dx = \Big[u(x) \cdot v(x)\Big] - \int u'(x) \cdot v(x) dx$$

mit $u(x) = \ln(x)$ und $v'(x) = \frac{1}{x}$.

Für die Interpretation des Ergebnisses beachten Sie die (Un-)Abhängigkeit des Flächeninhalts von t.

d) Zur Erläuterung des Lösungsverfahrens interpretieren Sie die einzelnen Seiten der Gleichung als Funktionen mit den zugehörigen Graphen.

Untersuchen Sie den Verlauf der beiden Graphen in Bezug auf die z-Achse.

10   Logarithmusfunktion – Atemstoßtest

a) Der Rechenweg bei der Bestimmung der Ableitungen muss nachgewiesen werden. Wenden Sie die Quotientenregel an. Multiplizieren Sie den Zähler der ersten Ableitung aus und kürzen Sie.

b) Da in der Aufgabenstellung ausdrücklich verlangt wird, dass eine Stammfunktion zu bestimmen ist, reicht es nicht aus, zu zeigen, dass $f_a(t)$ die Ableitung der angegebenen Funktion ist. Um eine Stammfunktion zu bestimmen, betrachten Sie das unbestimmte Integral $\int f_a(t) dt$ und zerlegen es in zwei Summanden.

Der Summand $\frac{a}{t^2}$ lässt sich direkt integrieren. Bei $\frac{\ln(t)}{t^2}$ wenden Sie die partielle Integration so an, dass $\ln(t)$ nicht integriert zu werden braucht. Achten Sie vor allem auf die Vorzeichen. Das unbestimmte Integral muss eine Integrationskonstante C enthalten.

c) Das Verhalten für $t \to \infty$ ermitteln Sie, indem Sie das Wachstum von $\ln(t)$ und t^2 miteinander vergleichen.

Bei der Bestimmung der Nullstellen, Extrem- und Wendepunkte beachten Sie, dass ein Quotient nur Null werden kann, wenn sein Zähler Null wird und der Nenner dabei von Null verschieden ist.

47

11. Gebrochenrationale Funktionen – Zahnpasta (CAS) Tipps

Die Ergebnisse können Sie vereinfachen, wenn Sie die Regel $\frac{1}{e^{a-b}} = e^{b-a}$ verwenden.

d) I) Sie sollen Eigenschaften des Graphen wie Nullstellen und Maximum mit dem im Text beschriebenen Atemstoßtest in Beziehung bringen. Überlegen Sie, welche Bedeutung die Nullstelle und das Maximum von $g(t)$ hat und wie sich die Ausatmung am Ende verhält.

Beachten Sie dabei, dass $g(t)$ in der Einheit des Atemflusses gegeben ist und nicht das ausgeatmete Volumen beschreibt.

II) Im angegebenen Funktionsterm fällt auf, dass t immer im Ausdruck $t + e^{-2}$ steht. Es tritt also eine Verschiebung der t-Achse auf. Den Parameter a können Sie direkt ablesen. Die stärkste Abnahme des Flusses findet am Wendepunkt statt. Die Wendestelle wurde in Aufgabenteil c bestimmt und muss an die verschobene Skala angepasst werden.

III) Das Volumen der Luft, die bis zu einem bestimmten Zeitpunkt ausgeatmet wird, berechnen Sie durch Integration der Funktion $g(t)$. Dazu benutzen Sie die Stammfunktion zu $f_2(t)$, die Sie im Aufgabenteil b bestimmt haben. Die Integrationsgrenzen müssen dabei wieder entsprechend der Verschiebung aus d2 umgerechnet werden.

11 Gebrochenrationale Funktionen – Zahnpasta (CAS)

a) Stellen Sie mit Hilfe der gegebenen Daten zwei Gleichungen mit zwei Unbekannten auf und lösen Sie das Gleichungssystem mit dem CAS oder «von Hand».
Zum Zeichnen beachten Sie, dass ein Jahr 52 Wochen hat (Zeichenbereich des CAS entsprechend einstellen).
Beschreiben Sie den Verlauf des Schaubilds zu Beginn und gegen Ende des Jahres.
Überlegen Sie sich Gründe aus Konsumenten- und Verkäufersicht, die die gezeichnete Entwicklung verursachen könnte.

b) Die Gesamtanzahl an verkauften Tuben erhalten Sie durch Berechnung des entsprechenden Integrals (CAS).
Durch Lösen der Integralgleichung mit dem CAS erhalten Sie den Zeitpunkt, zu dem mehr als 1500 Tuben verkauft werden.

c) Für die langfristigen Verkaufszahlen betrachten Sie $x \to \infty$.
Zur Ermittlung des Zeitpunkts des größten Vorsprungs von Supermarkt A beachten Sie, dass es sich um die Anzahl an insgesamt verkauften Tuben handelt, welche durch ein Integral ausgedrückt wird. Einem Integral entspricht im Schaubild die Fläche zwischen Kurve und x-Achse.

d) Um den Zeitpunkt zu bestimmen, an dem die Verkaufszahlen gleich groß sind, müssen sie die beiden Integrale über die Funktionen $f(x)$ und $g(x)$ gleichsetzen und die entstehende Intgralgleichung mit dem CAS lösen.

12 Gebrochenrationale Funktion – Straßenlaterne (CAS)

a) Skizzieren Sie die Problemstellung; überlegen Sie genau, was der Abstand d eines Wegpunktes zu einer Laterne ist; verwenden Sie den Satz des Pythagoras.
Eine Gleichung 3. Grades können Sie mit Hilfe des CAS oder der 3. Wurzel lösen.

b) Die Funktionswerte berechnen Sie mit dem CAS.
Bei der Berechnung des Prozentsatzes müssen Sie überlegen, wieviel 100 % entspricht.

c) Die durchschnittliche Beleuchtungsstärke erhalten Sie durch Integration (CAS) entlang des Weges. Stellen Sie mit Hilfe des Satzes des Pythagoras einen Ausdruck für d auf. Dabei ist es hilfreich, den Abstand des Wegpunktes zu einem Lotfußpunkt als x zu bezeichnen. Dieser wird in die Funktion eingestzt, von $x = 0$ bis $x = 15$ integriert und durch 15 geteilt (durchschnittliche Beleuchtung). Beachten Sie, dass jeder Punkt doppelt beleuchtet wird.

d) Legen Sie den Lotfußpunkt F einer Laterne fest; die Entfernung eines Wegpunktes zu diesem Lotfußpunkt legen Sie als Variable (z.B. x) fest.
Anschließend bestimmen Sie jeweils die Abstände d_1 und d_2 eines Wegpunktes zu den Laternen in Abhängigkeit von x.
Schließlich berechnen Sie die Beleuchtungsstärke in einem Wegpunkt in Abhängigkeit von x und mit Hilfe des CAS dann das Minimum.
Legen Sie den Laternenabstand als Variable (z.B. a) fest; wie groß ist der Abstand d des dunkelsten Punktes zu einer Laterne in Abhängigkeit von a?
Berechnen Sie mit Hilfe dieses Abstands die Beleuchtungsstärke in Abhängigkeit von a; beachten Sie dabei, dass der Wegpunkt von zwei Laternen beleuchtet wird.
Durch Gleichsetzen der Beleuchtungsstärke mit 90 erhalten Sie eine Gleichung, die Sie mit dem CAS lösen.

13 Exponentialfunktion – Glockenkurve (CAS)

a) Wählen Sie einen geeigneten Zeichenbereich, z.B. $-5 \leqslant x \leqslant 5$ und $0 \leqslant y \leqslant 0{,}4$.
Anhand des Graphen von f kann man eine Achsensymmetrie zur y-Achse erkennen, für die gelten muss: $f(-x) = f(x)$. Setzen Sie $(-x)$ in den Funktionsterm von f ein und erweitern Sie mit e^{2x} zum Umformen.
Um zu zeigen, dass F eine Stammfunktion von f ist, leiten Sie F ab.
Den Flächeninhalt berechnen Sie mit dem CAS.
Um den angegebenen Grenzwert zu begründen, genügt es wegen der y-Achsensymmetrie, den Grenzwert von $A_1 = \lim\limits_{t \to \infty} \left(\int_0^t f(x)\,dx \right)$ zu bestimmen. Verwenden Sie F(x).

b) Um die Graphen der beiden Funktionen zu vergleichen, können Sie Gesichtspunkte der Kurvendiskussion verwenden. Gehen Sie auch auf die Größe und Form der Flächen zwischen Kurve und x-Achse ein. Für die Berechnungen verwenden Sie den CAS.

c) Den Streckfaktor in y-Richtung können Sie aus dem Verhältnis der y-Werte der Hochpunkte ermitteln. Den Streckfaktor in x-Richtung erhalten Sie durch Anpassung des Flächeninhalts

14. Exponentialfunktion – Baumdurchmesser (CAS)   Tipps

zwischen Kurve und x-Achse.
Überlegen Sie, was durch das angegebene Integral beschrieben wird und welche Bedeutung das Wachsen und Fallen des Integralwerts für größer werdende k hat.
Verwenden Sie als Ansatz das Integral einer Betragsfunktion und berechnen Sie mit dem CAS die entsprechenden Integralwerte.

14 Exponentialfunktion – Baumdurchmesser (CAS)

a) Wählen Sie für die Zeichnung folgenden Zeichenbereich des Koordinatensystems: $0 \leqslant x \leqslant 225$ und $0 \leqslant y \leqslant 1,4$. Skizzieren Sie die Kurve so, dass sie möglichst passend zwischen den Punkten verläuft. Die Kurve muss nicht alle Punkte treffen, den Anfangspunkt jedoch schon.
Um den Verlauf der Kurve als exponentielles Wachstum mit einer Funktion f zu beschreiben, wählen Sie entweder als Ansatz $f(x) = a \cdot e^{b \cdot x}$ und bestimmen die Parameter a und b mit Hilfe von zwei Messpunkten oder Sie geben den Funktionsterm der Regressionskurve mit Hilfe des CAS an.
Zur Berechnung der Verdopplungszeit setzen Sie den Funktionsterm mit $2 \cdot 0,05 = 0,1$ gleich und lösen die entstehende Gleichung oder schneiden den Graphen mit der Geraden $y = 0,1$.

b) Setzen Sie den Funktionsterm $d(x)$ gleich 1 und lösen Sie die entstehende Gleichung nach x auf. Alternativ können Sie auch den Graphen von $d(x)$ mit der Geraden $y = 1$ schneiden oder die Gleichungslösefunktion des CAS verwenden.
Der Baum wächst dann am schnellsten, wenn die Wachstumsgeschwindigkeit maximal ist. Die Wachstumsgeschwindigkeit ist $d'(x)$. Also müssen Sie das Maximum von $d'(x)$ mit Hilfe des CAS bestimmen.

c) Um die beiden Kurven qualitativ zu vergleichen, untersuchen Sie den Verlauf ihrer Graphen im Hinblick auf die gegebenen Messdaten. Um sie quantitativ zu vergleichen, berechnen Sie jeweils die Abweichung der beiden Modelle von den Messwerten und summieren die einzelnen Differenzwerte.

d) Setzen Sie verschiedene Werte für p ein und zeichnen Sie jeweils den zugehörigen Graphen; es bieten sich $p = 50$, $p = 100$ und $p = 150$ an. Überlegen Sie, wie sich mit wachsendem p das Verhalten der Graphen ändert. Bestimmen Sie auch die Asymptote der Graphen.

Lineare Algebra / Analytische Geometrie

Das Vektorprodukt

Wenn man einen Vektor $\vec{n}$ sucht, der senkrecht auf zwei gegebenen Vektoren $\vec{a}$ und $\vec{b}$ steht (der Normalenvektor), geschieht dies einfach und schnell mit dem

Vektorprodukt / Kreuzprodukt

$$\vec{n} = (\vec{a} \times \vec{b}) = \begin{pmatrix} a_y b_z - a_z b_y \\ a_z b_x - a_x b_z \\ a_x b_y - a_y b_x \end{pmatrix}$$

Die Merkhilfe dazu:

1. Beide Vektoren werden je zweimal untereinandergeschrieben, dann werden die erste und die letzte Zeile gestrichen.

2. Anschließend wird «über Kreuz» multipliziert. Dabei erhalten die abwärts gerichteten Pfeile ein positives und die aufwärts gerichteten Pfeile ein negatives Vorzeichen.

3. Die einzelnen Komponenten werden subtrahiert – fertig!

$$\begin{array}{cc} \cancel{a_1} & \cancel{b_1} \\ a_2 & b_2 \\ a_3 & b_3 \\ a_1 & b_1 \\ a_2 & b_2 \\ \cancel{a_3} & \cancel{b_3} \end{array} \Rightarrow \begin{array}{cc} a_2 & b_2 \\ a_3 & b_3 \\ a_1 & b_1 \\ a_2 & b_2 \end{array} \Rightarrow \begin{pmatrix} a_2 b_3 - a_3 b_2 \\ a_3 b_1 - a_1 b_3 \\ a_1 b_2 - a_2 b_1 \end{pmatrix}$$

Anmerkung: Der Betrag des senkrecht stehenden Vektors entspricht genau der Flächenmaßzahl des Parallelogramms, das von den beiden Vektoren aufgespannt wird.

Beispiel: Sind $\vec{a} = \begin{pmatrix} 1 \\ 3 \\ 2 \end{pmatrix}$ und $\vec{b} = \begin{pmatrix} -1 \\ 4 \\ 0 \end{pmatrix}$, ergibt sich für den gesuchten Vektor:

$$\begin{array}{cc} \cancel{1} & \cancel{-1} \\ 3 & 4 \\ 2 & 0 \\ 1 & -1 \\ 3 & 4 \\ \cancel{2} & \cancel{0} \end{array} \Rightarrow \begin{array}{cc} 3 & 4 \\ 2 & 0 \\ 1 & -1 \\ 3 & 4 \end{array} \Rightarrow \begin{pmatrix} 3 \cdot 0 - 2 \cdot 4 \\ 2 \cdot (-1) - 1 \cdot 0 \\ 1 \cdot 4 - 3 \cdot (-1) \end{pmatrix} = \begin{pmatrix} -8 \\ -2 \\ 7 \end{pmatrix}$$

15 Abbildungsmatrix – Planetarium

a) Bestimmen Sie die Längen der Seiten des Dreiecks ABC und überlegen Sie, ob das Dreieck ABC eine besondere Form hat. Zur Bestimmung der Lage im Raum prüfen Sie, ob eine Seite des Dreiecks ABC parallel zu einer Koordinatenachse ist.
Den Winkel φ erhalten Sie mit der Formel: $\cos\varphi = \frac{|\vec{n_1}\cdot\vec{n_2}|}{|\vec{n_1}|\cdot|\vec{n_2}|}$. Einen Normalenvektor der Ebene E, in der das Dreieck ABC liegt, erhalten Sie mit Hilfe des Vektorprodukts (siehe Seite 14).

b) I) Überlegen Sie, was eine Projektion des Dreiecks ABC entlang der x_2-Achse auf die x_1x_3-Ebene für die zweite bzw. die erste und dritte Koordinate jedes Dreieckspunktes bedeutet und in welcher Zeile der Matrix der Abbildung α nur Nullen stehen.

II) Die Ortsvektoren der Eckpunkte des zuerst projizierten und dann verschobenen Dreiecks $A''B''C''$ erhalten Sie durch Addition des Verschiebungsvektors $\vec{v}$ zu den Ortsvektoren der Eckpunkte des Dreiecks $A'B'C'$. Den Verschiebungsvektor $\vec{v}$ erhalten Sie als Verbindungsvektor eines gegebenen Punktes zu seinem Bildpunkt. Die Abbildung β enthält die Einheitsmatrix sowie den Verschiebungsvektor $\vec{v}$.

III) Erstellen Sie zunächst eine Skizze (Aufsicht auf die x_1x_3-Ebene); beachten Sie dabei, dass der Punkt $C'' = C'''$ weiterhin im Nullpunkt liegt und die Symmetrie zur x_3-Achse sowie zwei der Seitenlängen erhalten bleiben. Legen Sie dann den Ortsvektor
$$\overrightarrow{OA'''} = \begin{pmatrix} a \\ 0 \\ b \end{pmatrix} ; a, b > 0$$
allgemein fest und bestimmen Sie mit Hilfe des gegebenen Winkels und unter Anwendung der trigonometrischen Funktionen im rechtwinkligen Dreieck eine Unbekannte in Abhängigkeit von der anderen. Berechnen Sie die Länge von $\overrightarrow{OA'''}$ in Abhängigkeit von dieser Unbekannten und setzen Sie diese mit der Länge von $\overrightarrow{OA''}$ gleich. Sie erhalten Sie den Ortsvektor von B''' durch Symmetrieüberlegungen aus $\overrightarrow{OA'''}$.
Stellen Sie eine allgemeine Abbildungsmatrix von γ auf; durch Anwendung von γ auf $\overrightarrow{OA''}$ bzw. $\overrightarrow{OB''}$ müssen sich $\overrightarrow{OA'''}$ bzw. $\overrightarrow{OB'''}$ ergeben. Damit erhalten Sie ein lineares Gleichungssystem.

IV) Die Abbildung δ erhalten Sie durch die Verkettung von α, β und γ in der richtigen Reihenfolge. Setzen Sie die Abbildungsgleichungen ineinander ein.

c) Der Himmelsnordpol S befindet sich zunächst in Richtung $\overrightarrow{OA'''}$. Bestimmen Sie zunächst den Ortsvektor $\vec{s}$ des Himmelsnordpols S, indem Sie den Vektor $\overrightarrow{OA'''}$ auf Länge 4 bringen. Um den Ortsvektor $\vec{s}(\alpha)$ der Kreisbewegung des Himmelsnordpols S in Abhängigkeit des Kreiswinkels α zu bestimmen, erstellen Sie eine Skizze in der Aufsicht auf die x_1x_2-Ebene. Projizieren Sie dabei die Punkte E und S in die x_1x_2-Ebene. Verwenden Sie die trigonometrischen Funktionen Sinus und Kosinus. Beachten Sie den Radius des Kreises und die Lage im Raum.

16 Abbildungsmatrix – Pyramide und Stufe

a) Bestimmen Sie die Koordinaten der Eckpunkte der Pyramide und der Stufe.
Mit Hilfe von S und $\vec{v}$ können Sie die Gleichung der Geraden g aufstellen.
Setzen Sie die Koordinaten der Punkte P und Q jeweils in die Gleichung der Geraden g ein und bestimmen Sie jeweils den zugehörigen Parameter.
Alternativ können Sie auch die Verbindungsvektoren von P bzw. Q zur Pyramidenspitze S berechnen und zeigen, dass diese Vektoren Vielfache des Richtungsvektors der Geraden g sind.
Zeichnen Sie g in das Koordinatensystem ein und überlegen Sie anhand der Lage von S und dem Schattenpunkt Q, aus welcher Richtung das Sonnenlicht kommt und welche Pyramidenflächen somit der Sonne zugewandt sind.

b) Überlegen Sie, zu welcher Pyramidenkante der Schattenverlauf von P zu S_2 und S_1 gehört und zeichnen Sie diesen ein. Bestimmen Sie, wie der Schattenwurf der anderen Pyramidenkante verläuft, indem Sie die Schnittpunkte der zur Pyramide gewandten Stufenkanten B_3B_4 sowie St_1St_2 mit der Ebene, in der der Punkt P sowie diese andere Pyramidenkante liegt, berechnen.
Die Stufenkanten können Sie durch Geradengleichungen beschreiben.
Den Umriss des Schattens können Sie als geradlinige Verbindungen zwischen den berechneten Schnittpunkten und den Punkten P, P_1 und P_3 einzeichnen.

c) Verwenden Sie die Formel zur Bestimmung des Winkels α zwischen einer Gerade g und einer Ebene:
$$\sin \alpha = \frac{|\vec{v} \cdot \vec{n}|}{|\vec{v}| \cdot |\vec{n}|}$$
wobei $\vec{v}$ Richtungsvektor von g und $\vec{n}$ ein Normalenvektor der Ebene ist.
Wählen Sie eine Seitenfläche, die in der Sonne liegt und bestimmen Sie mit Hilfe des Vektorprodukts einen Normalenvektor $\vec{n}$ der zugehörigen Ebene.

d) Die Abbildungsmatrix A hat die Form: $A = \begin{pmatrix} a & b \\ c & d \end{pmatrix}$; $a, b, c, d \in \mathbb{R}$.
Betrachten Sie zwei beliebige Punkte H_1 und H_2 des Urbildes, d.h. des Hauses und deren Bildpunkte B_1 und B_2 (Dabei darf der Punkt H_2 allerdings nicht auf der Ursprungsgeraden durch H_1 liegen).
Formulieren Sie für die Matrix A die Bedingungen $A \cdot \vec{h_1} = \vec{b_1}$ sowie $A \cdot \vec{h_2} = \vec{b_2}$ und lösen Sie das so erhaltene Gleichungssystem.
Achten Sie bei der Multiplikation einer Matrix mit einem Vektor auf die Reihenfolge «Zeile mal Spalte».

17 Abbildungsmatrix – Antennenmast

a) Bestimmen Sie die Spurpunkte der Ebene E, indem Sie in der Ebenengleichung jeweils zwei Koordinaten gleich Null setzen und die fehlende Koordinate berechnen. Beachten

Sie, dass 1 LE in der Zeichnung 10 m entspricht.

Den Neigungswinkel α des Hangs erhalten Sie, indem Sie einen Normalenvektor von E und einen Normalenvektor der x_1x_2-Ebene in folgende Formel einsetzen: $\cos\alpha = \frac{|\vec{n_1}\cdot\vec{n_2}|}{|\vec{n_1}|\cdot|\vec{n_2}|}$.

Um die Koordinaten des Verankerungspunkts Q am Hang zu berechnen, bestimmen Sie die Koordinaten der Spitze S und damit die des Mittelpunkts M des Antennenmasts.

Anschließend stellen Sie eine Gerade g durch M orthogonal zur Ebene E auf (der Normalenvektor von E ist der Richtungsvektor von g) und schneiden g mit E.

Die Länge des Stahlseils erhalten Sie, indem Sie den Abstand von M zu Q berechnen.

b) Die Gesamtlänge des Schattens erhalten Sie, indem Sie die Länge des Schattenabschnitts auf dem Hang und die Länge des Schattenabschnitts in der x_1x_2-Ebene getrennt bestimmen. Überlegen Sie, welchen Punkt Sie erhalten, wenn Sie die Gerade durch die Spitze S des Antennenmastes und das Ende des Schattens T auf dem Hang mit der x_1x_2-Ebene schneiden. Anschließend müssen noch zwei Geraden in der x_1x_2-Ebene geschnitten und die beiden genannten Teillängen des Schattens bestimmt werden. Beachten Sie, dass eine Beschreibung des Rechenwegs ausreicht.

c) Die Höhe, in welcher der Antennenmast abgeknickt ist, entspricht der x_3-Koordinate des Punktes K_k. Bestimmen Sie den Abstand von der Spitze S des Antennenmastes zum Abknickpunkt K_k und von K_k zum Hangpunkt R jeweils in Abhängigkeit von k. Durch Gleichsetzen dieser Abstände erhalten Sie eine Wurzelgleichung, die Sie nach k auflösen (1 LE $\widehat{=}$ 10m).

d) Der Vektor $\vec{b}$ stellt die Verschiebung des Ursprungs O durch die Abbildung α dar. Beachten Sie außerdem, dass in der j-ten Spalte der Matrix A der Verbindungsvektor $\overrightarrow{O'E'_j}$ zwischen dem Bild des Ursprungs O' und dem Bild des j-ten Einheitspunktes E'_j unter der Abbildung α ($j = 1, 2, 3$) steht.

Sie erhalten die vier benötigten Bildvektoren, indem Sie jeweils die «Sonnenstrahlgerade» durch den Ursprung bzw. durch die Einheitspunkte, mit dem gegebenen Richtungsvektor $\vec{v}$, mit der Ebene E schneiden.

18 Abbildungsmatrix – Tetraeder

a) Überlegen Sie bei der Zeichnung, wie die Verbindungslinien im Raum zueinander liegen und im Verhältnis zu den Koordinatenachsen verlaufen.

b) Berechnen Sie die Kantenlängen des Körpers als Abstand von je zwei Eckpunkten.

c) Um zu zeigen, dass A, C und D in der Ebene E liegen, setzen Sie die Koordinaten der Punkte in die gegebene Ebenengleichung ein und überprüfen, ob eine wahre Aussage entsteht.

Die Gerade g, die durch den Punkt B geht und senkrecht auf E steht, hat als Richtungsvektor einen Normalenvektor der Ebene, den Sie direkt aus der Koordinatendarstellung von E ablesen können. Den Schnittpunkt S von g und E erhalten Sie, indem Sie die Gleichun von g in E einsetzen.

Zur Bestimmung des Abstands von B zu der gegenüberliegenden Tetraederfläche überlegen Sie anhand der Zeichnung, wie g, B und S zueinander liegen.

d) Verwenden Sie eine der beiden Linearitätseigenschaften, um zu zeigen, dass $\alpha(\vec{0}) = \vec{0}$.
Überlegen Sie, welche der folgenden Abbildungen für die Symmetrieabbildungen des Tetraeders in Frage kommen:

Identitätsabbildung: $E = \begin{pmatrix} 1 & 0 & 0 \\ 0 & 1 & 0 \\ 0 & 0 & 1 \end{pmatrix}$

Drehungen um den Ursprung um α, z.B. bei unverändertem x_1:

$$D_\alpha = \begin{pmatrix} 1 & 0 & 0 \\ 0 & \cos\alpha & -\sin\alpha \\ 0 & \sin\alpha & \cos\alpha \end{pmatrix}, \text{ wobei } \alpha \in [0; 2\pi]$$

Spiegelungen an einer Geraden, die mit der positiven x_1-Achse den Winkel α einschließt, z.B. bei unverändertem x_3:

$$S_\alpha = \begin{pmatrix} \cos(2\alpha) & \sin(2\alpha) & 0 \\ \sin(2\alpha) & -\cos(2\alpha) & 0 \\ 0 & 0 & 1 \end{pmatrix}, \text{ wobei } \alpha \in [0; 2\pi]$$

Bei den Spiegelungen überlegen Sie, auf welcher Gerade die Punkte liegen, die Sie jeweils unverändert lassen. Diese Gerade wählen Sie als Spiegelgerade.

19 Übergangsmatrix – Versandkiste

a) Bestimmen Sie zunächst die Koordinaten der übrigen Eckpunkte der Kiste.
Den Abstand zwischen den Kanten AB und GH erhalten Sie, indem Sie zum Beispiel die Entfernung der Punkte A und H berechnen.
Stellen Sie die Gleichung der Geraden g durch E und H auf und setzen Sie diese in die Ebenengleichung E_t ein. Bei einer wahren Aussage liegt die Gerade in E_t.
Setzen Sie die Koordinaten von F in E_t ein und lösen Sie die Gleichung nach t auf, um diejenige Ebene E_t zu bestimmen, in welcher der Deckel bei geschlossener Kiste liegt.
Beim Öffnen des Deckels um $90°$ geht der Punkt F in einen Punkt $\overline{F}$ über. Bestimmen Sie den Punkt $\overline{F}$ und setzen Sie die Koordinaten von $\overline{F}$ in E_t ein. Bei einem Widerspruch liegt der Deckel nicht in einer Ebene E_t.

b) Setzen Sie $t = 2$ in E_t ein und fertigen Sie eine Skizze an.
Bestimmen Sie die Koordinaten des Mittelpunkts M_{EF} der Kante EF.
Stellen Sie eine Lotgerade l durch M_{EF} orthogonal zu E_2 auf (der Richtungsvektor von l ist der Normalenvektor von E_2).
Sie erhalten die Koordinaten von P, indem Sie l mit E_2 schneiden.

c) Um den Öffnungswinkel α_1 zu bestimmen, setzen Sie einen Normalenvektor $\vec{n_2}$ von E_2 und einen Normalenvektor $\vec{n_1}$ der Ebene EFGH, die parallel zur x_1x_2-Ebene ist, in folgende Formel ein: $\cos\alpha_1 = \dfrac{|\vec{n_1}\cdot\vec{n_2}|}{|\vec{n_1}|\cdot|\vec{n_2}|}$

Um diejenige Ebene E_t zu bestimmen, in welcher der Deckel bei einem Öffnungswinkel von 60° liegt, setzen Sie einen Normalenvektor $\vec{n_t}$ von E_t, einen Normalenvektor $\vec{n_1}$ der Ebene EFGH und $\alpha_2 = 60°$ in die Formel $\cos\alpha_2 = \dfrac{|\vec{n_1}\cdot\vec{n_t}|}{|\vec{n_1}|\cdot|\vec{n_t}|}$ ein und lösen die Gleichung nach t auf; beachten Sie, für welche Werte von t der Winkel kleiner als 90° ist.

d) Skizzieren Sie die Problemstellung (Querschnitt durch die Ebene $x_2 = 2,5$) und überlegen Sie, wo der gesuchte Winkel α liegt.
Stellen Sie die Gleichung der Geraden h durch L und den Mittelpunkt M_{FG} der Kante FG auf und bestimmen Sie die Koordinaten eines allgemeinen Punktes Q auf h.
Bestimmen Sie die Koordinaten des Mittelpunkts M_{EH} der Kante EH.
Da sich die Lichtquelle in L direkt senkrecht über M_{EH} befindet, kann der Deckel soweit geöffnet werden, bis das Licht auf die Kante FG fällt. Berechnen Sie also Q so, dass die Strecke QM_{EH} die Länge 3 hat.
Damit ergibt sich der maximale Öffnungswinkel als Winkel α zwischen den Vektoren $\overrightarrow{M_{EH}Q}$ und $\overrightarrow{M_{EH}M_{FG}}$.
Alternativ können Sie den Winkel α auch bestimmen, indem Sie mit trigonometrischen Verhältnissen in rechtwinkligen und gleichschenkligen Dreiecken rechnen.

e) I) Überlegen Sie zuerst, wieviel Prozent der Filme nicht versendet werden. Zeichnen Sie dann mit diesen Werten den Übergangsgraphen. Um die Übergangstabelle und die Matrix zu erstellen, berücksichtigen Sie, dass die Wechsel immer von «Spalten zu Zeilen» stattfinden.

II) Multiplizieren Sie den Vektor der Eingangswerte mit der Matrix.

III) Überlegen Sie, welche Einträge der Matrix für die Wechsel zur Filiale C verantwortlich sind. Multiplizieren Sie dann die Übergangsmatrix einmal mit sich selbst um die Matrix für die Verteilung nach 2 Monaten zu erhalten.

IV) Der Vektor $\vec{x}$, der die langfristige Verteilung beschreibt, ist ein Fixvektor unter der Multiplikation mit der Übergangsmatrix M.
Bestimmen Sie ihn aus dem Ansatz $M \cdot \vec{x} = \vec{x}$ und lösen Sie das entsprechende Gleichungssystem.
Beachten Sie, dass Sie eine Variable frei wählen können, wenn das Gleichungssystem unendlich viele Lösungen hat.
Bestimmen Sie schließlich den gesuchten Vektor unter Beachtung der konstanten Gesamtzahl der Filme.

20 Übergangsmatrix – Pyramidenstumpf

a) Durch Symmetriebetrachtungen können Sie die Koordinaten der übrigen Punkte bestimmen. Schneiden Sie den Pyramidenstumpf bzw. die Pyramide mit der x_2x_3-Ebene (Skizze), so können Sie in der Schnittfigur trigonometrische Verhältnisse und damit die Neigungswinkel zwischen den Seitenflächen und der entsprechenden Grundfläche bestimmen.

b) Den Schwerpunkt S* eines Dreiecks ABC erhalten Sie mit der Formel $\vec{s^*} = \frac{1}{3}\left(\vec{a}+\vec{b}+\vec{c}\right)$. Stellen Sie eine Bohrgerade auf und überlegen Sie, mit welcher Fläche Sie diese schneiden müssen, um den Durchstoßpunkt T zu erhalten. Die Bohrlänge ist dann der Abstand von S* zu T. Stellen Sie eine zweite Bohrgerade auf und schneiden Sie diese mit der 1. Bohrgeraden.

c) Überlegen Sie, wie der Abstand windschiefer Geraden berechnet wird.

d) I) Der Vektor $\vec{x}$, der eine langfristige Verteilung beschreibt, ist ein Fixvektor unter der Multiplikation mit der Übergangsmatrix, d.h. es gilt $M \cdot \vec{x} = \vec{x}$. Daraus ergeben sich 3 Gleichungen. Weitere zwei Gleichungen erhalten sie unter Verwendung der Tatsache, dass die Summen der Komponenten einer Spalte einer Übergangsmatrix immer gleich 1 sein muss.

II) Geben Sie den Verteilungsvektor $\vec{z}$ der 5. Woche an und bestimmen Sie die Verteilung $\vec{y} = \begin{pmatrix} y_1 \\ y_2 \\ y_3 \end{pmatrix}$ der Vorwoche mit Hilfe der Gleichung $M \cdot \vec{y} = \vec{z}$; lösen Sie das zugehörige Gleichungssystem. Alternativ können Sie die zu M inverse Matrix M^{-1} verwenden. Diese erhalten Sie, indem Sie rechts neben die Matrix M die 3×3-Einheitsmatrix schreiben und dann mit Hilfe von elementaren Umformungen so lange umformt, bis links die 3×3-Einheitsmatrix steht. (Elementare Umformungen sind das Addieren des Vielfachen einer Zeile zu einer anderen bzw. Multiplizieren einer Zeile mit einem Faktor.) Anschließend müssen Sie M^{-1} mit dem Verteilungsvektor der 5. Woche multiplizieren.

21 Übergangsmatrix – Haftpflichtversicherung

a) Beachten Sie, dass die Spalten- und Zeilennummer eines Koeffizienten der Übergangsmatrix M angibt, von welcher Klasse in welche Klasse ein Versicherter wechselt. Übertragen Sie die Anteile von dem Graphen entsprechend in die Matrix M.

b) Sie berechnen die Verteilung eines Jahres als Matrix-Vektor-Produkt aus der Übergangsmatrix M mit dem Verteilungsvektor des Vorjahrs.
Berechnen Sie M^2 als Produkt der Matrix M mit sich selbst gemäß der Regel für Matrizenmultiplikation.
Interpretieren Sie die inhaltliche Bedeutung von M^2 entsprechend der Bedeutung von M.

22. Kletterpyramide — Tipps

c) Um den Übergangsvorgang umzukehren, müssen Sie die zugehörige Matrix M invertieren. Wenden Sie dazu den Gaußalgorithmus auf M so an, dass daraus die Einheitsmatrix E wird und wenden Sie dieselben Umformungen auf E an. Dadurch erhalten Sie die gewünschte Matrix M^{-1}. Berechnen Sie die Verteilung des Jahres 1999 als Matrix-Vektor-Produkt.

d) Der Vektor $\vec{x}$, der die langfristige Verteilung beschreibt, ist ein Fixvektor unter der Multiplikation mit der Übergangsmatrix.
Bestimmen Sie ihn aus dem Ansatz $M \cdot \vec{x} = \vec{x}$ und lösen Sie das entsprechende Gleichungssystem.
Beachten Sie, dass Sie eine Variable frei wählen können, wenn das Gleichungssystem unendlich viele Lösungen hat.
Bestimmen Sie schließlich den gesuchten Vektor unter Beachtung der konstanten Gesamtzahl der Versicherten.

e) Klären Sie, wie sich die Übergangsmatrix unter der genannten Zusatzbedingung zum Klassenwechsel ändert. Führen Sie dabei für einen der sich verändernden Matrixkoeffizienten eine Variable ein und drücken Sie den anderen sich verändernden Koeffizienten durch einen Term mit dieser Variable aus. Klären Sie außerdem, von welcher Form der Vektor der langfristigen Verteilung ist und führen Sie dazu eine zweite Variable ein. Zur Bestimmung dieser beiden Variablen stellen Sie, analog zum Aufgabenteil d), die Fixvektorgleichung $M' \cdot \vec{x} = \vec{x}$ auf. Ermitteln Sie die Variablen aus dem entstehenden Gleichungssystem.

22 Kletterpyramide

a) Wenn S die Spitze der ursprünglichen Pyramide war, kann man S bestimmen, indem man zwei Geraden durch die nach oben ragenden Kanten des Pyramidenstumpfes aufstellt und diese miteinander schneidet. Der Schnittpunkt muss S sein. Alternativ kann man auch zeigen, dass S z.B. auf den Geraden durch A und A* sowie B und B* liegt (Punktprobe).
Der Punkt D* liegt auf der Geraden durch D und S auf der Höhe der oberen Pyramidenfläche. Stellen Sie eine Ebenengleichung dieser Ebene auf und schneiden Sie diese mit der Geraden durch D und S.

b) Die Wand ABB*A* hat die Form eines Trapezes. Die Fläche eines Trapezes wird mit der Formel $A_T = \frac{a+c}{2} \cdot h$ berechnet. Dabei sind a und c die beiden parallelen Seiten und h die Höhe des Trapezes. Beachten Sie, dass h nicht die Höhe des Pyramidenstumpfes ist, sondern separat berechnet werden muss. Dies geschieht, indem Sie den Abstand von A* zur Geraden durch A und B mit Hilfe einer zu dieser Geraden orthogonalen Hilfsebene berechnen.
Um zu untersuchen, ob die Wand nach außen überhängt, projiziert man die Punkte A* und B* auf die x_1-x_2-Ebene und überlegt sich anhand der Koordinaten oder anhand einer Skizze, ob diese innerhalb des Vierecks ABCD liegen können. Alternativ kann man auch beweisen, dass die Wand überhängt, indem man zeigt, dass die projizierten Punkte nicht im Viereck ABCD liegen. Dies geschieht, indem man diese Punkte als Linearkombination der Vektoren $\overrightarrow{OB}$ und $\overrightarrow{OD}$ darstellt und die Koeffizienten untersucht. Gibt es negative Koeffizienten, liegt der entsprechende Punkt nicht im Viereck ABCD.

c) (1) Zuerst weist man nach, dass S auf g liegt. Anschließend muss $\vec{v}$ so gewählt werden, dass S auch auf h liegt. Einen möglichen Richtungsvektor $\vec{v}$ kann man bestimmen, indem man einen Verbindungsvektor vom Stützpunkt der Geraden h zum Schnittpunkt aufstellt.

(2) Damit zwei Geraden windschief sind, dürfen sie nicht parallel sein und keinen Schnittpunkt haben. Überlegen Sie, wie ein Richtungsvektor von h aussehen muss, der diese Bedingungen erfüllt. Anschließend zeigen Sie mit Hilfe eines Gleichungssystems, dass der angegebene Richtungsvektor diese Bedingungen auch wirklich erfüllt.

(3) Wenn sich die beiden Geraden orthogonal schneiden sollen, müssen die Richtungsvektoren senkrecht aufeinander stehen. Stellen Sie eine Hilfsebene E_H mit dem Richtungsvektor von g als Normalenvektor und dem Stützpunkt H von h auf. Nun schneiden Sie E_H mit g und erhalten so den Punkt L. Der Vektor $\overrightarrow{LH}$ steht senkrecht auf der Geraden g und kann daher als Richtungsvektor von h benutzt werden.

Alternativ können Sie den Richtungsvektor mit Hilfe des Skalarprodukts berechnen: Wenn die Richtungsvektoren senkrecht aufeinander stehen, muss ihr Skalarprodukt Null ergeben. Damit erhalten Sie eine Bedingung für einen möglichen Richtungsvektor $\vec{v}$. Da sich die beiden Geraden auch schneiden müssen, setzen Sie die Geradengleichungen gleich und lösen das entstandene Gleichungssystem: Wenn Sie eine Gleichung mit zwei Unbekannten vorliegen haben, können Sie eine der Unbekannten geschickt wählen.

Stochastik

23 Wähleranalyse

a) I) Bei einer ungeordneten Stichprobe ohne Zurücklegen aus einem Grundraum der Größe m gibt es

$$\binom{m}{N} = \frac{m!}{N! \cdot (m-N)!} = \frac{m \cdot (m-1) \cdot (m-2) \cdot \ldots \cdot (m-N+1)}{N \cdot (N-1) \cdot (N-2) \cdot \ldots \cdot 1}$$

mögliche Kombinationen für die Entnahme von N Elementen. Dabei muss $N \leqslant m$ sein. Überlegen Sie, welchen Anzahlen m und N bei den hier günstigen bzw. möglichen Kombinationen entsprechen. Definieren Sie eine geeignete Zufallsvariable X. Sind alle möglichen Kombinationen gleich wahrscheinlich, so ist für $k \in \mathbb{N}$:

$$P(X = k) = \frac{\text{Anzahl günstiger Kombinationen}}{\text{Anzahl möglicher Kombinationen}}$$

II) Überlegen Sie zunächst, welche Aussage Sie bezüglich der Wähler von Partei XYZ in der Stichprobe machen können, wenn genau 2 Wähler der Partei ABC darin enthalten sind. Rechnerisch gehen Sie ähnlich vor wie im ersten Aufgabenteil und wenden zusätzlich die Produktregel an.

b) I) Definieren Sie Z als Zufallsvariable für die Anzahl derjenigen in der Stichprobe, welche für eine andere Partei als ABC stimmen. Z ist binomialverteilt mit $n = 100$ und $p = 0{,}7$. Überlegen Sie als Erstes, wie wahrscheinlich es ist, dass genau k von 100 Wählern für eine andere Partei stimmen.
Die entsprechenden Wahrscheinlichkeiten erhalten Sie aus der Verteilungsfunktion $F_{100;0,7}(k) = P(Z \leqslant k)$. Mit den meisten GTR-Geräten steht Ihnen diese direkt als Funktion zur Verfügung. Benutzen Sie einen TR, verwenden Sie die Tabelle auf Seite 27.

II) Für den ersten Teil der Fragestellung beschreiben Sie, durch welche Vorgänge das zu einer Binomialverteilung gehörige Schaubild flächenerhaltend standardisiert bzw. transformiert werden kann - denken Sie dabei an die Größen «Erwartungswert» sowie «Varianz» bzw. «Standardabweichung».
Im zweiten Teil der Fragestellung definieren Sie eine Zufallsvariable W für die Anzahl der ABC-Wähler unter den 2100 Probanden der Stichprobe. Verwenden Sie die Formel zur Approximation der Verteilungsfunktion einer binomialverteilten Zufallsvariablen durch Φ. Die Werte der Gaußschen φ-Funktion bzw. der zugehörigen Verteilungsfunktion Φ entnehmen Sie der Tafel für die Gaußsche Integralfunktion auf Seite 27 oder Sie berechnen sie direkt mit Ihrem GTR.

c) Für einen einseitigen Hypothesentest sind eine Nullhypothese H_0 sowie eine Alternative/Alternativhypothese H aufzustellen. Wählen Sie als Nullhypothese H_0: $p = 0{,}54$ (Wähleranteil von Partei XYZ unverändert) und als Alternativhypothese H: $p > 0{,}54$ (Wähleranteil von Partei XYZ größer als 54 %).

Tipps   24. Cornflakes

Das Signifikanzniveau gibt die obere Schranke für die Wahrscheinlichkeit eines Fehlers 1. Art an. Bestimmen Sie den Ablehnungsbereich A unter der Annahme, dass $p = 0{,}54$ gilt; dazu definieren Sie eine geeignete Zufallsvariable. Überlegen Sie, wann die Nullhypothese H_0 abgelehnt wird und formulieren Sie dies mathematisch. Die entscheidende Idee beim weiteren Vorgehen ist der Übergang zum Gegenereignis sowie eine Approximation mittels der Gaußschen φ-Funktion bzw. der zugehörigen Verteilungsfunktion Φ. Dazu ist natürlich die Laplace-Bedingung zu überprüfen.

Ein Fehler 2. Art tritt auf, falls die Nullhypothese fälschlicherweise beibehalten wird. Erklären Sie zunächst, wie sich dies beim vorliegenden Test äußert. Definieren Sie dann eine «neue» Zufallsvariable (unter der Annahme $p_1 = 0{,}6$) und drücken Sie den Fall, dass H_0 angenommen wird, mathematisch aus. Wie oben wird die Approximation mit Hilfe der Gaußschen φ-Funktion bzw. Φ durchgeführt.

24 Cornflakes

a) Überlegen Sie, welche Bedeutung die Wahrscheinlichkeit $P(X = k) = \binom{n}{k} \cdot p^k \cdot (1-p)^{n-k}$ bei einer Binomialverteilung mit Kettenlänge n und Trefferwahrscheinlichkeit p hat, wobei X die Zufallsvariable für die Anzahl der Treffer sei.
Wenn in keiner Packung eine Figur enthalten ist, gilt: $k = 0$.
Wenn höchstens zwei Figuren enthalten sind, müssen Sie die Wahrscheinlichkeiten $P(X = k)$ für $k = 0$, $k = 1$ und $k = 2$ berechnen und addieren.

b) Rechnen Sie mit dem Gegenereignis und $P(X \geq 1) = 1 - P(X = 0)$. Stellen Sie eine Ungleichung auf und lösen Sie diese. Beachten Sie, dass sich bei Ungleichungen das Kleiner-/Größer-Zeichen umkehrt, wenn durch eine negative Zahl geteilt wird.

c) Überlegen Sie, was es bedeutet, wenn eine Packung einwandfrei ist.
Zeichnen Sie das zugehörige Baumdiagramm mit den entsprechenden Wahrscheinlichkeiten und stellen Sie eine Gleichung für die Wahrscheinlichkeit auf, dass eine Packung einwandfrei ist. Verwenden Sie die Produktregel.

d) Überlegen Sie, ob ein Käufer auch mit mehr Figuren zufrieden sein würde.
Ein Fehler 1. Art bedeutet, dass eine richtige Hypothese abgelehnt wird.
Bestimmen Sie den Erwartungswert μ für die Anzahl der Packungen mit Figur mit Hilfe der Formel $\mu = n \cdot p$ sowie die zugehörige Standardabweichung σ durch $\sigma = \sqrt{n \cdot p \cdot (1-p)}$.
Zeigen Sie, dass der Ablehnungsbereich außerhalb der 2σ-Umgebung von μ liegt und überlegen Sie, was das für die Wahrscheinlichkeit eines Fehlers 1. Art bedeutet.
Alternativ können Sie auch mit Hilfe einer Binomialverteilungstabelle die Wahrscheinlichkeit des Ablehnungsbereichs bestimmen.

e) Bei der Berechnung der Wahrscheinlichkeit für einen Fehler 2. Art rechnen Sie mit $p_1 = \frac{1}{6}$.
Bestimmen Sie die Wahrscheinlichkeit, dass unter den 100 gekauften Packungen mehr als 11 Figuren gefunden werden. Sie können die Binomialverteilungstabelle verwenden.
Zur Erläuterung der im Vergleich zum Fehler 1. Art großen Wahrscheinlichkeit beachten Sie, dass die Wahrscheinlichkeiten $p_0 = \frac{1}{5}$ und $p_1 = \frac{1}{6}$ nicht sehr voneinander abweichen.

25. Raucher — Tipps

Um die Wahrscheinlichkeiten für einen Fehler 1. Art und 2. Art klein zu halten, beachten Sie, dass eine Verschiebung des kritischen Wertes bzw. des Annahmebereichs der Nullhypothese nur zu einer Verkleinerung einer der beiden Wahrscheinlichkeiten führt, während die andere dadurch vergrößert wird. Überlegen Sie, welchen Parameter einer binomialverteilten Zufallsvariablen Sie noch ändern können und inwiefern dies zu dem gewünschten Ergebnis führt.

25 Raucher

a) Überlegen Sie, welche der Angaben Sie benötigen und führen Sie eine Zufallsvariable X für die Anzahl der Raucher in der Stichprobe ein. Bei der Befragung einer Einzelperson können lediglich zwei Fälle, «Raucher» oder «Nichtraucher», eintreten. Dadurch können Sie sich erschließen, zu welchem Typ das entsprechende Zufallsexperiment gehört.

b) Definieren Sie eine geeignete Zufallsvariable.

   I) Um die konkrete Wahrscheinlichkeit zu berechnen, verwenden Sie die Binomialverteilung $B_{100;\frac{1}{3}}$ und ihre Summenfunktion (Tabelle auf Seite 27).

   II) Gehen Sie vor wie bei b1 und arbeiten Sie zusätzlich mit dem Gegenereignis.

c) Verwenden Sie eine neue Zufallsvariable Y für die Anzahl der Raucher in der Stichprobe unbekannter Größe n. Y ist dann $B_{n;\frac{1}{3}}$-verteilt. Die Hauptidee ist der rechnerische Ansatz über das Gegenereignis $Y = 0$.

d) Veranschaulichen Sie die Umfrageergebnisse in einer Vierfeldertafel und lesen Sie daraus direkt die Wahrscheinlichkeiten der relevanten Ereignisse als deren relative Häufigkeiten ab oder Sie verwenden ein Baumdiagramm und wenden die Pfadregeln an.
Zwei Ereignisse A und B sind unabhängig genau dann, wenn $P(A \cap B) = P(A) \cdot P(B)$. Berechnen Sie $P(A \cap B)$ bzw. $P(A) \cdot P(B)$ und vergleichen Sie die Ergebnisse.

e) Stellen Sie die Nullhypothese H_0 sowie die Alternative H auf; begründen Sie damit die Wahl eines einseitigen Hypothesentests.
Für das weitere Vorgehen ist es sinnvoll, dass Sie sich zunächst überlegen, was ein Fehler 1. Art und ein Fehler 2. Art im konkreten Fall bedeuten. Definieren Sie – unter der Annahme, dass die Nullhypothese wahr ist – eine binomialverteilte Zufallsvariable Z für die Anzahl der Raucher in der Stichprobe. Z ist dann $B_{1200;\frac{1}{3}}$-verteilt. Überprüfen Sie die Laplace-Bedingung, um später mittels der Gaußschen Integralfunktion Φ Werte der zu Z gehörigen Verteilungsfunktion zu approximieren.
Ist in der Stochastik keine Irrtumswahrscheinlichkeit (bezogen auf den Fehler 1. Art, «Signifikanzniveau») gegeben, so wählt man standardmäßig $5\% = 0{,}05$.
Gesucht ist nun der Ablehnungsbereich $A = \{0; 1; 2; ...; g\}$ mit noch zu bestimmendem «kritischem Wert» g. Durch das Signifikanzniveau von 5% lässt sich folgende Bedingung aufstellen: $P(Z \leqslant g) \leqslant 0{,}05$. Mit Hilfe der Gaußschen Integralfunktion Φ (Seite 27) erhalten Sie so den Ablehnungsbereich und damit die Anzahl der Raucher, bis zu welcher die Prävention als gelungen angesehen werden kann.

26 Osterhasen

a) Definieren Sie eine geeignete Zufallsvariable und bestimmen Sie jeweils ihre Verteilung für die zwei Arten des Ziehens.
Berechnen Sie die Wahrscheinlichkeiten mit den Formeln zu den beiden Verteilungen. Beachten Sie, dass sich Zähler und Nenner der Wahrscheinlichkeiten in den Ebenen des zu zeichnenden Baumdiagramms in Abhängigkeit von der Farbe der Kugel ändern, die gezogen wurde. Die Wahrscheinlichkeit für das Ziehen ohne Zurücklegen können Sie alternativ auch dem Diagramm entnehmen.

b) Definieren Sie eine geeignete Zufallsvariable und bestimmen ihre Verteilung. Berechnen Sie die gesuchte Wahrscheinlichkeit mit Hilfe des Gegenereignisses.

c) Definieren Sie eine geeignete Zufallsvariable und bestimmen ihre Verteilung. Berechnen Sie den Erwartungswert der Zufallsvariablen und legen Sie damit die Bereiche fest, deren Wahrscheinlichkeit gesucht ist.
Beachten Sie, aus welcher Zahlenmenge die Werte der Zufallsvariablen stammen müssen, nutzen Sie das Gegenereignis und die Verteilungstabelle auf Seite 181.

d) Legen Sie eine Zufallsvariable fest und bestimmen Sie ihre Verteilung. Bestimmen Sie die Null- und Gegenhypothese.
Stellen Sie eine Ungleichung für den kritischen Wert der Entscheidungsregel (d.i. der erste Wert des Ablehnungsbereiches) unter Beachtung des Sicherheitsniveaus auf. Weisen Sie nach, dass man die Verteilung der Zufallsvariablen approximieren kann. Nutzen Sie die Näherung und ihre Tabelle zur Bestimmung des kritischen Wertes und des Ablehnungsbereiches der Nullhypothese.

e) Legen Sie zur Berechnung der gesuchten Wahrscheinlichkeit für jede der möglichen Stichproben eine geeignete Zufallsvariable fest und ermitteln Sie ihre Verteilung, wenn tatsächlich höchstens 5% der Hasen alt sind.
Unterteilen Sie den Vorschlag des zweitens Unternehmensberaters in zwei Teilereignisse entsprechend den Fällen, wie es zu einem Abbruch der Werbeaktion kommen kann.
Berechnen Sie die Wahrscheinlichkeit für das 1. Teilereignis, also den Abbruch der Stichprobe, durch das Gegenereignis und einer geeigneten Verteilungstabelle.
Berechnen Sie die Wahrscheinlichkeit für das 2. Teilereignis, also den Abbruch nach der zweiten Stichprobe, gemäß der 1. Pfadregel bzw. der Regel für «Und-Ereignisse». Die dabei auftretenden Wahrscheinlichkeiten ermitteln Sie mittels einer Verteilungstabelle bzw. der Formel für diese Verteilung.
Die Gesamtwahrscheinlichkeit ergibt sich aus den Wahrscheinlichkeiten der zwei Teilereignisse gemäß der 2. Pfadregel bzw. der Regel für «Oder-Ereignisse».

27 Glückstetraeder

a) Die vier Würfe sind voneinander unabhängig. Daher können Sie die Produktregel für Wahrscheinlichkeiten anwenden.

b) Sie erhalten die beiden gesuchten Wahrscheinlichkeiten, indem Sie die genannten Experimente als Bernoulliketten der Länge n = 6 bzw. n = 13 auffassen. Definieren Sie jeweils eine geeignete Zufallsvariable.

c) Auch hier fassen Sie das Experiment als Bernoullikette auf. Definieren Sie eine Zufallsvariable Z für die absolute Häufigkeit der Ziffer «7» bei insgesamt n Würfen. Verwenden Sie das Gegenereignis «keine 7 bei n Würfen» und stellen Sie eine Ungleichung auf.

d) Bedenken Sie, dass jeweils drei der Tetraederflächen sichtbar sind. Falls das Tetraeder auf einer der mit «3» beschrifteten Flächen liegen bleibt, so ist die Augensumme in beiden Fällen die gleiche; es gibt also drei mögliche Spielausgänge bzw. Augensummen. Nachdem Sie die Wahrscheinlichkeiten dieser drei Augensummen berechnet haben, bestimmen Sie den zugehörigen Erwartungswert und ziehen diesen Wert vom Spieleinsatz ab.

e) Bechnen Sie wie in der vorigen Aufgabe; nun jedoch mit einer unbekannten Augenzahl z für den noch zu bestimmenden Wert, um das Spiel «fair» zu gestalten. Mit der Forderung, dass der Erwartungswert für Donalds Gewinnausschüttung dem Spieleinsatz entsprechen soll, erhalten Sie eine Gleichung für z.

f) Berechnen Sie die Wahrscheinlichkeit dafür, dass ein ideales Tetraeder 33-mal oder öfter auf der «0» liegen bleibt, wenn 100-mal geworfen wird. Interpretieren Sie Ihr Ergebnis im Sinne eines Hypothesentests, bei dem die Nullhypothese eines idealen Tetraeders verworfen wird. Überlegen Sie dabei vor allem, was im konkreten Fall ein sogenannter Fehler 1. Art ist.

g) Nehmen Sie an, dass das Testergebnis der Neffen die tatsächliche Wahrscheinlichkeitsverteilung widerspiegelt. Das Tetraeder bleibt also mit einer Wahrscheinlichkeit von ca. $\frac{1}{3}$ auf der «0» liegen. Da über die anderen Flächen nichts ausgesagt wird, nehmen Sie für diese eine gleichmäßige Wahrscheinlichkeitsverteilung an. Die Berechnung des Erwartungswerts für die Augensumme macht dann eine Aussage über den zu erwartenden Verlust für Donald möglich.

Lösungen

Analysis

1 Ganzrationale Funktion – Windeln

Es ist $f_a(x) = -\frac{1}{a^2}x^3 + e^{-a}x;\ x \in \mathbb{R},\ a > 0$

a) Da es sich um eine ganzrationale Funktion handelt, die nur ungerade Potenzen von x und keine Konstante enthält, ist der Graph der Funktion f_a punktsymmetrisch zum Ursprung. Alternativ kann man die Symmetrie wie folgt nachweisen:

$$f_a(-x) = -\frac{1}{a^2}(-x)^3 + e^{-a}(-x) = \frac{1}{a^2}x^3 - e^{-a}x = -\left(-\frac{1}{a^2}x^3 + e^{-a}x\right) = -f_a(x)$$

Wegen $f_a(-x) = -f_a(x)$ ist der Graph von f_a punktsymmetrisch zum Ursprung.

Um die Schnittpunkte mit der x-Achse zu bestimmen, setzt man den Funktionsterm von f_a gleich Null:

$f_a(x) = 0$ führt zu $-\frac{1}{a^2}x^3 + e^{-a}x = 0 \Leftrightarrow x\left(-\frac{1}{a^2}x^2 + e^{-a}\right) = 0$ mit den Lösungen $x_1 = 0$
und $x_{2;3} = \pm\sqrt{a^2 e^{-a}} = \pm a\sqrt{e^{-a}}$.

Damit sind die Schnittpunkte mit der x-Achse:

$N_{a,1}(0\mid 0)$, $N_{a,2}\left(-a\sqrt{e^{-a}}\mid 0\right)$ und $N_{a,3}\left(a\sqrt{e^{-a}}\mid 0\right)$.

Zur Bestimmung der Extrem- und Wendepunkte benötigt man die ersten drei Ableitungen von f_a:

$$f_a{'}(x) = -\frac{3}{a^2}x^2 + e^{-a}$$

$$f_a{''}(x) = -\frac{6}{a^2}x$$

$$f_a{'''}(x) = -\frac{6}{a^2}$$

Für die Extrempunkte gilt als notwendige Bedingung $f_a{'}(x) = 0$:

$$-\frac{3}{a^2}x^2 + e^{-a} = 0 \Leftrightarrow x_{1;2} = \pm\sqrt{a^2 \cdot \frac{e^{-a}}{3}} = \pm a\sqrt{\frac{e^{-a}}{3}}$$

Die zugehörigen y-Werte sind

$$f\left(a\sqrt{\frac{e^{-a}}{3}}\right) = -\frac{1}{a^2}\left(a\sqrt{\frac{e^{-a}}{3}}\right)^3 + e^{-a}\left(a\sqrt{\frac{e^{-a}}{3}}\right) = -a \cdot \left(\sqrt{\frac{e^{-a}}{3}}\right)^3 + e^{-a} \cdot a\sqrt{\frac{e^{-a}}{3}}$$

$$= a\sqrt{\frac{e^{-a}}{3}}\left(e^{-a} - \left(\sqrt{\frac{e^{-a}}{3}}\right)^2\right) = a\sqrt{\frac{e^{-a}}{3}}\left(e^{-a} - \frac{e^{-a}}{3}\right) = a\sqrt{\frac{e^{-a}}{3}} \cdot \frac{2}{3}e^{-a}$$

$$= \frac{2}{3}ae^{-a}\sqrt{\frac{e^{-a}}{3}} = \frac{2}{3}a\sqrt{\frac{e^{-3a}}{3}}$$

und wegen der Punktsymmetrie des Graphen von f_a zum Ursprung:

$$f\left(-a\sqrt{\frac{e^{-a}}{3}}\right) = -\frac{2}{3}a\sqrt{\frac{e^{-3a}}{3}}$$

Für die hinreichende Bedingung setzt man die beiden errechneten x-Werte in $f_a''(x)$ ein:

$$f_a''\left(-a\sqrt{\frac{e^{-a}}{3}}\right) = -\frac{6}{a^2}\left(-a\sqrt{\frac{e^{-a}}{3}}\right) = \frac{6}{a}\sqrt{\frac{e^{-a}}{3}} > 0 \Rightarrow \text{Tiefpunkt}$$

und

$$f_a''\left(a\sqrt{\frac{e^{-a}}{3}}\right) = -\frac{6}{a^2}\left(a\sqrt{\frac{e^{-a}}{3}}\right) = -\frac{6}{a}\sqrt{\frac{e^{-a}}{3}} < 0 \Rightarrow \text{Hochpunkt}$$

Damit sind die beiden Extrempunkte:

$$T_a\left(-a\sqrt{\frac{e^{-a}}{3}}\ \Big|\ -\frac{2}{3}a\sqrt{\frac{e^{-3a}}{3}}\right) \text{ und } H_a\left(a\sqrt{\frac{e^{-a}}{3}}\ \Big|\ \frac{2}{3}a\sqrt{\frac{e^{-3a}}{3}}\right)$$

Zur Bestimmung der Wendepunkte führt die notwendige Bedingung $f_a''(x) = 0$ zu $-\frac{6}{a^2}x = 0 \Rightarrow x = 0$
Mit $f_a(0) = -\frac{1}{a^2} \cdot 0^3 + e^{-a} \cdot 0 = 0$ und $f_a'''(0) = -\frac{6}{a^2} \neq 0$ hat der Graph von f_a den Wendepunkt $W(0\ |\ 0)$.

Beim Betrachen des Verhaltens für $x \to +\infty$ stellt man fest, dass der erste Summand $-\frac{1}{a^2}x^3$ wegen der dritten Potenz schneller gegen $-\infty$ geht, als $e^{-a}x$ gegen ∞.
Daher gilt $f_a(x) \to -\infty$ für $x \to \infty$ und $f_a(x) \to \infty$ für $x \to -\infty$.
Alternativ schreibt man:

$$\lim_{x \to \pm\infty} f_a(x) = \lim_{x \to \pm\infty} -\frac{1}{a^2}x^3 + e^{-a} = \mp\infty$$

Somit besitzt der Graph von f_a keine Asymptoten. Da es keine Definitionlücken und Pole gibt, liegen auch keine senkrechte Asymptoten vor.

b) Um den Graphen von f_1 zeichnen zu können, überlegt man sich die Lage der Schnittpunkte mit der x-Achse und die Lage der Extrem- und Wendepunkte des Graphen von f_a für $a = 1$. Dazu setzt man $a = 1$ in die bereits berechneten Punkte ein:

$N_{1,1}(0\ |\ 0)$, $N_{1,2}\left(-\sqrt{e^{-1}}\ |\ 0\right) \approx (-0,61\ |\ 0)$ und $N_{1,3}\left(\sqrt{e^{-1}}\ |\ 0\right) \approx (0,61\ |\ 0)$

Die Extrempunkte sind

$T_1\left(-\sqrt{\frac{e^{-1}}{3}}\ \Big|\ -\frac{2}{3}\sqrt{\frac{e^{-3}}{3}}\right) \approx (-0,35\ |\ -0,086)$ und $H\left(\sqrt{\frac{e^{-1}}{3}}\ \Big|\ \frac{2}{3}\sqrt{\frac{e^{-3}}{3}}\right) \approx (0,35\ |\ 0,086)$

Der Wendepunkt hat die Koordinaten $W(0\ |\ 0)$.

Mit Hilfe dieser Punkte kann man den Graphen von $f_1(x)$ skizzieren:

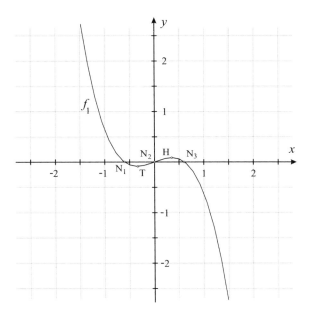

c) Für $x > 0$ erhält man im Intervall $I = [x_E; x_N]$ den Wert von a, für den die meisten Schichten existieren, indem man das Maximum der Strecke $\overline{x_E x_N}$ berechnet:

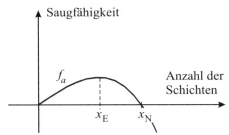

Mit $x_E = a\sqrt{\frac{e^{-a}}{3}}$ und $x_N = a\sqrt{e^{-a}}$ ergibt sich die Streckenmaximumsfunktion $D(a)$, die von a abhängt:

$$D(a) = x_N - x_E = a\sqrt{e^{-a}} - a\sqrt{\frac{e^{-a}}{3}}$$

Um das Maximum von $D(a)$ zu bestimmen, muss die erste Ableitung von $D(a)$ gleich Null gesetzt werden. Zum Ableiten wird $D(a)$ zuerst umgeformt:

$$D(a) = a\left(e^{-a}\right)^{\frac{1}{2}} - a\left(\frac{e^{-a}}{3}\right)^{\frac{1}{2}} = a\left(e^{-\frac{1}{2}a} - \frac{1}{\sqrt{3}}e^{-\frac{1}{2}a}\right) = a\left(\left(1 - \frac{1}{\sqrt{3}}\right)e^{-\frac{1}{2}a}\right) = \left(1 - \frac{1}{\sqrt{3}}\right)a \cdot e^{-\frac{1}{2}a}$$

Mit Hilfe der Produkt- und Kettenregel erhält man:

$$D'(a) = \left(1 - \frac{1}{\sqrt{3}}\right) \cdot e^{-\frac{1}{2}a} + \left(1 - \frac{1}{\sqrt{3}}\right)a \cdot \left(-\frac{1}{2}\right) \cdot e^{-\frac{1}{2}a} = \left(1 - \frac{1}{\sqrt{3}}\right) \cdot \left(1 - \frac{1}{2}a\right)e^{-\frac{1}{2}a}$$

$$D''(a) = \left(1 - \frac{1}{\sqrt{3}}\right) \cdot \left(\left(-\frac{1}{2}\right) \cdot e^{-\frac{1}{2}a} + \left(1 - \frac{1}{2}a\right)\left(-\frac{1}{2}\right) \cdot e^{-\frac{1}{2}a}\right)$$

$$= \left(1 - \frac{1}{\sqrt{3}}\right) \cdot \left(-\frac{1}{2} + \frac{1}{4}a - \frac{1}{2}\right)e^{-\frac{1}{2}a} = \left(1 - \frac{1}{\sqrt{3}}\right) \cdot \left(\frac{a}{4} - 1\right)e^{-\frac{1}{2}a}$$

1. Ganzrationale Funktion – Windeln   *Lösungen*

Die notwendige Bedingung $D'(a) = 0$ führt zu

$$\left(1 - \frac{1}{\sqrt{3}}\right) \cdot \left(1 - \frac{1}{2}a\right) e^{-\frac{1}{2}a} = 0 \Rightarrow 1 - \frac{1}{2}a = 0 \Rightarrow a = 2$$

Wegen $D''(2) = \left(1 - \frac{1}{\sqrt{3}}\right) \cdot \left(\frac{2}{4} - 1\right) e^{-\frac{1}{2} \cdot 2} = -\frac{e^{-1}}{2}\left(1 - \frac{1}{\sqrt{3}}\right) \approx -0{,}077 < 0$ handelt es sich um ein Maximum.
Damit ist die Länge der Strecke $\overline{x_E x_N}$ für $a = 2$ maximal, d.h. für $a = 2$ existieren die meisten Schichten.

d) Um zu bestimmen, für welchen Wert von a die meiste Flüssigkeitsmenge pro Flächeneinheit aufgenommen werden kann, berechnet man zuerst den Flächeninhalt $F(a)$ der Fläche zwischen dem Graphen von f_a und der x-Achse im Intervall I, welcher der aufgenommenen Flüssigkeitsmenge pro Flächeneinheit entspricht:

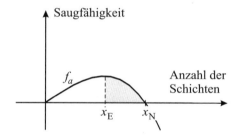

$$F(a) = \int_{x_E}^{x_N} f_a(x)\,dx = \int_{x_E}^{x_N} \left(-\frac{1}{a^2}x^3 + e^{-a}x\right)dx = \left[-\frac{1}{4a^2}x^4 + \frac{1}{2}e^{-a}x^2\right]_{a\sqrt{\frac{e^{-a}}{3}}}^{a\sqrt{e^{-a}}}$$

$$= -\frac{1}{4a^2}\left(a\sqrt{e^{-a}}\right)^4 + \frac{1}{2}e^{-a}\left(a\sqrt{e^{-a}}\right)^2 - \left(-\frac{1}{4a^2}\left(a\sqrt{\frac{e^{-a}}{3}}\right)^4 + \frac{1}{2}e^{-a}\left(a\sqrt{\frac{e^{-a}}{3}}\right)^2\right)$$

$$= -\frac{1}{4}a^2 e^{-2a} + \frac{1}{2}a^2 e^{-2a} + \frac{1}{36}a^2 e^{-2a} - \frac{1}{6}a^2 e^{-2a} = \frac{1}{9}a^2 e^{-2a}$$

Zur Berechnung des Maximums von $F(a)$ bestimmt man mit Hilfe der Produkt- und Kettenregel die 1. und 2. Ableitung von $F(a)$:

$$F'(a) = \frac{2}{9}a \cdot e^{-2a} + \frac{1}{9}a^2 \cdot e^{-2a} \cdot (-2) = \frac{2}{9}a \cdot e^{-2a} - \frac{2}{9}a^2 \cdot e^{-2a} = \left(\frac{2}{9}a - \frac{2}{9}a^2\right) \cdot e^{-2a}$$

$$F''(a) = \left(\frac{2}{9} - \frac{4}{9}a\right) \cdot e^{-2a} + \left(\frac{2}{9}a - \frac{2}{9}a^2\right) \cdot e^{-2a} \cdot (-2)$$

$$= \left(\frac{2}{9} - \frac{4}{9}a - \frac{4}{9}a + \frac{4}{9}a^2\right) e^{-2a}$$

$$= \left(\frac{4}{9}a^2 - \frac{8}{9}a + \frac{2}{9}\right) e^{-2a}$$

Die notwendige Bedingung $F'(a) = 0$ führt zu

$$\left(\frac{2}{9}a - \frac{2}{9}a^2\right)e^{-2a} = 0 \Rightarrow \frac{2}{9}a - \frac{2}{9}a^2 = 0 \Leftrightarrow \frac{2}{9}a \cdot (1-a) = 0$$

mit den Lösungen $a_1 = 0$ und $a_2 = 1$.

Wegen $a > 0$ und $F''(1) = \left(\frac{4}{9} \cdot 1^2 - \frac{8}{9} \cdot 1 + \frac{2}{9}\right)e^{-2 \cdot 1} = -\frac{2}{9}e^{-2} \approx -0,03 < 0$ handelt es sich bei $a_2 = 1$ um ein Maximum.

Für $a = 1$ kann also von der Windel die meiste Flüssigkeitsmenge pro Flächeneinheit aufgenommen werden.

2 Gebrochenrationale Funktion – Mineraldünger

a) Es ist $f(x) = \frac{ax+b}{x+c}$.

Um a, b und c zu bestimmen, müssen folgende Gleichungen gelten:

$$
\begin{array}{llllllll}
\text{I} & f(0) & = & 800 & \Rightarrow & \frac{b}{c} & = & 800 & \Rightarrow & b = 800c \\
\text{II} & f(10) & = & 880 & \Rightarrow & \frac{10a+b}{10+c} & = & 880 \\
\text{III} & f(20) & = & 940 & \Rightarrow & \frac{20a+b}{20+c} & = & 940
\end{array}
$$

Setzt man $b = 800c$ in Gleichung II und III ein, so erhält man:

IIa $\frac{10a+800c}{10+c} = 880$ bzw. $10a + 800c = 8800 + 880c \Rightarrow a - 8c = 880$

IIIa $\frac{20a+800c}{20+c} = 940$ bzw. $20a + 800c = 18\,800 + 940c \Rightarrow a - 7c = 940$

Subtrahiert man IIIa von Gleichung IIa, so ergibt sich: $-c = -60$, also $c = 60$.

Setzt man $c = 60$ in IIa ein, so ergibt sich:

$$a - 8 \cdot 60 = 880 \Rightarrow a = 1360$$

Da $b = 800 \cdot c$, gilt $b = 800 \cdot 60 = 48\,000$.

Als Funktionsgleichung ergibt sich somit:

$$f(x) = \frac{1360x + 48\,000}{x + 60}$$

b) Die Funktion f wächst streng monoton, da

$$f'(x) = \frac{1360 \cdot (x+60) - (1360x + 48\,000) \cdot 1}{(x+60)^2} = \frac{33\,600}{(x+60)^2} > 0$$

Somit erhält man den maximalen Ertrag für $x \to \infty$:

$$\lim_{x \to \infty} f(x) = \lim_{x \to \infty} \frac{1360x + 48\,000}{x + 60} = \frac{1360}{1} = 1360$$

Der maximale Ertrag beträgt 1360 kg.

Um diesen zu erreichen, müsste man theoretisch unendlich viel Dünger aufbringen. Das Modell kann hier offenbar die Wirklichkeit nicht mehr beschreiben und hat nur eine begrenzte Gültigkeit.

Der 1,5-fache Ertrag der ungedüngten Versuchsfläche ist $800\,\text{kg} \cdot 1{,}5 = 1200\,\text{kg}$.

Setzt man 1200 mit $f(x)$ gleich, so erhält man die Gleichung:

$$1200 = \frac{1360x + 48\,000}{x + 60} \Leftrightarrow 1200x + 72\,000 = 1360x + 48\,000 \Rightarrow x = 150$$

Für den 1,5-fachen Ertrag braucht man 150 kg Mineraldünger.

Bei 60 kg Mineraldünger beträgt der Ernteertrag laut Modell: $f(60) = 1080\,\text{kg}$.

Somit beträgt die Abweichung: $1080\,\text{kg} - 980\,\text{kg} = 100\,\text{kg}$.

Teilt man 100 kg durch 980 kg, so erhält man die prozentuale Abweichung:
$$\frac{100}{980} \approx 0,102 = 10,2\,\%.$$

c) Der Ansatz für g lautet: $g(x) = rx^2 + sx + t$.

Mit $g(0) = 800$, $g(10) = 880$ und $g(20) = 940$ erhält man drei Gleichungen:

$$\begin{array}{lrcrcrclrcrcrcl}
\text{I} & r \cdot 0^2 & + & s \cdot 0 & + & t & = & 800 & \Rightarrow & & & & & t & = & 800 \\
\text{II} & r \cdot 10^2 & + & s \cdot 10 & + & t & = & 880 & \Rightarrow & 100r & + & 10s & + & t & = & 880 \\
\text{III} & r \cdot 20^2 & + & s \cdot 20 & + & t & = & 940 & \Rightarrow & 400r & + & 20s & + & t & = & 940 \\
\end{array}$$

Aus Gleichung I ergibt sich: $t = 800$

Addiert man das (-2)-fache von Gleichung II zu Gleichung III, so erhält man:

$$200r - t = -820 \text{ bzw. } 200r - 800 = -820 \Rightarrow r = -\frac{1}{10}$$

Setzt man $t = 800$ und $r = -\frac{1}{10}$ in Gleichung III ein, so ergibt sich:

$$400 \cdot \left(-\frac{1}{10}\right) + 20s + 800 = 940 \Rightarrow s = 9$$

Damit ist $g(x) = -\frac{1}{10}x^2 + 9x + 800$.

Das Maximum von $g(x)$ erhält man mit Hilfe der 1. und 2. Ableitung von $g(x)$:

$g'(x) = -\frac{1}{5}x + 9$ und $g''(x) = -\frac{1}{5}$

Die notwendige Bedingung $g'(x) = 0$ führt zu $-\frac{1}{5}x + 9 = 0 \Rightarrow x = 45$

Wegen $g''(45) = -\frac{1}{5} < 0$ handelt es sich um ein Maximum.

Setzt man $x = 45$ in $g(x)$ ein, so erhält man:

$$g(45) = -\frac{1}{10} \cdot 45^2 + 9 \cdot 45 + 800 = 1002,5$$

Bei einer Ausbringung von 45 kg Mineraldünger erzielt man also den höchsten Ertrag von 1002,5 kg.

d) Den Gewinn erhält man, indem man eine Funktion $G(x)$ aufstellt, in die der Ertrag $g(x)$ «positiv» einfließt und die Kosten für den Dünger «negativ»:

$$G(x) = 6 \cdot g(x) - 2x$$
$$G(x) = 6 \cdot \left(-\frac{1}{10}x^2 + 9x + 800\right) - 2x = -\frac{3}{5}x^2 + 54x + 4800$$

Das Maximum von $G(x)$ erhält man mit Hilfe der 1. und 2. Ableitung von $G(x)$:

$G'(x) = -\frac{6}{5}x + 54$ und $G''(x) = -\frac{6}{5}$

Die notwendige Bedingung $G'(x) = 0$ führt zu $-\frac{6}{5}x + 54 = 0 \Rightarrow x = 45$

Wegen $G''(45) = -\frac{6}{5} < 0$ handelt es sich um ein Maximum.

Bei einer Ausbringung von 45 kg Mineraldünger ist der Gewinn am größten.

3 Gebrochenrationale Funktionen – Heizkosten

a) Es ist $f_t(x) = \frac{16 \cdot (x-t)}{(x-1)^2}$; $x \in D$ mit $t \in \mathbb{R}$.

Der maximale Definitionsbereich von f_t ist $D = \mathbb{R} \setminus \{1\}$, weil für $x = 1$ der Nenner gleich Null ist.

Anhand des Funktionsterms und der gegebenen Graphen sind folgende Eigenschaften erkennbar:

- Alle Graphen haben die x-Achse als waagrechte Asymptote.
- G_0 und G_2 haben einen Pol ohne VZW, G_1 einen Pol mit VZW bei $x = 1$.
- Für $t \neq 1$ weisen die Graphen keine Symmetrie auf.
- Für $t = 1$ scheint der Graph symmetrisch zu sein.
- Alle Graphen haben einen Schnittpunkt mit der y-Achse: $S(0 \mid -16t)$.
- Für $t \neq 1$ haben alle Graphen einen Schnittpunkt mit der x–Achse: $N(t \mid 0)$.
- Für $t \neq 1$ haben alle Graphen genau einen Extrempunkt; für $t > 1$ einen Hochpunkt, für $t < 1$ einen Tiefpunkt.
- Für $t \neq 1$ haben alle Graphen genau einen Wendepunkt.

b) Zur Bestimmung des Extrempunkts von G_t benötigt man die erste und zweite Ableitung von f_t, die man mit Hilfe der Quotientenregel erhält:

$$\begin{aligned}
f_t{'}(x) &= \frac{16 \cdot (x-1)^2 - 16 \cdot (x-t) \cdot 2(x-1)}{(x-1)^4} \\
&= \frac{(x-1) \cdot (16 \cdot (x-1) - 16 \cdot (x-t) \cdot 2)}{(x-1)^4} \\
&= \frac{16 \cdot (x - 1 - 2x + 2t)}{(x-1)^3} \\
&= \frac{16 \cdot (2t - x - 1)}{(x-1)^3}
\end{aligned}$$

und entsprechend

$$\begin{aligned}
f_t{''}(x) &= \frac{-16 \cdot (x-1)^3 - 16 \cdot (2t-x-1) \cdot 3(x-1)^2 \cdot 1}{(x-1)^6} \\
&= \frac{(x-1)^2 \cdot (-16 \cdot (x-1) - 16 \cdot (2t-x-1) \cdot 3)}{(x-1)^6} \\
&= \frac{-16 \cdot (x - 1 + 6t - 3x - 3)}{(x-1)^4} \\
&= \frac{-16 \cdot (-2x + 6t - 4)}{(x-1)^4} = \frac{32 \cdot (x - 3t + 2)}{(x-1)^4}
\end{aligned}$$

Die notwendige Bedingung $f_t'(x) = 0$ führt zu

$$\frac{16 \cdot (2t - x - 1)}{(x-1)^3} = 0 \Leftrightarrow 16 \cdot (2t - x - 1) = 0 \Leftrightarrow 2t - x - 1 = 0 \Rightarrow x = 2t - 1$$

Setzt man $x = 2t - 1$ in $f_t''(x)$ ein, erhält man:

$$f_t''(2t-1) = \frac{32 \cdot (2t - 1 - 3t + 2)}{(2t - 1 - 1)^4} = \frac{32 \cdot (1-t)}{(2t-2)^4}$$

Für $1 - t > 0 \Leftrightarrow t < 1$ ist $f_t''(x) > 0$, da der Zähler und der Nenner von $f_t''(x)$ positiv sind; also handelt es sich um ein Minimum.

Für $1 - t < 0 \Leftrightarrow t > 1$ ist $f_t''(x) < 0$, da der Zähler von $f_t''(x)$ negativ und der Nenner von $f_t''(x)$ positiv ist, also handelt es sich um ein Maximum.

Für $t = 1$ ist $x = 2t - 1 = 2 \cdot 1 - 1 = 1$ nicht im Definitionsbereich $D = \mathbb{R} \setminus \{1\}$ enthalten, also besitzt G_t für $t = 1$ keinen Extremwert.

Den y-Wert des Extrempunkts erhält man, indem man $x = 2t - 1$ in $f_t(x)$ einsetzt:

$$f_t(2t-1) = \frac{16 \cdot (2t - 1 - t)}{(2t - 1 - 1)^2} = \frac{16 \cdot (t-1)}{(2t-2)^2} = \frac{16 \cdot (t-1)}{(2 \cdot (t-1))^2} = \frac{16 \cdot (t-1)}{4 \cdot (t-1)^2} = \frac{4}{t-1}$$

Damit hat der Extrempunkt von G_t für $t \neq 1$ die Koordinaten $E\left(2t - 1 \mid \frac{4}{t-1}\right)$.

Um die Gleichung der Ortskurve aller Extrempunkte zu erhalten, wird zuerst der x-Wert von $E\left(2t - 1 \mid \frac{4}{t-1}\right)$ nach t aufgelöst und in den y-Wert eingesetzt:

$$x = 2t - 1 \Leftrightarrow t = \frac{x+1}{2} \Rightarrow y = \frac{4}{t-1} = \frac{4}{\frac{x+1}{2} - 1} = \frac{8}{x-1}$$

Also wird die Ortskurve, auf der alle Extrempunkte von G_t liegen, durch die folgende Gleichung beschrieben:

$$y = \frac{8}{x-1}; \ x \neq 1$$

c) Um den Flächeninhalt $A(t)$ der Fläche zwischen dem Graphen G_t, der x-Achse und den Geraden $x = 2$ und $x = 5$ zu bestimmen, wird das Integral von $f_t(x)$ über dem Intervall $[2;5]$ berechnet:

$$A(t) = \int_2^5 f_t(x) \, dx = \int_2^5 \frac{16 \cdot (x-t)}{(x-1)^2} \, dx = \int_2^5 16 \cdot (x-t) \cdot (x-1)^{-2} \, dx$$

Das Integral wird mit Hilfe der Produktintegration (partielle Integration) berechnet:

$$\int_a^b u(x) \cdot v'(x) \, dx = \left[u(x) \cdot v(x) \right]_a^b - \int_a^b u'(x) \cdot v(x) \, dx$$

Mit $u(x) = 16(x-t)$, $u'(x) = 16$, $v'(x) = (x-1)^{-2}$ und $v(x) = \frac{1}{-1}(x-1)^{-1} = -(x-1)^{-1}$

erhält man:

$$A(t) = \int_2^5 16(x-t)\cdot(x-1)^{-2}\,dx = \left[16(x-t)\cdot\left(-(x-1)^{-1}\right)\right]_2^5 - \int_2^5 16\cdot\left(-(x-1)^{-1}\right)dx$$

$$= \left[-\frac{16(x-t)}{(x-1)}\right]_2^5 + 16\cdot\int_2^5 \frac{1}{(x-1)}\,dx$$

$$= \left[-\frac{16(x-t)}{(x-1)}\right]_2^5 + 16\cdot\left[\ln(x-1)\right]_2^5$$

$$= -\frac{16(5-t)}{(5-1)} + 16\cdot\ln(5-1) - \left(-\frac{16(2-t)}{(2-1)} + 16\cdot\ln(2-1)\right)$$

$$= -4(5-t) + 16\cdot\ln 4 + 16(2-t) + 0$$

$$= -12t + 12 + 16\cdot\ln 4$$

Damit der Flächeninhalt der eingeschlossenen Fläche 16 FE beträgt, löst man die Gleichung:

$$16 = -12t + 12 + 16\cdot\ln 4 \Rightarrow t = \frac{16\cdot\ln 4 - 4}{12} \approx 1{,}52$$

Für $t \approx 1{,}52$ beträgt der Flächeninhalt der Fläche, die vom Graphen G_t, der x-Achse und den Geraden $x = 2$ und $x = 5$ eingeschlossen wird, 16 FE.

d) I) Es ist $H(d) = \frac{18}{d+3}$. Die Heizkosten ohne Dämmschicht ($d = 0$) betragen pro m² Außenwand: $H(0) = \frac{18}{0+3} = 6$; ein Viertel davon sind 1,5.
Somit muss gelten:

$$1{,}5 = \frac{18}{d+3} \Rightarrow d = 9$$

Also betragen die Heizkosten bei einer Dicke von $d = 9$ cm ein Viertel der Heizkosten ohne Dämmschicht.

II) Die Gesamtkosten $G(d)$ pro m² Außenwand setzen sich zusammen aus den Heizkosten $H(d)$ für 30 Jahre und den Anbringungskosten $K(d)$:

$$G(d) = 30\cdot H(d) + K(d) = 30\cdot\frac{18}{d+3} + 10 + 3d = \frac{540}{d+3} + 10 + 3d$$

Um das Minimum von $G(d)$ zu bestimmen, benötigt man die erste und die zweite Ableitung von $G(d)$, die mit Hilfe der Kettenregel bestimmt werden:

$$G(d) = 540\cdot(d+3)^{-1} + 3d + 10$$

$$G'(d) = -540\cdot(d+3)^{-2} + 3 = -\frac{540}{(d+3)^2} + 3$$

$$G''(d) = 1080\cdot(d+3)^{-3} = \frac{1080}{(d+3)^3}$$

Alternativ hätte man zum Ableiten auch die Quotientenregel verwenden können.

Die notwendige Bedingung $G'(d) = 0$ führt zu

$$-\frac{540}{(d+3)^2} + 3 = 0 \Leftrightarrow 3 \cdot (d+3)^2 = 540 \Leftrightarrow d+3 = \pm\sqrt{180} \Rightarrow d_{1;2} = \pm\sqrt{180} - 3$$

Wegen $d > 0$ erhält man als einzige Lösung $d = \sqrt{180} - 3 \approx 10,42$
Die hinreichende Bedingung ergibt

$$G''(10,42) \approx 0,45 > 0$$

Also handelt es sich um ein Minimum.
Setzt man $d = 10,42$ in $G(d)$ ein, so erhält man: $G(10,42) \approx 81,50$.
Also sind die Gesamtkosten (bezogen auf 30 Jahre) bei einer Dicke von etwa 10,42 cm am kleinsten und betragen pro m² Außenwand etwa 81,50 €.

III) Bei einer Außenwandfläche von 150 m² ergeben sich Gesamtkosten (bezogen auf 30 Jahre) in Höhe von $150 \cdot 81,50 \,€ = 12\,225\,€$.
Ohne Dämmung wären die Heizkosten für 30 Jahre: $30 \cdot 150 \cdot 6\,€ = 27\,000\,€$.
Die Ersparnis beträgt also $27\,000\,€ - 12\,225\,€ = 14\,775\,€$.

4 Gebrochenrationale Funktion – Bakterienkultur

a) Es ist $f(x) = \frac{4x^2}{x^2+2}$

Schneidet man G mit der Parabel, so sind die Funktionsgleichungen gleichzusetzen:

$\frac{4x^2}{x^2+2} = ax^2$ führt zu $ax^4 + (2a-4)x^2 = 0$ bzw. $x^2 \cdot (ax^2 + 2a - 4) = 0$ Aus $x^2 = 0$ folgt $x_1 = 0$. Die quadratische Gleichung ergibt: $x_{2;3} = \pm\sqrt{\frac{4-2a}{a}}$.

- Für $a > 2$ ist der Radikand negativ, also gibt es keine weitere Lösung.
- Für $a = 2$ ist der Radikand Null, also ist $x_{2;3} = 0 = x_1$; damit gibt es keine weitere Lösung.
- Für $0 < a < 2$ gibt es neben $x_1 = 0$ zwei weitere Lösungen, da der Radikand dann positiv ist.

Somit gilt:

Für $0 < a < 2$ gibt es drei gemeinsame Punkte,

für $a \geqslant 2$ gibt es einen gemeinsamen Punkt von Parabel und Kurve G.

b)

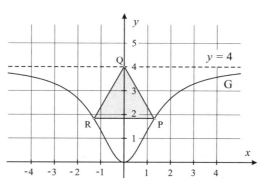

Für den Flächeninhalt des Dreiecks PQR gilt:

$$A(u) = \frac{1}{2} \cdot g \cdot h = \frac{1}{2} \cdot 2u \cdot (4 - f(u))$$

$$= u \cdot \left(4 - \frac{4u^2}{u^2+2}\right) = u \cdot \left(\frac{4 \cdot (u^2+2)}{u^2+2} - \frac{4u^2}{u^2+2}\right)$$

$$= \frac{8u}{u^2+2}$$

Zur Bestimmung des Maximums von A(u) benötigt man die 1. und 2. Ableitung von A(u), die man mit der Quotientenregel erhält:

$$A'(u) = \frac{8 \cdot (u^2+2) - 8u \cdot 2u}{(u^2+2)^2} = \frac{-8u^2+16}{(u^2+2)^2}$$

$$A''(u) = \frac{-16u \cdot (u^2+2)^2 - (-8u^2+16) \cdot 2 \cdot (u^2+2) \cdot 2u}{(u^2+2)^4} = \frac{(u^2+2) \cdot (-16u \cdot (u^2+2) - 4u \cdot (-8u^2+16))}{(u^2+2)^4} = \frac{16u^3 - 96u}{(u^2+2)^3}$$

Die notwendige Bedingung A'(u) = 0 führt zu

$$\frac{-8u^2+16}{(u^2+2)^2} = 0 \Leftrightarrow -8u^2+16 = 0 \Rightarrow u_{1;2} = \pm\sqrt{2}$$

Wegen $u > 0$ erhält man als einzige Lösung: $u = \sqrt{2} \approx 1{,}41$
Setzt man $u = \sqrt{2}$ in A''(u) ein, so erhält man:

$$A''\left(\sqrt{2}\right) = \frac{16 \cdot (\sqrt{2})^3 - 96 \cdot (\sqrt{2})}{\left((\sqrt{2})^2+2\right)^3} = -\sqrt{2} < 0 \Rightarrow \text{Maximum}$$

Für $u = \sqrt{2} \approx 1{,}41$ ist der Flächeninhalt des Dreiecks maximal.

c) Das Kegelvolumen ist

$$V(u) = \frac{1}{3} \cdot \pi \cdot r^2 \cdot h$$
$$= \frac{1}{3} \cdot \pi \cdot u^2 \cdot (4 - f(u))$$
$$= \frac{1}{3} \cdot \pi \cdot u^2 \cdot \left(4 - \frac{4u^2}{u^2+2}\right)$$
$$= \frac{1}{3} \cdot \pi \cdot u^2 \cdot \left(\frac{8}{u^2+2}\right)$$
$$= \frac{8\pi u^2}{3 \cdot (u^2+2)}$$

Um Extremwerte zu bestimmen, benötigt man die erste Ableitung:

$$V'(u) = \frac{16\pi u \cdot 3 (u^2+2) - 8\pi u^2 \cdot 3 \cdot 2u}{9 \cdot (u^2+2)^2} = \frac{96\pi u}{9(u^2+2)^2} > 0$$

weil Zähler und Nenner stets größer als Null sind.
Da V'(u) > 0, ist V(u) streng monoton wachsend, nimmt also auf $\mathbb{R}$ keinen Extremwert an.
Betrachtet man V(u) für $u \to \infty$, so erhält man

$$\lim_{u \to \infty} V(u) = \lim_{u \to \infty} \frac{8\pi u^2}{3 \cdot (u^2+2)} = \frac{8\pi}{3}$$

Das Volumen des Kegels überschreitet V = $\frac{8\pi}{3}$ Volumeneinheiten nicht.

4. Gebrochenrationale Funktion – Bakterienkultur — Lösungen

d) Es ist $g_k(t) = \frac{4t^2}{t^2+k}, k > 0, t \geq 0$

Um zu zeigen, dass g_k beschränkt ist, betrachtet man $g_k'(t)$ und $\lim\limits_{t\to\infty} g_k(t)$:

Es ist $g_k'(t) = \frac{8t\cdot(t^2+k)-4t^2\cdot 2t}{(t^2+k)^2} = \frac{8kt}{(t^2+k)^2} \geq 0$ für $t \geq 0$ und $k > 0$, also ist g_k monoton wachsend.

Ferner gilt
$$\lim_{t\to\infty} g_k(t) = \lim_{t\to\infty} \frac{4t^2}{t^2+k} = \lim_{t\to\infty} \frac{4}{1+\frac{k}{t^2}} = 4$$

da der Bruchterm gegen Null geht.

Somit ist g_k beschränkt.

Wegen $\lim\limits_{t\to\infty} g_k(t) = 4$ beträgt die maximale Wachstumsgeschwindigkeit $4\,\text{cm}^2$ pro Tag.

Da die Wachstumsgeschwindigkeit nach 3 Tagen $3\,\text{cm}^2$ pro Tag beträgt, gilt:

$$g_k(3) = 3 \Leftrightarrow \frac{4\cdot 3^2}{3^2+k} = 3 \Leftrightarrow 36 = 3\cdot(9+k) \Rightarrow k = 3$$

Somit lautet die Funktionsgleichung: $g_3(t) = \frac{4t^2}{t^2+3}$

Um den Zeitpunkt zu bestimmen, ab welchem die Wachstumsgeschwindigkeit mehr als 90% der maximalen Wachstumsgeschwindigkeit ($4\,\text{cm}^2$ pro Tag) beträgt, ist folgende Ungleichung zu lösen:

$$g_3(t) > 0{,}90\cdot 4 \Leftrightarrow \frac{4t^2}{t^2+3} > 3{,}6 \Leftrightarrow 4t^2 > 3{,}6\cdot(t^2+3) \Leftrightarrow 0{,}4t^2 > 10{,}8 \Leftrightarrow t^2 > 27$$

Wegen $t > 0$ muss gelten: $t > \sqrt{27} \approx 5{,}20$

Nach etwa 5,2 Tagen beträgt die Wachstumsgeschwindigkeit mehr als 90% der maximalen Wachstumsgeschwindigkeit.

e) Für die quadratische Funktion h gilt der Ansatz: $h(t) = at^2 + bt + c$

Da die Funktionswerte von $h(t)$ und $g_3(t)$ für $t_1 = 0$, $t_2 = 3$ und $t_3 = 6$ übereinstimmen, gelten mit $g_3(0) = \frac{4\cdot 0^2}{0^2+3} = 0$, $g_3(3) = \frac{4\cdot 3^2}{3^2+3} = 3$ und $g_3(6) = \frac{4\cdot 6^2}{6^2+3} = \frac{144}{39}$ folgende Gleichungen:

	I	$g_3(0)$	$=$	$h(0)$		I	0	$=$	$a\cdot 0^2$	$+$	$b\cdot 0$	$+$	c
	II	$g_3(3)$	$=$	$h(3)$	bzw.	II	3	$=$	$a\cdot 3^2$	$+$	$b\cdot 3$	$+$	c
	III	$g_3(6)$	$=$	$h(6)$		III	$\frac{144}{39}$	$=$	$a\cdot 6^2$	$+$	$b\cdot 6$	$+$	c

Aus Gleichung I ergibt sich: $c = 0$

Setzt man $c = 0$ in Gleichung II und Gleichung III ein und addiert man Gleichung III zum (-2)-fachen von Gleichung II, so erhält man:

$$-\frac{30}{13} = 18a \Rightarrow a = -\frac{5}{39}$$

Setzt man $a = -\frac{5}{39}$ in Gleichung II ein, so ergibt sich: $3 = -\frac{5}{39}\cdot 9 + 3b \Rightarrow b = \frac{18}{13}$

Damit hat die Funktion h die Funktionsgleichung $h(t) = -\frac{5}{39}t^2 + \frac{18}{13}t$

Lösungen   *4. Gebrochenrationale Funktion – Bakterienkultur*

Den Flächeninhalt A der innerhalb einer Woche von der Bakterienkultur bedeckten Fläche erhält man näherungsweise mit Hilfe des Integrals der Funktion h mit den Integrationsgrenzen $t_1 = 0$ und $t_2 = 7$:

$$A = \int_0^7 h(t)\,dt = \int_0^7 \left(-\frac{5}{39}t^2 + \frac{18}{13}t\right) dt = \left[-\frac{5}{117}t^3 + \frac{9}{13}t^2\right]_0^7$$

$$= -\frac{5}{117} \cdot 7^3 + \frac{9}{13} \cdot 7^2 - \left(-\frac{5}{117} \cdot 0^3 + \frac{9}{13} \cdot 0^2\right) = -\frac{1715}{117} + \frac{441}{13} = \frac{2254}{117} \approx 19,26$$

Die bedeckte Fläche beträgt näherungsweise etwa $19{,}26\,\text{cm}^2$.

5 Exponentialfunktion – Funktionenschar

Es ist $f_k(x) = (k-x) \cdot e^x$; $k \in \mathbb{R}_0^+$, $x \in \mathbb{R}$.

a) Den Schnittpunkt mit der y-Achse erhält man, indem man $x = 0$ in $f_k(x)$ einsetzt:

$$f_k(0) = (k-0) \cdot e^0 = k \Rightarrow S_k(0 \mid k)$$

Mögliche Schnittpunkte mit der x-Achse erhält man, indem man die Funktionsgleichung von f_k gleich Null setzt:

$f_k(x) = 0$ führt zu $(k-x) \cdot e^x = 0$ bzw. $k-x = 0$ mit der Lösung $x = k \Rightarrow N_k(k \mid 0)$.

Zur Bestimmung der Extrempunkte benötigt man die 1. und 2. Ableitung von $f_k(x)$, die man mit Hilfe der Produktregel erhält:

$$f_k{'}(x) = -1 \cdot e^x + (k-x) \cdot e^x = (-1 + k - x) \cdot e^x$$
$$f_k{''}(x) = -1 \cdot e^x + (-1 + k - x) \cdot e^x = (-2 + k - x) \cdot e^x$$

Nun setzt man als notwendige Bedingung die 1. Ableitung von $f_k(x)$ gleich Null:

$f_k{'}(x) = 0$ führt zu $(-1 + k - x) \cdot e^x = 0$ bzw. $-1 + k - x = 0$ mit der Lösung $x = k - 1$.

Den zugehörigen y-Wert erhält man, indem man $x = k - 1$ in $f_k(x)$ einsetzt:

$$f_k(k-1) = (k - (k-1)) \cdot e^{k-1} = e^{k-1}$$

Setzt man $x = k - 1$ in die 2. Ableitung von $f_k(x)$ ein, so erhält man:

$$f_k{''}(k-1) = (-2 + k - (k-1)) \cdot e^{k-1} = -e^{k-1} < 0$$

also handelt es sich um einen Hochpunkt mit den Koordinaten $H_k(k-1 \mid e^{k-1})$.

Zur Bestimmung der Wendepunkte benötigt man noch die 3. Ableitung von f_k:

$$f_k{'''}(x) = -1 \cdot e^x + (-2 + k - x) \cdot e^x = (-3 + k - x) \cdot e^x$$

Nun setzt man als notwendige Bedingung die 2. Ableitung von $f_k(x)$ gleich Null:

$f_k{''}(x) = 0$ führt zu $(-2 + k - x) \cdot e^x = 0$ mit der Lösung $x = k - 2$.

Den zugehörigen y-Wert erhält man, indem man $x = k - 2$ in $f_k(x)$ einsetzt:

$$f_k(k-2) = (k - (k-2)) \cdot e^{k-2} = 2 \cdot e^{k-2}$$

Setzt man $x = k - 2$ in die 3. Ableitung von f_k ein, so erhält man:

$$f_k{'''}(k-2) = (-3 + k - (k-2)) \cdot e^{k-2} = -1 \cdot e^{k-2} \neq 0$$

also handelt es sich um einen Wendepunkt mit den Koordinaten $W_k(k-2 \mid 2 \cdot e^{k-2})$.

Um den gegebenen Graphen ihre Parameter zuzuordnen, vergleicht man die Nullstelle $x = k$ von $f_k(x)$ mit den abgelesenen Nullstellen:

Die obere Kurve hat die Nullstelle bei $x=2 \Rightarrow k=2$ ist der zugehörige Parameter.

Die mittlere Kurve hat die Nullstelle bei $x=1 \Rightarrow k=1$ ist der zugehörige Parameter.

Die untere Kurve hat die Nullstelle bei $x=0 \Rightarrow k=0$ ist der zugehörige Parameter.

Alternativ könnte man auch den y-Achsenabschnitt $y=k$ von $f_k(x)$ verwenden und jeweils den y-Achsenabschnitt der gegebenen Graphen ablesen: die obere Kurve hat $y=2$, die mittlere Kurve $y=1$ und die untere Kurve $y=0$ als y-Achsenabschnitt.

Um die Gleichung der Ortskurve aller Hochpunkte $H_k\left(k-1 \mid e^{k-1}\right)$ der Funktionenschar zu erhalten, löst man die x-Koordinate von H_k nach k auf und setzt k in die y-Koordinate von H_k ein:
$$x = k-1 \Rightarrow k = x+1 \Rightarrow y = e^{k-1} = e^{x+1-1} = e^x$$

Wegen $k \geqslant 0$ gilt $x \geqslant -1$.

Somit lautet die Gleichung der Ortskurve aller Hochpunkte der Schar: $y = e^x;\, x \geqslant -1$

b) Die rechte obere Ecke des Rechtecks sei $P(u \mid f_2(u))$, $u > 0$.

Das Rechteck hat die Grundseite $g = u$ und die Höhe $h = f_2(u)$. Damit gilt für den Flächeninhalt des Rechtecks in Abhängigkeit von u:

$$A(u) = u \cdot f_2(u) = u \cdot (2-u)e^u = \left(2u - u^2\right)e^u$$

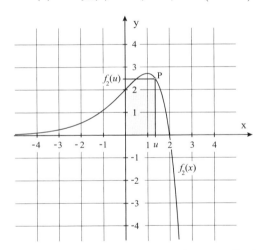

Zur Bestimmung des größten Flächeninhalts benötigt man die 1. und 2. Ableitung von $A(u)$, die man mit der Produktregel erhält:

$$A'(u) = (2-2u)e^u + \left(2u - u^2\right)e^u = \left(2 - u^2\right)e^u$$
$$A''(u) = -2ue^u + \left(2 - u^2\right)e^u = \left(2 - 2u - u^2\right)e^u$$

Setzt man die 1. Ableitung von $A(u)$ gleich Null, erhält man:

$A'(u) = 0 \Leftrightarrow \left(2 - u^2\right)e^u = 0$ bzw. $2 - u^2 = 0 \Rightarrow u = \sqrt{2}$. Wegen $u > 0$ ist $u = -\sqrt{2}$ keine mögliche Lösung.)

5. Exponentialfunktion – Funktionenschar — Lösungen

Setzt man $u = \sqrt{2}$ in $A''(u)$ ein, so erhält man:

$$A''\left(\sqrt{2}\right) = \left(2 - 2\sqrt{2} - \left(\sqrt{2}\right)^2\right)e^{\sqrt{2}} = -2\sqrt{2}e^{\sqrt{2}} < 0$$

Also handelt es sich um ein Maximum.

Den y-Wert von P erhält man, indem man $u = \sqrt{2}$ in $f_2(u)$ einsetzt:

$$f_2\left(\sqrt{2}\right) = \left(2 - \sqrt{2}\right)e^{\sqrt{2}} \Rightarrow P\left(\sqrt{2} \mid \left(2 - \sqrt{2}\right)e^{\sqrt{2}}\right)$$

Die maximale Rechtecksfläche erhält man, indem man $u = \sqrt{2}$ in $A(u)$ einsetzt:

$$A\left(\sqrt{2}\right) = \left(2\sqrt{2} - \left(\sqrt{2}\right)^2\right)e^{\sqrt{2}} \approx 3{,}41\, \text{FE}$$

c) Die ersten drei Ableitungen von f_k wurden bereits bestimmt:

$$f_k'(x) = (-1 + k - x) \cdot e^x$$
$$f_k''(x) = (-2 + k - x) \cdot e^x$$
$$f_k'''(x) = (-3 + k - x) \cdot e^x$$

Die ersten drei Ableitungen von f_k unterscheiden sich nur durch einen Summanden innerhalb des Faktors vor e^x.

Da zum Faktor von e^x in der ersten Ableitung -1, in der 2. Ableitung -2 und in der 3. Ableitung -3 addiert wird, kann man vermuten, dass bei der n-ten Ableitung $f_k^{(n)}(x)$ $-n$ zum Vorfaktor addiert wird, so dass für die n-te Ableitung von f_k gilt:

$$f_k^{(n)}(x) = (-n + k - x)e^x$$

Setzt man obiges Bildungsgesetz zur Stammfunktion von f_k hin fort, so erhält man:

$$f_k''(x) = (-2 + k - x)e^x$$
$$f_k'(x) = (-1 + k - x)e^x$$
$$f_k(x) = (0 + k - x)e^x$$
$$F_k(x) = (1 + k - x)e^x$$

Setzt man $k = 2$ in $F_k(x)$ ein, so erhält man damit vermutlich eine Stammfunktion F_2 von f_2:

$$F_2(x) = (1 + 2 - x)e^x = (3 - x)e^x$$

Zur Kontrolle kann man $F_2(x) = (3 - x)e^x$ mit der Produktregel ableiten:

$$F_2'(x) = -1 \cdot e^x + (3 - x)e^x = (2 - x)e^x = f_2(x)$$

Den Flächeninhalt $A(z)$ der Fläche, die vom Graphen von f_2 und der x-Achse im 1. und 2. Quadranten eingeschlossen wird, kann man mit Hilfe des Integrals und der gegebenen Stammfunktion $F_2(x) = (3 - x)e^x$ berechnen. Da die Fläche nach links ins Unendliche reicht, wird die untere Integrationsgrenze gleich z ($z < 0$) gesetzt, die obere Integrationsgrenze ist die Nullstelle von $f_2(x)$, also $x = 2$ (siehe Aufgabe a). Anschließend betrachtet man den Grenzwert von $A(z)$ für $z \to -\infty$. Es gilt:

$$A(z) = \int_z^2 f_2(x)\,dx = \Big[F_2(x)\Big]_z^2 = \Big[(3-x)e^x\Big]_z^2$$
$$= (3-2)e^2 - (3-z)e^z$$
$$= e^2 - (3-z)e^z$$

Für $z \to -\infty$ gilt: $\lim\limits_{z \to -\infty} A(z) = \lim\limits_{z \to -\infty}\left(e^2 - (3-z)e^z\right)$.

Da der Term $(3-z)e^z$ für $z \to -\infty$ gegen Null geht, gilt: $\lim\limits_{z \to -\infty}\left(e^2 - (3-z)e^z\right) = e^2 \approx 7{,}39$.

Der gesuchte Flächeninhalt beträgt etwa 7,4 FE.

d) Der Schnittpunkt S_k des Graphen von f_k mit der y-Achse hat die Koordinaten $S_k(0 \mid k)$. Die Steigung m_k der Tangente t_k im Punkt S_k erhält man, indem man $x = 0$ in die 1. Ableitung von f_k einsetzt:

$$m_k = f_k{'}(0) = (-1 + k - 0)e^0 = k - 1$$

Setzt man S_k und m_k in die Punkt-Steigungsform $y - y_1 = m \cdot (x - x_1)$ ein, so erhält man die Gleichung der Tangente t_k an den Graphen von f_k im Punkt S_k:

$$t_k: \; y - k = (k-1)\cdot(x - 0) \;\Rightarrow\; t_k: \; y = (k-1)\cdot x + k$$

Um den gemeinsamen Punkt der Tangenten t_k zu bestimmen, setzt man z.B. $k = 1$ und $k = 2$ in t_k ein und berechnet den Schnittpunkt durch Gleichsetzen der Tangentengleichungen:

$$(1-1)\cdot x + 1 = (2-1)\cdot x + 2 \;\Leftrightarrow\; 1 = x + 2 \;\Rightarrow\; x = -1$$

Setzt man $x = -1$ in t_1 oder t_2 ein, erhält man: $y = 1$.
Somit hat der Schnittpunkt von t_1 und t_2 die Koordinaten: $S(-1 \mid 1)$.
Um zu zeigen, dass S auf allen Tangenten t_k liegt, setzt man die Koordinaten von S in t_k ein (Punktprobe):

$$1 = (k-1)\cdot(-1) + k \;\Rightarrow\; 1 = 1$$

Aufgrund der wahren Aussage schneiden sich alle Tangenten im Punkt $S(-1 \mid 1)$.

6 Exponentialfunktion – Schädlinge

a) Gegeben ist die Funktionenschar $f_k(t) = 80e^{k \cdot t} - \frac{1}{3}e^{2k \cdot t} = 80e^{k \cdot t} - \frac{1}{3}\left(e^{k \cdot t}\right)^2 ; t \in \mathbb{R}, k > 0$.
Zur Bestimmung der Schnittpunkte des Graphen von f_k mit der t-Achse muss gelten: $f_k(t) = 0$.
Dies führt zu $80e^{k \cdot t} - \frac{1}{3}\left(e^{k \cdot t}\right)^2 = 0$ bzw. $e^{k \cdot t} \cdot \left(80 - \frac{1}{3}e^{k \cdot t}\right) = 0 \Rightarrow t = \frac{\ln(240)}{k}$
Damit hat der Graph von f_k genau einen Schnittpunkt mit der t-Achse: $N_k\left(\frac{\ln(240)}{k} \mid 0\right)$.

Um die Hoch- und Tiefpunkte zu bestimmen, benötigt man die 1. und 2. Ableitung, die man mit Hilfe der Kettenregel erhält:

$$f_k'(t) = 80e^{k \cdot t} \cdot k - \frac{1}{3}e^{2k \cdot t} \cdot 2k = e^{k \cdot t} \cdot k \cdot \left(80 - \frac{2}{3}e^{k \cdot t}\right)$$

$$f_k''(t) = 80e^{k \cdot t} \cdot k^2 - \frac{1}{3}e^{2k \cdot t} \cdot (2k)^2 = e^{k \cdot t} \cdot k^2 \cdot \left(80 - \frac{4}{3}e^{k \cdot t}\right)$$

Die notwendige Bedingung $f_k'(t) = 0$ führt zu:
$e^{k \cdot t} \cdot k \cdot \left(80 - \frac{2}{3}e^{k \cdot t}\right) = 0 \Rightarrow t = \frac{\ln(120)}{k}$

Die hinreichende Bedingung ergibt:

$$f_k''\left(\frac{\ln(120)}{k}\right) = e^{k \cdot \ln(120) \cdot \frac{1}{k}} \cdot k^2 \cdot \left(80 - \frac{4}{3}e^{k \cdot \ln(120) \cdot \frac{1}{k}}\right) = e^{\ln(120)} \cdot k^2 \cdot \left(80 - \frac{4}{3}e^{\ln(120)}\right)$$

$$= 120 \cdot k^2 \cdot \left(80 - \frac{4}{3} \cdot 120\right) = -9600 \cdot k^2 < 0 \Rightarrow \text{Maximum}$$

Mit $f_k\left(\frac{\ln(120)}{k}\right) = 80e^{k \cdot \ln(120) \cdot \frac{1}{k}} - \frac{1}{3}e^{2k \cdot \ln(120) \cdot \frac{1}{k}} = 80 \cdot 120 - \frac{1}{3} \cdot (120)^2 = 4800$ erhält man als einzigen Extrempunkt den Hochpunkt $H_k\left(\frac{\ln(120)}{k} \mid 4800\right)$.

Für Wendepunkte benötigt man neben der 2. Ableitung noch die 3. Ableitung von $f_k(t)$, die man auch mit der Kettenregel erhält:
$f_k'''(t) = 80e^{k \cdot t} \cdot k^3 - \frac{1}{3}e^{2k \cdot t} \cdot (2k)^3 = e^{k \cdot t} \cdot k^3 \cdot \left(80 - \frac{8}{3}e^{k \cdot t}\right)$
Die notwendige Bedingung $f_k''(t) = 0$ führt zu:
$e^{k \cdot t} \cdot k^2 \cdot \left(80 - \frac{4}{3}e^{k \cdot t}\right) = 0 \Rightarrow t = \frac{\ln(60)}{k}$
Die hinreichende Bedingung ergibt:

$$f_k'''\left(\frac{\ln(60)}{k}\right) = e^{k \cdot \ln(60) \cdot \frac{1}{k}} \cdot k^3 \cdot \left(80 - \frac{8}{3}e^{k \cdot \ln(60) \cdot \frac{1}{k}}\right)$$

$$= e^{\ln(60)} \cdot k^3 \cdot \left(80 - \frac{8}{3}e^{\ln(60)}\right)$$

$$= 60 \cdot k^3 \cdot \left(80 - \frac{8}{3} \cdot 60\right) = -4800 \cdot k^3 \neq 0 \Rightarrow \text{Wendepunkt}$$

Mit $f_k\left(\frac{\ln(60)}{k}\right) = 80e^{k\cdot\ln(60)\cdot\frac{1}{k}} - \frac{1}{3}e^{2k\cdot\ln(60)\cdot\frac{1}{k}} = 80\cdot 60 - \frac{1}{3}\cdot(60)^2 = 3600$ erhält man als einzigen Wendepunkt $W_k\left(\frac{\ln(60)}{k} \mid 3600\right)$.

Zur Untersuchung des asymptotischen Verhaltens des Graphen von f_k betrachtet man die Grenzwerte $\lim\limits_{t\to-\infty}(f_k(t))$ sowie $\lim\limits_{t\to+\infty}(f_k(t))$.

Für $t\to-\infty$ ist $\lim\limits_{t\to-\infty}(e^{k\cdot t}) = 0$ und damit:

$$\lim\limits_{t\to-\infty}(f_k(t)) = \lim\limits_{t\to-\infty}\left(e^{k\cdot t}\cdot\left(80-\tfrac{1}{3}e^{k\cdot t}\right)\right) = \lim\limits_{t\to-\infty}(e^{k\cdot t})\cdot\lim\limits_{t\to-\infty}\left(80-\tfrac{1}{3}e^{k\cdot t}\right) = 0\cdot 80 = 0$$

Somit ist für $t\to-\infty$ die t-Achse waagerechte Asymptote des Graphen von f_k.

Für $t\to+\infty$ geht $e^{k\cdot t}\to+\infty$, somit geht $f_k(t) = e^{k\cdot t}\cdot\left(80-\tfrac{1}{3}e^{k\cdot t}\right)\to-\infty$.

Der Grenzwert $\lim\limits_{t\to+\infty}(f_k(t))$ existiert also nicht; es gibt keine weitere Asymptote.

b) Um zu begründen, dass der abgebildete Graph zu $f_{0,5}$ gehört, betrachtet man die in Aufgabenteil a) allgemein hergeleiteten Punkte für den Parameterwert $k = 0,5$. Es genügt die Bestimmung des Schnittpunkts mit der t-Achse, des Hoch- und Wendepunkts sowie der Asymptote. Einsetzen von $k = 0,5$ in $N_k\left(\frac{\ln(240)}{k} \mid 0\right)$, $H_k\left(\frac{\ln(120)}{k} \mid 4800\right)$ und $W_k\left(\frac{\ln(60)}{0,5} \mid 3600\right)$ ergibt:

$$N_{0,5}\left(\frac{\ln(240)}{0,5} \mid 0\right) = (2\cdot\ln(240) \mid 0) \approx (10,96 \mid 0)$$

$$H_{0,5}\left(\frac{\ln(120)}{0,5} \mid 4800\right) = (2\cdot\ln(120) \mid 4800) \approx (9,57 \mid 4800)$$

$$W_{0,5}\left(\frac{\ln(60)}{0,5} \mid 3600\right) = (2\cdot\ln(60) \mid 3600) \approx (8,19 \mid 3600)$$

Diese Werte stimmen mit den entsprechenden Punkten des abgebildeten Graphen überein, wenn man gewisse Ungenauigkeiten, die sich beim Ablesen ergeben, berücksichtigt.

Für $t\to-\infty$ ist die t-Achse Asymptote des Graphen von $f_{0,5}$.

Somit kann angenommen werden, dass der abgebildete Graph zu $f_{0,5}$ gehört.

c) Die Fragestellung lässt sich an folgender Skizze veranschaulichen:

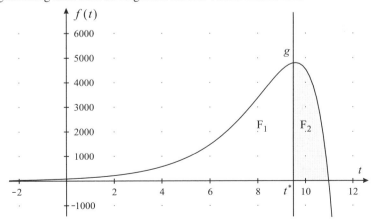

6. Exponentialfunktion – Schädlinge — Lösungen

Die Gerade $g : t = t^*$ steht senkrecht zur t-Achse und teilt die «nach links ins Unendliche reichende» Fläche zwischen der t-Achse und dem Graphen von $f_k(t)$ so, dass die linke Teilfläche F_1 dreimal so groß ist wie die rechte Teilfläche F_2. Zur Berechnung von t^* geht man in drei Schritten vor:

1. Schritt:
Berechnung des Flächeninhalts A_k der bis «ins Unendliche reichenden» Fläche.

2. Schritt:
Bestimmung des Flächeninhalts F_2 der rechten Teilfläche in Abhängigkeit von k.

3. Schritt:
Berechnung der Integrationsgrenze t^* mit Hilfe von F_2.

Zum 1. Schritt:
Man erhält den Flächeninhalt A_k der «nach links bis ins Unendliche reichenden» Fläche durch Integration der Funktion f_k. Die rechte Integrationsgrenze ist festgelegt durch den t-Wert von $N_k\left(\frac{\ln(240)}{k} \mid 0\right)$. Die linke Integrationsgrenze sei a mit $a < \frac{\ln(240)}{k}$. Als Grenzwert für $a \to -\infty$ erhält man den gesuchten Flächeninhalt der bis «ins Unendliche reichenden» Fläche. Die Integrationsvariable ist t; die Parameter k und a werden beim Integrieren wie Konstanten behandelt:

$$\begin{aligned}
A_k &= \lim_{a \to -\infty} \int_a^{\frac{\ln(240)}{k}} f_k(t)\, dt \\
&= \lim_{a \to -\infty} \int_a^{\frac{\ln(240)}{k}} \left(80 e^{k \cdot t} - \frac{1}{3} e^{2k \cdot t}\right) dt \\
&= \lim_{a \to -\infty} \left[\frac{80 e^{k \cdot t}}{k} - \frac{e^{2k \cdot t}}{3 \cdot 2k}\right]_a^{\frac{\ln(240)}{k}} \\
&= \lim_{a \to -\infty} \left(\frac{80 e^{k \cdot \ln(240) \cdot \frac{1}{k}}}{k} - \frac{e^{2k \cdot \ln(240) \cdot \frac{1}{k}}}{3 \cdot 2k} - \frac{80 e^{k \cdot a}}{k} + \frac{e^{2k \cdot a}}{3 \cdot 2k}\right) \\
&= \lim_{a \to -\infty} \left(\frac{80 \cdot 240}{k} - \frac{(240)^2}{6k} - \frac{80 e^{k \cdot a}}{k} + \frac{e^{2k \cdot a}}{6k}\right) \\
&= \lim_{a \to -\infty} \frac{57600 - 480 e^{k \cdot a} + e^{2k \cdot a}}{6k}
\end{aligned}$$

Für $a \to -\infty$ geht $e^{k \cdot a} \to 0$, also ergibt sich:

$$A_k = \lim_{a \to -\infty} \frac{57600 - 480 e^{k \cdot a} + e^{2k \cdot a}}{6k} = \frac{57600 - 0 + 0}{6k} = \frac{9600}{k}$$

Zum 2. Schritt:
Da die linke Teilfläche F_1 dreimal so groß sein soll wie die rechte Teilfläche F_2, muss F_2 ein Viertel des gesamten Flächeninhalts von A_k sein, also: $F_2 = \frac{1}{4} \cdot A_k = \frac{2400}{k}$.

Lösungen 6. Exponentialfunktion – Schädlinge

Zum 3. Schritt:

Gesucht ist nun die Integrationsgrenze t^*, wobei t^* folgende Bedingung erfüllen muss:

$$F_2 = \int_{t^*}^{\frac{\ln(240)}{k}} f_k(t)\,dt = \frac{2400}{k}; \quad t^* < \frac{\ln(240)}{k}$$

Wegen $\int_{t^*}^{\frac{\ln(240)}{k}} f_k(t)\,dt = \frac{57600 - 480 e^{k \cdot t^*} + e^{2k \cdot t^*}}{6k} = \frac{2400}{k}$ folgt: $e^{2k \cdot t^*} - 480 e^{k \cdot t^*} + 43200 = 0$

Man substituiert $z = e^{k \cdot t^*}$ und löst die quadratische Gleichung $z^2 - 480z + 43200 = 0$ mit der pq- oder abc-Formel: $z_1 = 360$ und $z_2 = 120$.
Die Resubstitution führt zu den beiden Lösungen

$$t_1^* = \frac{\ln(360)}{k} \quad \text{und} \quad t_2^* = \frac{\ln(120)}{k}$$

Wegen $t^* < \frac{\ln(240)}{k}$, kann t_1^* keine Lösung sein, somit lautet die Gleichung der gesuchten Geraden $g: t = \frac{\ln(120)}{k}$.

d) I) Der Graph von $f_{0,5}$ beschreibt im Intervall $[t_1; t_2] = \left[0; \frac{\ln(240)}{0,5}\right] \approx [0; 10,96]$ die Entwicklung einer Schädlingspopulation in einem Wald während der Bekämpfung mit einem Pestizid.
Wegen $f_{0,5}(0) = 80 e^{0,5 \cdot 0} - \frac{1}{3} e^{2 \cdot 0,5 \cdot 0} = 79\frac{2}{3}$ hat die Population zu Beginn ($t = 0$) eine Größe von etwa 79 667 Schädlingen.
Wegen $H_{0,5}\left(\frac{\ln(120)}{0,5} \mid 4800\right) \approx (9,57 \mid 4800)$ hat die Population nach etwa 9,57 Tagen ihre maximale Größe von 4 800 000 Schädlingen erreicht.
Wegen $N_{0,5}\left(\frac{\ln(240)}{0,5} \mid 0\right) \approx (10,96 \mid 0)$ ist die Population nach etwa 11 Tagen nicht mehr vorhanden.
Die Population nimmt also bis zum Hochpunkt zu und anschließend wieder ab.
Die Wachstumsgeschwindigkeit (d.h. die momentane Änderungsrate $f_{0,5}'(t)$) nimmt bis zum Wendepunkt zu und wird dann wieder kleiner; nach dem Hochpunkt ist die Wachstumsgeschwindigkeit negativ, d.h. die Population geht zurück.

II) Der Zeitpunkt des stärksten Populationswachstums ist an der Wendestelle von $f_{0,5}$, also bei $t = \frac{\ln(60)}{0,5} \approx 8,19$ Tagen.
Das Pestizid wurde 18 Stunden (entspricht 0,75 Tagen) vor diesem Zeitpunkt versprüht, also bei $t_p = \frac{\ln(60)}{0,5} - 0,75 \approx 7,44$ Tagen.
Setzt man $t_p = \frac{\ln(60)}{0,5} - 0,75$ in $f_{0,5}(t)$ ein, so erhält man:

$$f_{0,5}\left(\frac{\ln(60)}{0,5} - 0,75\right) = 80 e^{0,5 \cdot \left(\frac{\ln(60)}{0,5} - 0,75\right)} - \frac{1}{3} e^{2 \cdot 0,5 \cdot \left(\frac{\ln(60)}{0,5} - 0,75\right)} \approx 2732,485.$$

Die Anzahl der Schädlinge betrug zu diesem Zeitpunkt somit etwa 2732485.

III) Die Blattfläche A, die von der Population während des gesamten Beobachtungszeitraums vertilgt wurde, berechnet man mit Hilfe des Integrals:

$$A = 3 \cdot 1000 \cdot \int_0^{2\cdot\ln(240)} \left(f_{0,5}(t)\right) dt$$

$$= 3000 \cdot \int_0^{2\cdot\ln(240)} \left(80e^{0,5\cdot t} - \frac{1}{3}e^t\right) dt$$

$$= 3000 \cdot \left[160e^{0,5\cdot t} - \frac{1}{3}e^t\right]_0^{2\cdot\ln(240)} = 3000 \cdot \left(160 \cdot 240 - \frac{1}{3} \cdot (240)^2 - 160 + \frac{1}{3}\right)$$

$$= 57\,121\,000\,\text{cm}^2$$

$$\approx 5712\,\text{m}^2$$

Im Laufe der knapp 11 Tage Beobachtungszeit haben die Schädlinge eine Blattoberfläche von etwa $5712\,\text{m}^2$ vertilgt.

7 Exponentialfunktion – Medikament

a) Es ist $f(t) = 20t \cdot e^{-0,5t}$; $0 \leq t \leq 12$.

Um den Zeitpunkt zu bestimmen, an dem die Funktion ihren maximalen Wert annimmt, benötigt man die ersten beiden Ableitungen von $f(t)$, die mit Hilfe der Produkt- und Kettenregel bestimmt werden:

$$f'(t) = 20 \cdot e^{-0,5t} + 20t \cdot e^{-0,5t} \cdot (-0,5) = (20 - 10t) \cdot e^{-0,5t}$$
$$f''(t) = -10 \cdot e^{-0,5t} + (20 - 10t) \cdot e^{-0,5t} \cdot (-0,5) = (5t - 20) \cdot e^{-0,5t}$$

Zur Bestimmung des Maximums führt die notwendige Bedingung $f'(t) = 0$ zu:

$$(20 - 10t) \cdot e^{-0,5t} = 0 \Leftrightarrow (20 - 10t) = 0 \Rightarrow t = 2$$

Setzt man $t = 2$ in $f''(t)$ ein, erhält man: $f''(2) = -10 \cdot e^{-1} < 0 \Rightarrow$ Maximum
Den zugehörigen Funktionswert erhält man aus der Wertetabelle oder durch Einsetzen von $t = 2$ in $f(t)$: $f(2) = 40 \cdot e^{-1} \approx 14,72$
Also wird nach zwei Stunden die maximale Konzentration von etwa $14,7 \frac{mg}{l}$ erreicht.

Die mittlere Konzentration $\overline{K}$ des Medikaments erhält man, indem man die Gesamtkonzentration K mit Hilfe eines Integrals berechnet und durch 12 dividiert:

$$\overline{K} = \frac{1}{12} \cdot K = \frac{1}{12} \cdot \int_0^{12} f(t)dt = \int_0^{12} 20t \cdot e^{-0,5t}dt$$

Das Integral wird mit Hilfe der partiellen Integration (Produktintegration, siehe Seite 45) berechnet; setzt man $u(t) = 20t$ und $v'(t) = e^{-0,5t}$, erhält man:

$$K = \int_0^{12} 20t \cdot e^{-0,5t}dt = \left[20t \cdot \frac{1}{-0,5} \cdot e^{-0,5t}\right]_0^{12} - \int_0^{12} 20 \cdot \frac{1}{-0,5} \cdot e^{-0,5t}dt$$

$$= \left[-40t \cdot e^{-0,5t}\right]_0^{12} - \int_0^{12} -40 \cdot e^{-0,5t}dt$$

$$= \left[-40t \cdot e^{-0,5t}\right]_0^{12} - \left[\frac{-40}{-0,5} \cdot e^{-0,5t}\right]_0^{12}$$

$$= \left[-40t \cdot e^{-0,5t} - 80 \cdot e^{-0,5t}\right]_0^{12}$$

$$= -40 \cdot 12 \cdot e^{-0,5 \cdot 12} - 80 \cdot e^{-0,5 \cdot 12} - \left(-40 \cdot 0 \cdot e^{-0,5 \cdot 0} - 80 \cdot e^{-0,5 \cdot 0}\right)$$

$$= -560e^{-6} + 80$$

Damit gilt: $\overline{K} = \frac{-560e^{-6} + 80}{12} \approx 6,55$
Die mittlere Konzentration des Medikaments innerhalb der ersten 12 Stunden beträgt also etwa $6,6 \frac{mg}{l}$.

b) Der Zeitpunkt, an dem das Medikament am stärksten abgebaut wird, ist der Zeitpunkt mit der größten negativen zeitlichen Änderung der Konzentration, also das Minimum von $f'(t)$, d.h. man berechnet die Wendestelle von $f(t)$.
Hierzu benötigt man die 2. und 3. Ableitung von $f(t)$:

$$f''(t) = (5t - 20) \cdot e^{-0,5t}$$
$$f'''(t) = 5 \cdot e^{-0,5t} + (5t - 20) \cdot e^{-0,5t} \cdot (-0,5) = (15 - 2,5t) \cdot e^{-0,5t}$$

Die notwendige Bedingung $f''(t) = 0$ führt zu:

$$(5t - 20) \cdot e^{-0,5t} = 0 \Leftrightarrow 5t - 20 = 0 \Rightarrow t = 4$$

Um zu prüfen, ob es sich um ein Minimum von $f'(t)$ handelt, setzt man $t = 4$ in die zweite Ableitung von $f'(t)$, also in $f'''(t)$ ein:

$$f'''(4) = (15 - 2,5 \cdot 4) \cdot e^{-0,5 \cdot 4} = 5e^{-2} > 0 \Rightarrow \text{Minimum}$$

Also wird das Medikament 4 Stunden nach der Einnahme am stärksten abgebaut.
Die momentane Änderungsrate zum Zeitpunkt $t = 4$ erhält man mit $f'(t)$:

$$f'(4) = (20 - 10 \cdot 4)e^{-0,5 \cdot 4} = -20e^{-2} \approx -2,71$$

Somit beträgt die momentane Änderungsrate nach vier Stunden etwa $-2,7$, d.h. pro Liter Blut und pro Stunde nimmt die Konzentration des Medikaments um $2,71$ mg ab.
Um die Tangentengleichung der Tangente t^* zu bestimmen, setzt man $t_1 = 4$, $y_1 = f(4) = 80e^{-2}$ und $m = f'(4) = -20e^{-2}$ in die Punkt-Steigungsform $y - y_1 = m \cdot (t - t_1)$ ein:

$$t^*: y - 80e^{-2} = -20e^{-2} \cdot (t - 4) \Leftrightarrow y = -20e^{-2}t + 160e^{-2}$$

Schneidet man die Tangente t^* mit der t-Achse ($y = 0$), so erhält man:

$$0 = -20e^{-2}t + 160e^{-2} \Rightarrow t = 8$$

Somit ist das Medikament 8 Stunden nach der Einnahme vollständig abgebaut.

c) Für $0 \leq t < 4$ wird die Gesamtkonzentration nach wie vor durch $f(t)$ beschrieben; für $4 \leq t \leq 12$ gilt nun: $k(t) = f(t) + f(t - 4)$, da ab $t = 4$ der Graph von $f(t)$ um 4 LE nach rechts verschoben wird und somit die Funktionswerte $f(t - 4)$ noch zu $f(t)$ addiert werden. Um den zeitlichen Verlauf der Gesamtkonzentration $k(t)$ zu skizzieren, stellt man eine Wertetabelle auf:

t	0	1	2	3	4	5	6	7	8	9	10	11	12
$f(t)$	0	12,1	14,7	13,4	10,8	8,2	6,0	4,2	2,9	2,0	1,3	0,9	0,6
$f(t-4)$					0	12,1	14,7	13,4	10,8	8,2	6,0	4,2	2,9
$k(t)$	0	12,1	14,7	13,4	10,8	20,3	20,7	17,6	13,7	10,2	7,3	5,1	3,5

Der Graph von k(t) hat damit folgende Gestalt:

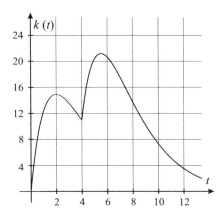

In der Wertetabelle sieht man, dass die Gesamtkonzentration $k(t)$ z. B. bei $t = 5$ und $t = 6$ den Wert von $20 \frac{mg}{l}$ übersteigt.
Somit wird die Vorgabe, dass die Konzentration im Blut $20 \frac{mg}{l}$ nicht übersteigen darf, nicht eingehalten.

d) Es ist $g(t) = at \cdot e^{-bt}$; $a > 0$, $b > 0$.

Die 1. Ableitung von $g(t)$ erhält man mit der Produkt- und Kettenregel:

$$g'(t) = a \cdot e^{-bt} + at \cdot e^{-bt} \cdot (-b) = (a - abt) \cdot e^{-bt}$$

Da die Konzentration $g(t)$ nach 4 Stunden ihren größten Wert von $10 \frac{mg}{l}$ annimmt, dort also ein Extremwert von $g(t)$ vorliegt, gelten folgende Bedingungen:

$$\begin{array}{rlllrl} \text{I} & g(4) &=& 10 & \Rightarrow & 4a \cdot e^{-4b} = 10 \\ \text{II} & g'(4) &=& 0 & \Rightarrow & (a - 4ab) \cdot e^{-4b} = 0 \end{array}$$

Löst man Gleichung II, ergibt sich:

$$a - 4ab = 0 \Leftrightarrow a \cdot (1 - 4b) = 0 \Leftrightarrow b = 0{,}25$$

Setzt man $b = 0{,}25$ in Gleichung I ein, erhält man:

$$4a \cdot e^{-4 \cdot 0{,}25} = 10 \Leftrightarrow a = 2{,}5e$$

Die Konzentration erreicht 4 Stunden nach der Einnahme ihren größten Wert von $10 \frac{mg}{l}$, wenn die Konstanten $a = 2{,}5e \approx 6{,}796$ und $b = 0{,}25$ gewählt werden. Der Funktionsterm lautet dann

$$\begin{aligned} g(t) &= 2{,}5e \cdot t \cdot e^{-0{,}25t} \\ &= 2{,}5t \cdot e^{1-0{,}25t} \end{aligned}$$

8 Logarithmusfunktion – Schale

Es ist $f_t(x) = \ln(x^2 + t)$; $t > 0$, $x \in \mathbb{R}$

a) Wegen $f_t(-x) = \ln((-x)^2 + t) = \ln(x^2 + t) = f_t(x)$ ist der Graph von $f_t(x)$ achsensymmetrisch zur y-Achse.

Zur Bestimmung der Nullstellen des Graphen von f_t muss gelten: $f_t(x) = 0$.
Dies führt zu

$$\ln(x^2 + t) = 0 \Leftrightarrow x^2 + t = e^0 = 1 \Rightarrow x_{1;2} = \pm\sqrt{1-t}; 0 < t \leqslant 1$$

Für $0 < t \leqslant 1$ hat der Graph von $f_t(x)$ die Nullstellen $x_{t;1} = -\sqrt{1-t}$ und $x_{t;2} = \sqrt{1-t}$.

Um die Extrempunkte zu bestimmen, benötigt man die 1. und 2. Ableitung, die man mit Hilfe der Ketten- und Quotientenregel erhält:

$$f_t'(x) = \frac{1}{x^2 + t} \cdot 2x = \frac{2x}{x^2 + t}$$

$$f_t''(x) = \frac{2 \cdot (x^2 + t) - 2x \cdot 2x}{(x^2 + t)^2} = \frac{2t - 2x^2}{(x^2 + t)^2}$$

Die notwendige Bedingung $f_t'(x) = 0$ führt zu: $\frac{2x}{x^2 + t} = 0 \Rightarrow x = 0$

Die hinreichende Bedingung ergibt:

$$f_t''(0) = \frac{2t - 2 \cdot 0^2}{(0^2 + t)^2} = \frac{2t}{t^2} = \frac{2}{t} > 0 \Rightarrow \text{Minimum}$$

Mit $f_t(0) = \ln(0^2 + t) = \ln t$ erhält man als einzigen Extrempunkt den Tiefpunkt $T_t(0 \mid \ln t)$

Zur Bestimmung der Wendepunkte führt die notwendige Bedingung $f_t''(x) = 0$ zu:

$$\frac{2t - 2x^2}{(x^2 + t)^2} = 0 \Rightarrow 2t - 2x^2 = 0 \Rightarrow x_{1;2} = \pm\sqrt{t}$$

Mit $f_t(\pm\sqrt{t}) = \ln((\pm\sqrt{t})^2 + t) = \ln(2t)$ erhält man die Wendepunkte $W_{t;1}(-\sqrt{t} \mid \ln(2t))$ und $W_{t;2}(\sqrt{t} \mid \ln(2t))$

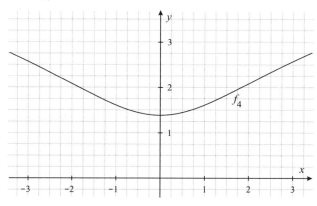

Die Wendepunkte liegen unterhalb der x-Achse, wenn der y-Wert der Wendepunkte kleiner als Null ist:
$$\ln(2t) < 0 \Rightarrow 2t < e^0 = 1 \Leftrightarrow t < \frac{1}{2}$$
Für $0 < t < \frac{1}{2}$ liegen die Wendepunkte unterhalb der x-Achse.

b) Das Volumen des Kegels, der bei der Rotation des Dreiecks um die y-Achse entsteht, erhält man mit der Formel: $V = \frac{1}{3} \cdot \pi \cdot r^2 \cdot h$

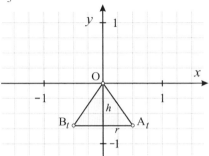

Die angegebenen Eckpunkte des Dreiecks sind: $A_t\left(\sqrt{t} \mid \ln(2t)\right)$, $B_t\left(-\sqrt{t} \mid \ln(2t)\right)$ und $O(0 \mid 0)$ mit $0 < t < 0{,}5$. Aus $t < 0{,}5$ folgt $\ln(2t) < 0$. Damit ergibt sich für r und h:
$r = \sqrt{t}$ und $h = 0 - \ln(2t) = -\ln(2t)$, für das Volumen erhält man damit:
$$V(t) = \frac{1}{3} \cdot \pi \cdot \left(\sqrt{t}\right)^2 \cdot (-\ln(2t)) = -\frac{1}{3} \cdot \pi \cdot t \cdot \ln(2t)$$

Um das Maximum von $V(t)$ zu bestimmen, benötigt man die 1. und 2. Ableitung von $V(t)$, die man mit Hilfe der Produkt- und Kettenregel erhält:
$$V'(t) = -\frac{1}{3} \cdot \pi \cdot \left(1 \cdot \ln(2t) + t \cdot \frac{1}{2t} \cdot 2\right) = -\frac{\pi}{3} \cdot (\ln(2t) + 1)$$
$$V''(t) = -\frac{1}{3} \cdot \pi \cdot \frac{1}{2t} \cdot 2 = -\frac{\pi}{3} \cdot \frac{1}{t} = -\frac{\pi}{3t}$$

Die notwendige Bedingung $V'(t) = 0$ führt zu $-\frac{\pi}{3} \cdot (\ln(2t) + 1) = 0$ bzw.
$$\ln(2t) + 1 = 0 \Leftrightarrow 2t = e^{-1} \Rightarrow t = \frac{1}{2e} \approx 0{,}184$$

Wegen $V''\left(\frac{1}{2e}\right) = -\frac{\pi}{3} \cdot \frac{1}{\frac{1}{2e}} = -\frac{2\pi e}{3} < 0$ handelt es sich um ein lokales Maximum.

Bei der Betrachtung der Randwerte von $V(t)$, benutzt man die Tatsache, dass t schneller gegen Null geht, als $\ln t$ gegen minus Unendlich geht:
$$\lim_{t \to 0^+} V(t) = \lim_{t \to 0^+} \left(-\frac{1}{3} \cdot \pi \cdot t \cdot \ln(2t)\right) = 0$$
und
$$\lim_{t \to 0{,}5^-} V(t) = \lim_{t \to 0{,}5^-} \left(-\frac{1}{3} \cdot \pi \cdot t \cdot \ln(2t)\right) = 0$$

also handelt es sich bei $t = \frac{1}{2e}$ um ein absolutes Maximum.

Mit $V\left(\frac{1}{2e}\right) = -\frac{1}{3} \cdot \pi \cdot \frac{1}{2e} \cdot \ln\left(2 \cdot \frac{1}{2e}\right) = \frac{\pi}{6e} \approx 0{,}193$ hat der Kegel für $t = \frac{1}{2e}$ das größtmögliche Volumen; es beträgt etwa $0{,}193$ VE.

c) Das Volumen V der Schale erhält man, indem man die Formel $V = \pi \cdot \int_{y_1}^{y_2} x^2 \, dy$ für Rotation um die y-Achse verwendet, wobei $x = \bar{f}_4(y)$ die Umkehrfunktion von $y = f_4(x)$ ist; die Integrationsgrenzen sind $y_1 = \ln 4$ (y-Wert des Tiefpunkts) und $y_2 = \ln 8$.

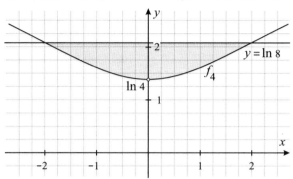

$y = f_4(x) = \ln(x^2 + 4)$ führt zu $e^y = x^2 + 4$ bzw. $x^2 = e^y - 4$.

Damit ergibt sich:

$$V = \pi \cdot \int_{\ln 4}^{\ln 8} (e^y - 4) \, dy = \pi \cdot \left[e^y - 4y \right]_{\ln 4}^{\ln 8}$$

$$= \pi \cdot \left(e^{\ln 8} - 4 \cdot \ln 8 - \left(e^{\ln 4} - 4 \cdot \ln 4 \right) \right) = \pi \cdot (8 - 4 \cdot \ln 8 - 4 + 4 \cdot \ln 4) \approx 3{,}856 \, \text{VE}$$

Da eine Längeneinheit 5 cm ist, ergibt eine Volumeneinheit $5 \, \text{cm} \cdot 5 \, \text{cm} \cdot 5 \, \text{cm} = 125 \, \text{cm}^3$. Somit beträgt das Volumen der Schale etwa $3{,}856 \cdot 125 \, \text{cm}^3 = 482 \, \text{cm}^3$.

9 Logarithmusfunktion – Rotweinkaraffe

a) Gegeben ist die Funktionenschar $f_t(x) = \frac{t+\ln(x)}{x}$; $x > 0, t \in \mathbb{R}$.
Zur Bestimmung der Nullstellen des Graphen von $f_t(x)$ setzt man $f_t(x) = 0$.
Dies führt zu $\frac{t+\ln(x)}{x} = 0 \Leftrightarrow t + \ln(x) = 0 \Leftrightarrow \ln(x) = -t \Leftrightarrow x = e^{-t}$.
Damit hat der Graph von $f_t(x)$ genau einen Schnittpunkt mit der x-Achse: $N_t(e^{-t} \mid 0)$.

Um die Extremstellen zu bestimmen, benötigt man die 1. und 2. Ableitung, die man mit Hilfe der Quotientenregel erhält:

$$f_t'(x) = \frac{\left(\frac{1}{x}\right) \cdot x - (t+\ln(x)) \cdot 1}{x^2} = \frac{1 - t - \ln(x)}{x^2}$$

$$f_t''(x) = \frac{\left(-\frac{1}{x}\right) \cdot x^2 - (1 - t - \ln(x)) \cdot 2x}{x^4} = \frac{2 \cdot \ln(x) + 2t - 3}{x^3}$$

Die notwendige Bedingung $f_t'(x) = 0$ führt zu:

$$\frac{1 - t - \ln(x)}{x^2} = 0 \Leftrightarrow 1 - t - \ln(x) = 0 \Leftrightarrow \ln(x) = 1 - t \Leftrightarrow x = e^{1-t}$$

Die hinreichende Bedingung ergibt:

$$f_t''\left(e^{1-t}\right) = \frac{2 \cdot \ln\left(e^{1-t}\right) + 2t - 3}{\left(e^{1-t}\right)^3} = \frac{2 \cdot (1-t) + 2t - 3}{\left(e^{1-t}\right)^3} = -\frac{1}{\left(e^{1-t}\right)^3} < 0 \Rightarrow \text{Maximum}$$

Mit $f_t\left(e^{1-t}\right) = \frac{t+\ln\left(e^{1-t}\right)}{e^{1-t}} = \frac{t+1-t}{e^{1-t}} = \frac{1}{e^{1-t}} = e^{t-1}$ erhält man als einzigen Extrempunkt den Hochpunkt $H_t\left(e^{1-t} \mid e^{t-1}\right)$.

Für Wendestellen benötigt man neben der 2. Ableitung noch die 3. Ableitung von $f_t(x)$, die man auch mit der Quotientenregel erhält:

$$f_t'''(x) = \frac{2 \cdot \frac{1}{x} \cdot x^3 - (2 \cdot \ln(x) + 2t - 3) \cdot 3x^2}{x^6} = \frac{11 - 6t - 6 \cdot \ln(x)}{x^4}$$

Die notwendige Bedingung $f_t''(x) = 0$ führt zu:

$$\frac{2 \cdot \ln(x) + 2t - 3}{x^3} = 0 \Leftrightarrow 2 \cdot \ln(x) + 2t - 3 = 0 \Leftrightarrow \ln(x) = \frac{3 - 2t}{2} \Leftrightarrow x = e^{1,5-t}$$

Die hinreichende Bedingung ergibt:

$$f_t'''\left(e^{1,5-t}\right) = \frac{11 - 6t - 6 \cdot \ln\left(e^{1,5-t}\right)}{\left(e^{1,5-t}\right)^4} = \frac{11 - 6t - 6 \cdot (1,5-t)}{e^{6-4t}} = \frac{2}{e^{6-4t}} \neq 0 \Rightarrow \text{Wendepunkt}$$

Mit $f_t\left(e^{1,5-t}\right) = \frac{t+\ln\left(e^{1,5-t}\right)}{e^{1,5-t}} = \frac{t+1,5-t}{e^{1,5-t}} = 1,5 \cdot e^{t-1,5}$ erhält man als einzigen Wendepunkt $W_t\left(e^{1,5-t} \mid 1,5 \cdot e^{t-1,5}\right)$.

Zur Untersuchung des asymptotischen Verhaltens des Graphen von $f_t(x)$ betrachtet man das Verhalten der Kurve bzw. der Funktionswerte an den Rändern des Definitionsbereichs, also $\lim_{x \to 0} f_t(x)$ sowie $\lim_{x \to +\infty} f_t(x)$.
Für $x \to 0$ geht der Nenner von $f_t(x)$ gegen Null. Für den Zähler gilt: $t + \ln(x) \to -\infty$ für

$x \to 0$, daher existiert dieser Grenzwert nicht. Also gilt insgesamt: Für $x \to 0$ geht $f_t(x) = \frac{t+\ln(x)}{x} \to -\infty$. Damit ist für $x \to 0$ die y-Achse ($x = 0$) senkrechte Asymptote.
Für $x \to +\infty$ gehen sowohl der Zähler als auch der Nenner von $f_t(x)$ gegen $+\infty$. Verwendet man die Faustregel «ln(x) wächst schwächer als x», erhält man damit:

$$\lim_{x \to +\infty} f_t(x) = \lim_{x \to +\infty} \left(\frac{t+\ln(x)}{x}\right) = 0$$

Alternativ benutzt man die Regel von l'Hopital und erhält: $\lim_{x \to +\infty} f_t(x) = \lim_{x \to +\infty} \frac{1}{x} = 0$
Somit ist für $x \to +\infty$ die x-Achse ($y = 0$) waagrechte Asymptote.
Für die Zeichnung des Graphen von $f_2(x)$ für $0 < x \leqslant 5$ stellt man eine Wertetabelle im relevanten Bereich auf (die angegebenen Funktionswerte sind Näherungswerte). In der Nähe des Ursprungs wählt man eine feinere Unterteilung.

x	0,05	0,1	0,2	0,3	0,4	0,5	1	1,5
$f_2(x)$	$-19,91$	$-3,03$	1,95	2,65	2,71	2,61	2	1,60

x	1,5	2	2,5	3	3,5	4	4,5	5
$f_2(x)$	1,60	1,35	1,17	1,03	0,93	0,85	0,78	0,72

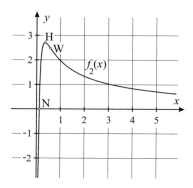

b) Die Tiefpunkte der zur Funktionenschar $g_t(x)$ gehörigen Kurvenschar sind gegeben durch $T_t\left(-\frac{3}{8}t \mid -\frac{27}{2048}t^4\right)$, in Abhängigkeit von t. In den drei Schritten der gegebenen Rechnung wird die x-Koordinate von T_t nach t aufgelöst und in die y-Koordinate von T_t eingesetzt. Damit wird der Zusammenhang zwischen dem x-Wert und dem y-Wert des Tiefpunkts beschrieben. Somit liegen alle Tiefpunkte der Kurvenschar auf dem Graphen der im 3. Schritt beschriebenen Funktion mit der Gleichung $y = -\frac{2}{3}x^4$.
Dieser Graph ist die sogenannte Ortskurve der Tiefpunkte der Kurvenschar.

Um die Rechnung auf die Funktionenschar $f_t(x)$ zu übertragen, betrachtet man die Koordinaten des Hochpunkts $H_t\left(e^{1-t} \mid e^{t-1}\right)$:
Es ist $x = e^{1-t}$. Auflösen nach t ergibt: $\ln(x) = 1 - t \Rightarrow t = 1 - \ln(x)$. Einsetzen von $t = 1 - \ln(x)$ in die y-Koordinate des Hochpunkts H_t ergibt:
$y = e^{(1-\ln(x))-1} = e^{-\ln(x)} = \left(e^{\ln(x)}\right)^{-1} = x^{-1} = \frac{1}{x}$

Also liegen alle Hochpunkte der zu $f_t(x)$ gehörigen Kurvenschar auf der Ortskurve mit der Gleichung $y = \frac{1}{x}$ (Hyperbel).

Den Koordinaten von H_t ist zu entnehmen, dass sich die x-Koordinate für wachsendes t von rechts dem Koordinatenursprung annähert; der y-Wert hingegen wächst exponentiell.

c) Der Flächeninhalt A der Fläche, welche vom Graphen von $f_t(x)$, der x-Achse und der zur y-Achse parallelen Geraden durch den Hochpunkt $H_t\left(e^{1-t} \mid e^{t-1}\right)$ eingeschlossen wird, berechnet man mit Hilfe des Integrals. Die Integrationsgrenzen sind somit festgelegt durch den Wert $x_1 = e^{-t}$ (x-Koordinate von N_t) und $x_2 = e^{1-t}$ (x-Koordinate von H_t). Es ist:

$$A = \int_{e^{-t}}^{e^{1-t}} f_t(x)\,dx$$

$$= \int_{e^{-t}}^{e^{1-t}} \frac{t + \ln(x)}{x}\,dx$$

$$= \int_{e^{-t}}^{e^{1-t}} \frac{t}{x}\,dx + \int_{e^{-t}}^{e^{1-t}} \frac{\ln(x)}{x}\,dx$$

$$= \left[t \cdot \ln(x)\right]_{e^{-t}}^{e^{1-t}} + \left[\frac{1}{2} \cdot (\ln(x))^2\right]_{e^{-t}}^{e^{1-t}}$$

$$= t \cdot \ln\left(e^{1-t}\right) - t \cdot \ln\left(e^{-t}\right) + \frac{1}{2} \cdot \left(\ln\left(e^{1-t}\right)\right)^2 - \frac{1}{2} \cdot (\ln(e^{-t}))^2$$

$$= t \cdot (1 - t) - t \cdot (-t) + \frac{1}{2} \cdot (1 - t)^2 - \frac{1}{2} \cdot (-t)^2$$

$$= t - t^2 + t^2 + \frac{1}{2} \cdot \left(1 - 2t + t^2\right) - \frac{1}{2} \cdot t^2 = \frac{1}{2}$$

Erkennt man die Stammfunktion des Integrals $\int \frac{\ln(x)}{x}\,dx$ nicht direkt, so wendet man hier partielle Integration an:

$$\int u(x) \cdot v'(x)\,dx = \left[u(x) \cdot v(x)\right] - \int u'(x) \cdot v(x)\,dx$$

Man wählt $u(x) = \ln(x)$ und $v'(x) = \frac{1}{x}$ und erhält genau wie oben:

$$\int \ln(x) \cdot \frac{1}{x}\,dx = \left[\ln(x) \cdot \ln(x)\right] - \int \frac{1}{x} \cdot \ln(x)\,dx$$

$$\Leftrightarrow 2 \cdot \int \frac{\ln(x)}{x}\,dx = (\ln(x))^2 \Leftrightarrow \int \frac{\ln(x)}{x}\,dx = \frac{1}{2} \cdot (\ln(x))^2$$

Der Flächeninhalt der betrachteten Fläche beträgt immer $A = \frac{1}{2}$ FE.
Obwohl sich die Fläche bei einer Änderung von t leicht verschiebt, ist ihr Inhalt konstant und somit unabhängig vom Wert des Parameters t.

d) Gesucht ist eine Lösungsstrategie zu einer (nicht-algebraischen) näherungsweisen Lösung der Gleichung $z^2 + 6z + 10 = \left(\frac{-V}{\pi} + 14{,}78\right) \cdot e^z$ (mit $z = \ln(h)$).
Einen Lösungsweg, der eine Näherungslösung der Gleichung liefert, erhält man, indem man die einzelnen Seiten der Gleichung als Funktionen interpretiert: $m(z) = z^2 + 6z + 10$ und $n(z) = \left(\frac{-V}{\pi} + 14{,}78\right) \cdot e^z$. Ist ein konkretes Volumen V gegeben, so kann man für beide

Funktionen die zugehörigen Graphen in ein gemeinsames Koordinatensytem zeichnen und den Schnittpunkt (falls vorhanden) bestimmen. Wegen $z = \ln(h)$ kann man über den z-Wert des Schnittpunkts der Kurven die Höhe h berechnen.

Es kann nicht für jeden Wert von V eine Lösung für h geben.

Begründung: Der Graph von $m(z)$ (Parabel) verläuft stets oberhalb der z-Achse, da $m(z) = (z+3)^2 + 1 > 0$.

Wenn der Graph von $n(z)$ stets unterhalb oder auf der z-Achse verläuft, haben die beiden Graphen keinen Schnittpunkt, also hat die obige Gleichung keine Lösung.

Dies ist wegen $e^z > 0$ genau dann der Fall, wenn

$$n(z) = \left(\frac{-V}{\pi} + 14{,}78\right) \cdot e^z \leqslant 0 \Leftrightarrow \left(\frac{-V}{\pi} + 14{,}78\right) \leqslant 0 \Leftrightarrow V \geqslant 14{,}78 \cdot \pi \approx 46{,}43.$$

Somit gibt es für $V \geqslant 46{,}43$ keine Lösung der gegebenen Gleichung.

10 Logarithmusfunktion – Atemstoßtest

a) Es ist $f_a(t) = \frac{a+\ln(t)}{t^2}$ mit $a \in \mathbb{R}$.

Die zweimalige Anwendung der Quotientenregel liefert:

$$f_a{}'(t) = \frac{\frac{1}{t} \cdot t^2 - 2t(a+\ln(t))}{t^4} = \frac{1-2a-2\ln(t)}{t^3}$$

$$f_a{}''(t) = \frac{-2\frac{1}{t} \cdot t^3 - 3t^2(1-2a-2\ln(t))}{t^6} = \frac{6\ln(t)+6a-5}{t^4}$$

b) Um eine Stammfunktion der Funktion $f_a(t) = \frac{a+\ln(t)}{t^2}$ zu bestimmen, betrachtet man das unbestimmte Integral $\int \frac{a+\ln(t)}{t^2} dt$. Nach Aufspaltung in die Summanden $\int \frac{a}{t^2} dt$ und $\int \frac{\ln(t)}{t^2} dt$ wird das zweite Integral durch partielle Integration mit den Faktoren $\ln(t)$ und $\frac{1}{t^2}$ integriert:

$$\begin{aligned}
\int f_a(t) dt &= \int \frac{a}{t^2} dt + \int \frac{\ln(t)}{t^2} dt \\
&= \int \frac{a}{t^2} dt + \left[\ln(t) \cdot \frac{-1}{t}\right] - \int \frac{1}{t} \cdot \frac{-1}{t} dt \\
&= -\frac{a}{t} - \frac{\ln(t)}{t} - \frac{1}{t} + C \\
&= \frac{-a - 1 - \ln(t)}{t} + C \quad \text{mit } C \in \mathbb{R}
\end{aligned}$$

Somit ergibt sich als Stammfunktion der angegebene Funktionsterm.

c) Der Definitionsbereich D ist $D = \mathbb{R}^+$, da die Funktion $\ln(t)$ nur für $t > 0$ definiert ist. Da $\ln(t)$ langsamer wächst als t^2, ist der Grenzwert $\lim_{t \to \infty} f_a(t) = 0$.

Zur Bestimmung der Nullstellen wird die Funktion f_a gleich Null gesetzt:
$f_a(t) = 0$ führt zu $a + \ln(t) = 0 \Rightarrow t = e^{-a}$.
Die einzige Nullstelle ist $t = e^{-a} \Rightarrow N_a(e^{-a} \mid 0)$.
Die notwendige Bedingung für eine Extremstelle $f_a{}'(t) = 0$ ergibt:

$$f_a{}'(t) = \frac{1-2a-2\ln(t)}{t^3} = 0 \Rightarrow 1-2a-2\ln(t) = 0 \Rightarrow t = e^{\frac{1}{2}-a}$$

Setzt man $t = e^{\frac{1}{2}-a}$ in $f_a{}''(t)$ ein, so erhält man:

$$f_a{}''\left(e^{\frac{1}{2}-a}\right) = \frac{6\ln\left(e^{\frac{1}{2}-a}\right) + 6a - 5}{\left(e^{\frac{1}{2}-a}\right)^4} = \frac{6\left(\frac{1}{2}-a\right) + 6a - 5}{e^{2-4a}} = -\frac{2}{e^{2-4a}} < 0 \Rightarrow \text{Maximum}$$

Die hinreichende Bedingung ist somit erfüllt.

Der t-Wert des Hochpunkts wird in f_a eingesetzt, um den y-Wert zu bestimmen:

$$f_a\left(e^{\frac{1}{2}-a}\right) = \frac{a+\ln\left(e^{\frac{1}{2}-a}\right)}{\left(e^{\frac{1}{2}-a}\right)^2} = \frac{a+\frac{1}{2}-a}{e^{1-2a}} = \frac{\frac{1}{2}}{e^{1-2a}} = \frac{1}{2}e^{2a-1}$$

Der Hochpunkt hat also die Koordinaten $H_a\left(e^{\frac{1}{2}-a} \mid \frac{1}{2}e^{2a-1}\right)$. Die notwendige Bedingung für einen Wendepunkt $f_a''(t) = 0$ ergibt:

$$f_a''(t) = \frac{6\ln(t)+6a-5}{t^4} = 0 \Rightarrow 6\ln(t)+6a-5 = 0 \Rightarrow t = e^{\frac{5}{6}-a}$$

Da die hinreichende Bedingung nicht verlangt ist, setzt man $t = e^{\frac{5}{6}-a}$ in $f_a(t)$ ein:

$$f_a\left(e^{\frac{5}{6}-a}\right) = \frac{a+\ln\left(e^{\frac{5}{6}-a}\right)}{\left(e^{\frac{5}{6}-a}\right)^2} = \frac{a+\frac{5}{6}-a}{e^{\frac{10}{6}-2a}} = \frac{\frac{5}{6}}{e^{\frac{5}{3}-2a}} = \frac{5}{6}e^{2a-\frac{5}{3}}$$

Der Wendepunkt hat somit die Koordinaten: $W_a\left(e^{\frac{5}{6}-a} \mid \frac{5}{6}e^{2a-\frac{5}{3}}\right)$

d) I) Der Fluss ist zu Beginn der Ausatmung Null, steigt aber sehr schnell an und erreicht seinen höchsten Wert nach etwa 0,1 Sekunden. Der Patient atmet in diesem Moment besonders stark aus. Danach fällt der Fluss allmählich bis zum Ende der Ausatmung und erreicht dort nahezu Null Liter pro Sekunde.

II) Der Graph von g ist der um e^{-2} LE nach links verschobene Graph von $f_2(t)$, da

$$g(t) = f_2\left(t-\left(-e^{-2}\right)\right)$$

ist.
Die stärkste Abnahme des Flusses liegt an der Wendestelle.
Im Teil c wurde die Wendestelle von $f_2(t)$ bestimmt; mit $a=2$ erhält man: $t = e^{\frac{5}{6}-2}$.
Die Wendestelle t_1 von $g(t)$ ist somit auch um e^{-2} LE nach links verschoben. Damit gilt:

$$t_1 = e^{\frac{5}{6}-2} - e^{-2} \approx 0,176$$

Der Ausatmungsfluss nahm also ca. 0,18 s nach Beginn der Ausatmung am stärksten ab.

III) Das Volumen der ausgeatmeten Luft bis zum Zeitpunkt T berechnet man mit Hilfe des Integrals unter Berücksichtigung, dass $f_2(t)$ der um e^{-2} LE nach rechts verschobene

Graph von $g(t)$ ist:

$$\begin{aligned} V(T) &= \int_0^T g(t)dt = \int_{0+e^{-2}}^{T+e^{-2}} f_2(t)dt = \left[\frac{-2-1-\ln(t)}{t}\right]_{e^{-2}}^{T+e^{-2}} \\ &= \left(\frac{-3-\ln(T+e^{-2})}{T+e^{-2}}\right) - \left(\frac{-3-\ln(e^{-2})}{e^{-2}}\right) \\ &= \left(\frac{-3-\ln(T+e^{-2})}{T+e^{-2}}\right) - \left(\frac{-3-(-2)}{e^{-2}}\right) \\ &= \left(\frac{-3-\ln(T+e^{-2})}{T+e^{-2}}\right) + e^2 \end{aligned}$$

Somit gilt für das Volumen der ausgeatmeten Luft in der ersten Sekunde:

$$V(1) = \left(\frac{-3-\ln(1+e^{-2})}{1+e^{-2}}\right) + e^2 \approx 4{,}635$$

Da die gesamte Ausatmung $2{,}4\,\text{s}$ dauert, beträgt das Volumen der ausgeatmeten Luft insgesamt:

$$V(2{,}4) = \left(\frac{-3-\ln(2{,}4+e^{-2})}{2{,}4+e^{-2}}\right) + e^2 \approx 5{,}839$$

Das Verhältnis von $V(1)$ zu $V(2{,}4)$ ist: $\frac{V(1)}{V(2{,}4)} = \frac{4{,}635}{5{,}839} \approx 0{,}79 = 79\,\%$.

Bei dem Patienten beträgt nach maximaler Einatmung das Verhältnis des Volumens, das in der ersten Sekunde schnellstmöglich ausgeatmet werden kann, zu dem Volumen, das insgesamt ausgeatmet werden kann, etwa $79\,\%$, also mehr als $75\,\%$.

11 Gebrochenrationale Funktion – Zahnpasta (CAS)

a) Es ist $f(x) = \frac{ax+15}{bx+15}$

Um a und b zu bestimmen, verwendet man die gegebenen Daten:

$$\text{I} \quad f(1) = 26 \quad \Rightarrow \quad \frac{a \cdot 1 + 15}{b \cdot 1 + 15} = 26$$

$$\text{II} \quad f(5) = 86 \quad \Rightarrow \quad \frac{a \cdot 5 + 15}{b \cdot 5 + 15} = 86$$

Hieraus ergeben sich folgende zwei Gleichungen:

$$\text{I} \quad a - 26b = 375$$

$$\text{II} \quad 5a - 430b = 1275$$

Mit Hilfe des CAS oder durch Lösen «von Hand» (Gaußsches Eliminationsverfahren) erhält man $a = 427$ und $b = 2$.

Für die Erstellung der Zeichnung verwendet man das CAS (Zeichenbereich $0 \leqslant x \leqslant 52$ und $0 \leqslant y \leqslant 220$).

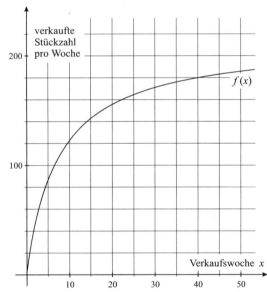

Die Entwicklung der wöchentlichen Verkaufszahlen:

Die wöchentlichen Verkaufszahlen sind in den ersten Wochen sehr stark ansteigend, was an der steil verlaufenden Kurve erkennbar ist; anschließend wird die Kurve immer flacher, d.h. die Verkaufszahlen pro Woche steigen nur noch sehr langsam weiter und scheinen sich einer Grenze zu nähern.

Mögliche Gründe für diesen Verlauf sind:

- Die Einführung eines neuen Produkts weckt das Kaufinteresse, vor allem, wenn sie durch starke Werbemaßnahmen und eine günstige Preisgestaltung begleitet wird.

- Die Verkaufszahlen wachsen nicht ins Unendliche, sondern bleiben nach einer bestimmten Zeit auf einem bestimmten Niveau, wenn der Markt gesättigt ist, d.h. alle möglichen Kunden haben sich für eine bestimmte Zahnpasta in einem Supermarkt entschieden, so dass es nur noch geringfügige Verschiebungen gibt; es kommen nicht mehr viele Neukunden hinzu bzw. die neu Hinzukommenden und die Wegbleibenden halten sich die Waage.

b) Um näherungsweise die Anzahl Z der Tuben Zahnpasta insgesamt für die ersten 52 Wochen zu berechnen, benötigt man folgendes Integral, da die Verkaufszahlen pro Woche für das ganze Jahr addiert werden:

$$Z = \int_0^{52} f(x)dx = \int_0^{52} \frac{427x+15}{2x+15} dx \approx 7801 \text{ (CAS)}$$

Supermarkt A verkauft in den ersten 52 Wochen insgesamt etwa 7800 Tuben Zahnpasta.

Um herauszufinden, nach wie vielen Wochen insgesamt mehr als 1500 Tuben verkauft sind, muss man folgende Integralgleichung lösen:

$$\int_0^t \frac{427x+15}{2x+15} dx = 1500$$

Lösen der Integralgleichung mit dem CAS ergibt $t \approx 15{,}34$

Somit werden im Verlauf der 16. Woche insgesamt mehr als 1500 Tuben verkauft sein.

Alternativ kann man auch mit dem CAS die Integralfunktion zeichnen und diese mit der Geraden $y = 1500$ schneiden, es ergibt sich der Schnittpunkt $(15{,}34 \mid 1500)$.

c) Es ist $g(x) = 214 - 214 \cdot e^{-0{,}08x}$.

Die Zeichnung erfolgt mit Hilfe des CAS.

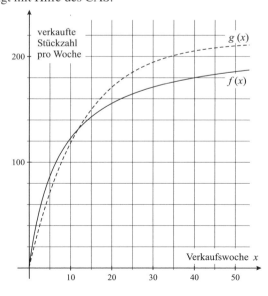

Für $x \to \infty$ geht $g(x)$ gegen 214, da der hintere Term von $g(x)$ gegen Null geht.
Somit kann Supermarkt B langfristig mit 214 verkauften Tuben pro Woche rechnen.

Der Vorsprung von Supermarkt A wird solange größer, wie die wöchentlichen Verkaufszahlen von Supermarkt A größer sind, als die von Supermarkt B. Ab dem Zeitpunkt, an dem Supermarkt B mehr Tuben pro Woche verkauft als Supermarkt A, wird der Vorsprung von Supermarkt A kleiner, Supermarkt B «holt auf». Dieser Zeitpunkt ist genau dann erreicht, wenn sich die Schaubilder der Funktionen schneiden; man erhält den Zeitpunkt durch Gleichsetzen der Funktionswerte:

$f(x) = g(x)$ führt zu
$$\frac{427x+15}{2x+15} = 214 - 214 \cdot e^{-0,08x}$$

Mit Hilfe des CAS erhält man $x = 11,88$.

Somit hat Supermarkt A nach etwa 12 Wochen den größten Vorsprung an insgesamt verkauften Tuben.

d) Die beiden Supermärkte haben zu dem Zeitpunkt insgesamt gleich viele Tuben verkauft, wenn gilt
$$\int_0^t f(x)dx = \int_0^t g(x)dx.$$

Man löst die obenstehende Gleichung mit Hilfe des CAS und erhält $t = 23,16$.

Alternativ kann man sich klarmachen, dass jedem dieser Integrale im Graphen jeweils die Fläche zwischen Kurve und x-Achse entspricht, müssen zum gesuchten Zeitpunkt t die beiden Teilflächen A_1 und A_2 gleich groß sein, da diese Teilflächen jeweils dem Unterschied an insgesamt verkauften Tuben zwischen Supermarkt A und B bzw. zwischen den beiden Graphen entsprechen.

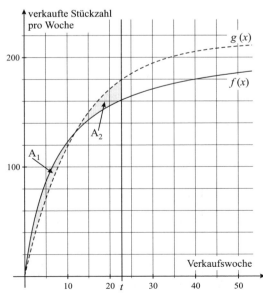

Für die Teilfläche A_1 wird von $x = 0$ bis $x = 11,88$ integriert:

$$A_1 = \int_0^{11,88} \left(f(x) - g(x) \right) dx \approx 121,93$$

Wegen $A_1 = A_2$ muss gelten:

$$A_2 = \int_{11,88}^{t} \left(g(x) - f(x) \right) dx = 121,93$$

Mit Hilfe des CAS erhält man $t \approx 23,15$.

Also haben die beiden Supermärkte A und B nach ca. 23 Wochen gleich viele Tuben verkauft.

12 Gebrochenrationale Funktion – Straßenlaterne (CAS)

a) Es ist $B(d) = \frac{22\,000}{d^3+4}$

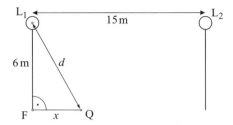

Der Lotfußpunkt F direkt unter einer Lampe hat zu dieser den Abstand $d = 6$ m.
Also gilt für die Beleuchtungsstärke

$$B(6) = \frac{22\,000}{6^3+4} = 100\,\text{Lux}$$

Um den Punkt Q zu erhalten, muss man d so bestimmen, dass die Beleuchtungsstärke die Hälfte von 100 Lux beträgt, also ist folgende Gleichung zu lösen:

$$50 = \frac{22\,000}{d^3+4} \;\Rightarrow\; d = \sqrt[3]{436} \approx 7{,}58$$

Der Punkt Q hat von einer Laterne einen Abstand von etwa 7,6 m.

b) Wenn das Leuchten der beiden benachbarten Laternen mitberücksichtigt wird, liegt folgende Situation vor:

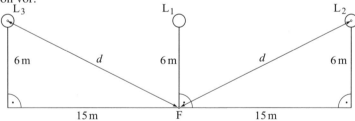

Die Entfernung des Lotfußpunkts F zur benachbarten Laterne erhält man mit Hilfe des Satzes des Pythagoras:

$$6^2 + 15^2 = d^2 \;\Rightarrow\; d = \sqrt{261}$$

Somit gilt für die Beleuchtungsstärke B^* im Lotfußpunkt F bei Berücksichtigung von drei Laternen

$$B^* = B(6) + 2 \cdot B(\sqrt{261}) \approx 100 + 2 \cdot 5{,}21 \approx 110{,}42 \text{ Lux}$$

Die Entfernung des Lotfußpunkts F zur übernächsten Laterne erhält man ebenfalls mit Hilfe des Satzes des Pythagoras:

$$6^2 + 30^2 = d^2 \;\Rightarrow\; d = \sqrt{936}$$

Somit gilt für die Beleuchtungsstärke B^{**} im Lotfußpunkt F bei Berücksichtigung von fünf Laternen

$$B^{**} = B(6) + 2 \cdot B(\sqrt{261}) + 2 \cdot B(\sqrt{936}) \approx 100 + 2 \cdot 5{,}21 + 2 \cdot 0{,}77 = 111{,}96 \,\text{Lux}$$

Die Erhöhung der Beleuchtungsstärke beträgt absolut $111{,}96 - 110{,}42 = 1{,}54$ Lux. Wenn $110{,}42$ Lux $100\,\%$ entspricht, beträgt die prozentuale Erhöhung bei fünf Laternen $\frac{1{,}54}{110{,}42} = 0{,}014 = 1{,}4\,\%$. Dies ist nur eine minimale Erhöhung gegenüber dem Wert von 3 Laternen. Also ändert sich die Helligkeit am Fuße der mittleren Laterne kaum, wenn fünf statt drei Laternen berücksichtigt werden.

c) Alle Wegpunkte zwischen zwei Laternen befinden sich am Boden. Für den Laternenabstand d gilt mit dem Satz des Pythagoras (siehe Zeichnung): $d = \sqrt{6^2 + x^2}$ mit $0 \leqslant x \leqslant 15$.

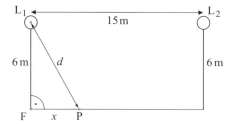

Für die Beleuchtungsstärke in einem beliebigen Wegpunkt x bei Berücksichtigung einer Laterne ergibt sich:

$$B(d) = \frac{22\,000}{d^3 + 4} \;\Rightarrow\; B(x) = \frac{22\,000}{\left(\sqrt{6^2 + x^2}\right)^3 + 4}$$

Die durchschnittliche Beleuchtungsstärke $\overline{B_1}$ des Zwischenstücks ergibt sich durch Integrieren und Teilen durch 15:

$$\overline{B_1} = \frac{1}{15} \int_0^{15} B(x)\,dx \approx \frac{560{,}85}{15} = 37{,}39$$

Da jeder Wegpunkt von zwei gleichhellen Laternen beschienen wird, muss man dieses Ergebnis verdoppeln. Die durchschnittliche Beleuchtungsstärke entlang des Wegs ist somit $2 \cdot 37{,}39 = 74{,}78 \approx 75$ Lux.

d)

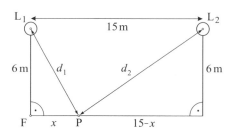

12. Gebrochenrationale Funktion – Straßenlaterne (CAS) — Lösungen

Liegt ein Wegunkt P zwischen zwei Laternen L_1 und L_2 mit Abstand x zum Lotfußpunkt F, so gilt für die Abstände d_1 und d_2

$$d_1^2 = 6^2 + x^2 \Rightarrow d_1 = \sqrt{x^2 + 36}$$

und

$$d_2^2 = 6^2 + (15-x)^2 \Rightarrow d_2 = \sqrt{x^2 - 30x + 261}$$

Damit gilt für die Beleuchtungsstärke im Punkt P in Abhängigkeit von x:
$B(x) = B(d_1) + B(d_2)$, also

$$B(x) = \frac{22\,000}{\left(\sqrt{x^2+36}\right)^3 + 4} + \frac{22\,000}{\left(\sqrt{x^2-30x+261}\right)^3 + 4}$$

Mit Hilfe des CAS bestimmt man das Minimum dieser Funktion $B(x)$.
Man erhält: $x \approx 7{,}50$.
Somit liegt der dunkelste Punkt genau in der Mitte zwischen zwei Laternen.

Beträgt die Entfernung zwischen zwei Laternen a Meter, so ist der dunkelste Punkt bei $x = \frac{a}{2}$ und es gilt für die Entfernung d dieses Punktes zu einer Laterne

$$d^2 = 6^2 + \left(\frac{a}{2}\right)^2 \Rightarrow d = \sqrt{36 + \frac{a^2}{4}}$$

Somit gilt für die Beleuchtungsstärke im dunkelsten Punkt bei zwei Laternen in Abhängigkeit von a

$$B(a) = 2 \cdot B\left(\sqrt{36 + \frac{a^2}{4}}\right) = 2 \cdot \frac{22\,000}{\left(\sqrt{36 + \frac{a^2}{4}}\right)^3 + 4}$$

Da diese mindestens 90 Lux betragen soll, muss gelten $90 = B(a)$, also

$$90 = \frac{2 \cdot 22\,000}{\left(\sqrt{36 + \frac{a^2}{4}}\right)^3 + 4}$$

Mit Hilfe des CAS löst man die Gleichung und erhält $a = \pm 10{,}14$. Da a der Abstand ist, entfällt die negative Lösung.
Bei einem Laternenabstand von etwa $10{,}1$ m beträgt die Beleuchtungsstärke in jedem Wegpunkt mindestens 90 Lux.

13 Exponentialfunktion – Glockenkurve (CAS)

a) Gegeben ist die Funktion f mit $f(x) = \dfrac{e^x}{(e^x+1)^2}$.

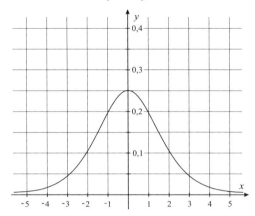

- Anhand des Graphen von f kann man vermuten, dass dieser achsensymmetrisch zur y-Achse ist, d.h. es muss gelten: $f(-x) = f(x)$. Setzt man $(-x)$ in $f(x)$ ein und erweitert man $f(-x)$ mit e^{2x} ergibt sich:

$$f(-x) = \frac{e^{-x}}{(e^{-x}+1)^2} = \frac{e^{-x}}{(e^{-2x}+2e^{-x}+1)} = \frac{e^{-x} \cdot e^{2x}}{(e^{-2x}+2e^{-x}+1) \cdot e^{2x}} = \frac{e^x}{1+2e^x+e^{2x}}$$

$$= \frac{e^x}{(1+e^x)^2} = \frac{e^x}{(e^x+1)^2} = f(x)$$

Somit ist der Graph von f achsensymmetrisch zur y-Achse.

- Um zu zeigen, dass F mit $F(x) = \dfrac{e^x-1}{2(e^x+1)}$ eine Stammfunktion von f ist, bestimmt man mit Hilfe der Quotientenregel die 1. Ableitung von F:

$$F'(x) = \frac{e^x \cdot 2(e^x+1) - (e^x-1) \cdot 2e^x}{4(e^x+1)^2} = \frac{2e^{2x}+2e^x-2e^{2x}+2e^x}{4(e^x+1)^2} = \frac{4e^x}{4(e^x+1)^2} = \frac{e^x}{(e^x+1)^2} = f(x)$$

Wegen $F'(x) = f(x)$ ist F eine Stammfunktion von f.

Den Inhalt $\bar{A}$ der Fläche zwischen dem Graphen von f und der x-Achse im Intervall $[-1{,}3\,;\,1{,}3]$ erhält man mit Hilfe des Integrals:

$$\bar{A} = \int_{-1{,}3}^{1{,}3} \frac{e^x}{(e^x+1)^2}\,dx \approx 0{,}572 \text{ (CAS)}$$

- Zur Begründung des Grenzwerts $A = \lim\limits_{t \to \infty} \left(\int_{-t}^{t} f(x)\,dx \right) = 1$ betrachtet man aus Symmetriegründen (Achsensymmetrie zur y-Achse) den Grenzwert $A_1 = \lim\limits_{t \to \infty} \left(\int_{0}^{t} f(x)\,dx \right)$.

Es genügt zu zeigen, dass $A_1 = \frac{1}{2}A = \frac{1}{2}$.
Mit Hilfe von F ergibt sich:

$$A_1 = \lim_{t \to \infty} \left(\int_0^t f(x)\,dx \right) = \lim_{t \to \infty} \left[\frac{e^x - 1}{2(e^x + 1)} \right]_0^t = \lim_{t \to \infty} \left(\frac{e^t - 1}{2(e^t + 1)} - \frac{e^0 - 1}{2(e^0 + 1)} \right)$$

$$= \lim_{t \to \infty} \left(\frac{e^t - 1}{2(e^t + 1)} \right) = \lim_{t \to \infty} \left(\frac{e^t - 1}{2e^t + 2} \right) = \lim_{t \to \infty} \left(\frac{1 - \frac{1}{e^t}}{2 + \frac{2}{e^t}} \right) = \frac{1}{2} = \frac{1}{2}A$$

b)

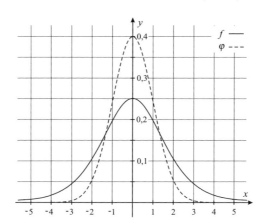

Anhand der Graphen von f und φ kann man folgende Übereinstimmungen erkennen:

- Beide Graphen sind achsensymmetrisch zur y-Achse. Nachweis:
  Es gilt $f(-x) = f(x)$ und $\varphi(-x) = \frac{1}{\sqrt{2\pi}} \cdot e^{-0{,}5(-x)^2} = \frac{1}{\sqrt{2\pi}} \cdot e^{-0{,}5x^2} = \varphi(x)$.

- Beide Graphen haben bei $x = 0$ einen Hochpunkt.
  Nachweis: Mit Hilfe des CAS erhält man $H_f(0 \mid 0{,}25)$ und $H_\varphi\left(0 \mid \frac{1}{\sqrt{2\pi}}\right)$

- Beide Graphen haben für $|x| \to \infty$ die x-Achse als Asymptote.
  Nachweis:
  $$\lim_{x \to \infty} f(x) = \lim_{x \to \infty} \frac{e^x}{(e^x + 1)^2} = \lim_{x \to \infty} \frac{e^x}{e^{2x} + 2e^x + 1} = \lim_{x \to \infty} \frac{1}{e^x + 2 + \frac{1}{e^x}} = 0 \text{ und}$$
  $$\lim_{x \to -\infty} f(x) = \lim_{x \to -\infty} \frac{e^x}{(e^x + 1)^2} = 0$$
  $$\lim_{|x| \to \infty} \varphi(x) = \lim_{|x| \to \infty} \frac{1}{\sqrt{2\pi}} \cdot e^{-0{,}5x^2} = \lim_{|x| \to \infty} \frac{1}{\sqrt{2\pi} \cdot e^{0{,}5x^2}} = 0$$

- Der Flächeninhalt zwischen dem Graphen von f bzw. φ und der x-Achse ist in beiden Fällen 1 FE; für $f(x)$ wurde dieser oben berechnet, für $\varphi(x)$ gilt dies nach Definition.

Zwischen den Graphen von f und φ gibt es folgende Unterschiede:

- Der Hochpunkt $H_\varphi\left(0 \mid \frac{1}{\sqrt{2\pi}}\right) \approx (0 \mid 0{,}40)$ liegt höher als $H_f(0 \mid 0{,}25)$ (CAS).
- Die Wendestellen von f sind $x_1 = -1$ und $x_2 = 1$, die Wendestellen von φ sind $x_1 \approx -1{,}32$ und $x_2 \approx 1{,}32$ (CAS).

- Der Flächeninhalt von φ ist stärker um die y-Achse «konzentriert». Es ist z.B.
  $\int_{-1}^{1} \varphi(x)\,dx \approx 0{,}68$ und $\int_{-1}^{1} f(x)\,dx \approx 0{,}46$ (CAS)

c) Zur Anpassung des Graphen von f an den Graphen von φ wird der Graph von f zuerst in Richtung der y-Achse gestreckt. Den Streckfaktor erhält man aus dem Verhältnis der y-Werte der beiden Hochpunkte von f bzw. φ; er beträgt etwa $\frac{0{,}4}{0{,}25} = 1{,}6$.
Damit erhält man den Graphen von f^* mit der Gleichung $f^*(x) = 1{,}6 \cdot f(x)$.

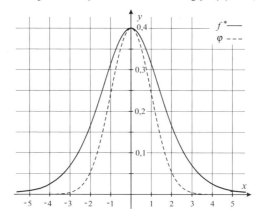

Anschließend wird der Graph von f^* in x-Richtung gestaucht. Damit der Flächeninhalt zwischen dem Graphen von f^* und der x-Achse auch 1 beträgt und weil x in $f(x)$ linear vorkommt, muss der gleiche Faktor verwendet werden.
Damit erhält man den Graphen von $\bar{f}$ mit der Gleichung $\bar{f}(x) = f^*(1{,}6 \cdot x) = 1{,}6 \cdot f(1{,}6 \cdot x)$.

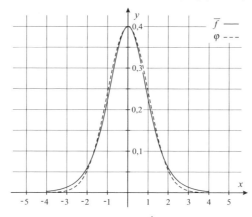

Mit Hilfe des angegebenen Integrals $I(k) = \int_{-k}^{k} \left(\varphi(x) - \bar{f}(x) \right) dx$ lässt sich im Intervall $[-k; k]$ der orientierte Flächeninhalt der Fläche, die zwischen den beiden Graphen liegt, berechnen. Die angegebenen Werte in der Tabelle geben für verschiedene Werte von k diesen Flächeninhalt an, wobei das Intervall, über das integriert wird, für zunehmende k-Werte größer wird. Da der Wert von I(k) für ansteigende Werte von k erst steigt und dann wieder

13. Exponentialfunktion – Glockenkurve (CAS) — Lösungen

fällt, müssen sich die Graphen (mindestens einmal) schneiden. Mit Hilfe des CAS erhält man die Schnittstelle: $x \approx 1{,}74$.

Aus den Werten für das Integral I(k) lässt sich nicht bestimmen, wie groß der Abstand zwischen den beiden Graphen tatsächlich ist, denn eine große Abweichung links vom Schnittpunkt würde durch eine große Abweichung rechts vom Schnittpunkt wieder «ausgeglichen».

Das Integral I(k) ist also für die Bestimmung der Güte der Anpassung kein geeignetes Maß. Um diesen Fehler auszugleichen, kann man über den Betrag integrieren:

$$I^*(k) = \int_{-k}^{k} \left| \varphi(x) - \bar{f}(x) \right| \, dx$$

Man erhält mit Hilfe des CAS für $k = 1, 2, 3$ folgende Werte:

k	1	2	3
I^*	0,0190	0,0366	0,0558

Da der Wert von I^* für größer werdende Werte von k ansteigt, weist I^* den in der Aufgabe besprochenen Fehler nicht auf.

14 Exponentialfunktion – Baumdurchmesser (CAS)

a) Für ein geeignetes Koordinatensystem wählt man $0 \leqslant x \leqslant 225$ und $0 \leqslant y \leqslant 1{,}4$. Die angegebenen Messdaten bilden die Grundlage für die Skizze. Beim Zeichnen ist zu beachten, dass die Kurve den Anfangspunkt trifft; die folgenden Messpunkte müssen nicht unbedingt auf der Kurve liegen.

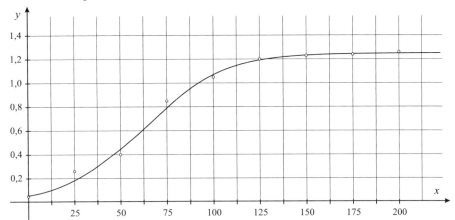

Beschreibung des Wachstumsvorgangs:
Der Durchmesser des Baums wächst in den ersten Jahren zunächst langsam. Dann steigt die Wachstumsgeschwindigkeit an, um nach ca. 75 Jahren wieder abzunehmen und immer kleiner zu werden. Mit zunehmendem Alter nimmt der Durchmesser des Baums kaum noch zu.

Um die Entwicklung des Durchmessers in den ersten 75 Jahren als exponentielles Wachstum zu modellieren, gibt es verschiedene Möglichkeiten:
Man wählt den Ansatz $f_1(x) = a \cdot e^{b \cdot x}$ und bestimmt die beiden Parameter a und b mit Hilfe von zwei gegebenen Punkten. In jedem Fall wird der Anfangspunkt $(0 \mid 0{,}05)$ verwendet, als weiterer Punkt bietet sich der Punkt $(75 \mid 0{,}85)$ an:

Aus $f_1(0) = a \cdot e^{b \cdot 0} = 0{,}05$ folgt $a = 0{,}05$.

Aus $f_1(75) = 0{,}85$ folgt $0{,}05 \cdot e^{b \cdot 75} = 0{,}85 \Rightarrow b = \frac{\ln\left(\frac{0{,}85}{0{,}05}\right)}{75} \approx 0{,}0378$.

Somit erhält man als Funktionsterm: $f_1(x) = 0{,}05 \cdot e^{0{,}0378 \cdot x}$.

Alternativ kann man beim Ansatz $f_2(x) = a \cdot e^{b \cdot x}$ als zweiten Punkt den Punkt $(50 \mid 0{,}40)$ wählen:

Aus $f_2(0) = a \cdot e^{b \cdot 0} = 0{,}05$ folgt $a = 0{,}05$.

Aus $f_2(50) = 0{,}40$ folgt $0{,}05 \cdot e^{b \cdot 50} = 0{,}40 \Rightarrow b = \frac{\ln\left(\frac{0{,}40}{0{,}05}\right)}{50} \approx 0{,}0416$.

Somit erhält man als Funktionsterm: $f_2(x) = 0{,}05 \cdot e^{0{,}0416 \cdot x}$.

Alternativ kann man mit Hilfe des CAS eine exponentielle Regression durchführen. Für diese werden die ersten vier Messdaten verwendet. Man erhält:

$f_3(x) = 0{,}068 \cdot 1{,}0364^x$ bzw. $f_3(x) = 0{,}068 \cdot e^{0{,}036 \cdot x}$

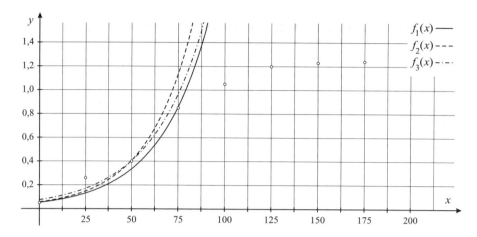

Um die Verdopplungszeit von f_1 zu bestimmen, setzt man $f_1(x)$ mit $2 \cdot 0,05 = 0,1$ gleich und löst die entstehende Gleichung nach x auf:

$$f_1(x) = 0,05 \cdot e^{0,0378 \cdot x} = 0,1 \Leftrightarrow 0,0378 \cdot x = \ln 2 \Leftrightarrow x \approx 18,3$$

Also hat sich der Durchmesser bei Modell f_1 nach ca. 18 Jahren verdoppelt.
Die Verdopplungszeit von f_2 wird analog ermittelt, man erhält $x \approx 16,7$.
Bei Modell f_2 hat sich der Durchmesser nach ca. 17 Jahren verdoppelt.
Die Verdopplungszeit von f_3 kann man mit dem CAS bestimmen, indem man den Graphen von f_3 mit der Geraden $y = 0,1$ schneidet oder die Gleichungslösefunktion benutzt. Man erhält $x \approx 10,8$.
Bei Modell f_3 hat sich der Durchmesser nach ca. 11 Jahren verdoppelt.
Für alle Modelle gilt, dass sie das Wachstum des Baums nur am Anfang ungefähr beschreiben. Nach ca. 60 Jahren weicht Modell 2 vom tatsächlichen Wachstumsverlauf sichtbar ab, Modell 1 und 3 beschreiben das Wachstum nach 75 Jahren nicht mehr genau. Bei allen Modellen nimmt die Wachstumsgeschwindigkeit immer mehr zu, sie sind also nur für die ersten 50 - 60 bzw. 75 Jahre geeignet, um das Wachstum zu beschreiben.

b) Um den Zeitpunkt zu bestimmen, an dem der Baum eine Dicke von 1 m erreicht hat, schneidet man entweder den Graphen der Funktion $d(x)$ mit der Geraden $y = 1$ oder benutzt die Gleichungslösefunktion des CAS, um die Gleichung $f(x) = \frac{5}{100 \cdot e^{-0,05 \cdot x} + 4} = 1$ zu lösen. Alternativ kann man die Gleichung auch von Hand lösen:

$$\frac{5}{100 \cdot e^{-0,05 \cdot x} + 4} = 1 \Leftrightarrow 1 = 100 \cdot e^{-0,05 \cdot x} \Leftrightarrow \ln\left(\frac{1}{100}\right) = -0,05 \cdot x \Leftrightarrow x = \frac{\ln\left(\frac{1}{100}\right)}{-0,05} \approx 92,10$$

Der Baum hat also nach ca. 92 Jahren einen Durchmesser von 1 m erreicht.

Um den Zeitpunkt des größten Wachstums angeben zu können, muss man das Maximum der Wachstumsgeschwindigkeit bestimmen. Da $d(x)$ die Dicke des Durchmessers beschreibt,

wird die Wachstumsgeschwindigkeit von $d'(x)$ beschrieben. Gesucht ist also das Maximum von $d'(x)$, welches mit Hilfe des CAS bestimmt wird. Man erhält: H(64,4 | 0,0156).
Also wächst der Baum nach ca. 64 Jahren am schnellsten mit einer Geschwindigkeit von etwa $0,0156\,\text{m} = 1,56\,\text{cm}$ pro Jahr.

c) Um einen qualitativen Vergleich der beiden Funktionen vornehmen zu können, betrachtet man ihre Graphen:

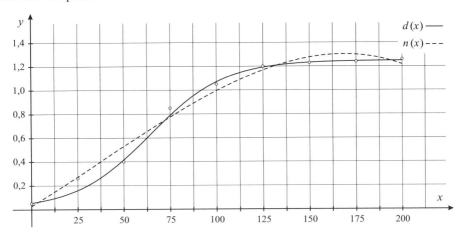

Am Verlauf der Graphen kann man sehen, dass $d(x)$ besser zu den Messdaten «passt», da die Abweichungen geringer sind als bei $n(x)$. Außerdem ist der Graph von $n(x)$ fallend für Werte ab ca. $x = 175$. Das würde eine Abnahme des Baumdurchmessers bedeuten, die nicht zu den Messwerten passt und in Bezug auf das Pflanzenwachstum nicht plausibel ist.

Eine quantitative Bewertung erhält man, indem man für jeden angegebenen Messwert die Differenz zwischen dem Modell und dem tatsächlich gemessenen Wert berechnet und diese Differenzbeträge aufsummiert:

x	0	25	50	75	100	125	150	175	200	Σ
Messwert	0,05	0,26	0,40	0,85	1,05	1,20	1,23	1,24	1,26	
$n(x)$	0,02	0,27	0,52	0,77	0,99	1,17	1,28	1,30	1,22	
Differenz	0,03	0,01	0,12	0,08	0,06	0,03	0,05	0,06	0,04	0,48
$d(x)$	0,05	0,15	0,41	0,79	1,07	1,19	1,23	1,25	1,25	
Differenz	0,00	0,11	0,01	0,06	0,02	0,01	0,00	0,01	0,01	0,23

Hier zeigt sich, dass die Summe der Differenzen bei $n(x)$ deutlich größer ist als bei $d(x)$. Das Modell $d(x)$ schneidet also sowohl bei qualitativer als auch bei quantitativer Bewertung besser ab als $n(x)$.

d) Um den Einfluss von p auf die Funktionsgraphen zu bestimmen, zeichnet man die Graphen

14. Exponentialfunktion – Baumdurchmesser (CAS) — Lösungen

für verschiedene Werte von p:

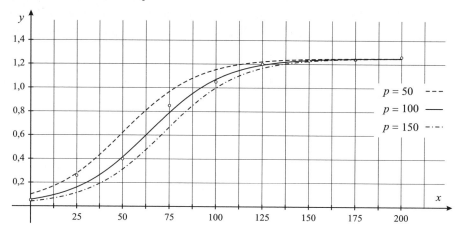

Zusätzlich bestimmt man die Asymptote der Kurvenschar:
Wegen

$$\lim_{x\to\infty} d_p(x) = \lim_{x\to\infty} \frac{5}{p\cdot e^{-0{,}05\cdot x}+4} = \frac{5}{4}$$

ist $y = \frac{5}{4}$ eine Asymptote, die unabhängig von p ist.

Für kleine Werte von p wächst der Baum anfangs schneller als bei größeren Werten von p.
Je größer p ist, desto weiter rechts liegt die Wendestelle, d.h. der Zeitpunkt des maximalen Wachstums wird später erreicht.

Der Baum erreicht langfristig immer den gleichen Baumdurchmesser (Sättigungswert), nur wird er für kleine Werte von p früher und für große Werte von p später erreicht.

Lineare Algebra / Analytische Geometrie

15 Abbildungsmatrix – Planetarium

a) Mit Hilfe der Ortsvektoren $\overrightarrow{OA} = \begin{pmatrix} 4 \\ 8 \\ 10 \end{pmatrix}$, $\overrightarrow{OB} = \begin{pmatrix} 2 \\ 8 \\ 10 \end{pmatrix}$ und $\overrightarrow{OC} = \begin{pmatrix} 3 \\ 4 \\ 5 \end{pmatrix}$ des

Dreiecks ABC erhält man die Verbindungsvektoren der Dreiecksseiten und deren Längen:

$$\overrightarrow{AB} = \begin{pmatrix} -2 \\ 0 \\ 0 \end{pmatrix} \Rightarrow \overline{AB} = |\overrightarrow{AB}| = \sqrt{(-2)^2 + 0^2 + 0^2} = \sqrt{4} = 2$$

$$\overrightarrow{BC} = \begin{pmatrix} 1 \\ -4 \\ -5 \end{pmatrix} \Rightarrow \overline{BC} = |\overrightarrow{BC}| = \sqrt{1^2 + (-4)^2 + (-5)^2} = \sqrt{42} \approx 6,48$$

$$\overrightarrow{AC} = \begin{pmatrix} -1 \\ -4 \\ -5 \end{pmatrix} \Rightarrow \overline{AC} = |\overrightarrow{AC}| = \sqrt{(-1)^2 + (-4)^2 + (-5)^2} = \sqrt{42} \approx 6,48$$

Wegen $\overline{BC} = \overline{AC}$ ist das Dreieck ABC gleichschenklig.

Wegen $\overrightarrow{AC} \cdot \overrightarrow{BC} = \begin{pmatrix} -1 \\ -4 \\ -5 \end{pmatrix} \cdot \begin{pmatrix} 1 \\ -4 \\ -5 \end{pmatrix} = (-1) \cdot 1 + (-4) \cdot (-4) + (-5) \cdot (-5) = 40 \neq 0$ ist

das Dreieck ABC nicht rechtwinklig, was man auch an den Seitenlängen sehen kann.

Hinsichtlich der Lage des Dreiecks ABC ist wegen $\overrightarrow{AB} = \begin{pmatrix} -2 \\ 0 \\ 0 \end{pmatrix}$ die Dreiecksseite AB parallel zur x_1-Achse.

Zur Bestimmung des Winkels φ, den die Ebene E, in welcher das Dreieck ABC liegt, mit der $x_1 x_3$-Ebene einschließt, benötigt man die jeweiligen Normalenvektoren. Einen Normalenvektor $\vec{n_1}$ von E erhält man mit Hilfe des Vektorprodukts (siehe Seite 14) zweier beliebiger Verbindungsvektoren der Eckpunkte des Dreiecks, z.B.:

$$\overrightarrow{AB} \times \overrightarrow{AC} = \begin{pmatrix} -2 \\ 0 \\ 0 \end{pmatrix} \times \begin{pmatrix} -1 \\ -4 \\ -5 \end{pmatrix} = \begin{pmatrix} 0 \\ -10 \\ 8 \end{pmatrix} \Rightarrow \vec{n_1} = \begin{pmatrix} 0 \\ -5 \\ 4 \end{pmatrix}$$

Bezeichnet $\vec{n_2} = \begin{pmatrix} 0 \\ 1 \\ 0 \end{pmatrix}$ den Normalenvektor der $x_1 x_3$-Ebene, so folgt mit der Formel für

den Schnittwinkel zweier Ebenen:

$$\cos \varphi = \frac{|\vec{n_1} \cdot \vec{n_2}|}{|\vec{n_1}| \cdot |\vec{n_2}|} = \frac{|0 \cdot 0 + (-5) \cdot 1 + 4 \cdot 0|}{\sqrt{0^2 + (-5)^2 + 4^2} \cdot \sqrt{0^2 + 1^2 + 0^2}} = \frac{5}{\sqrt{41}} \Rightarrow \varphi \approx 38,66°$$

15. Abbildungsmatrix – Planetarium — Lösungen

Somit beträgt der spitze Winkel, den die beiden Ebenen einschließen, etwa $38{,}66°$.

b) I) Projiziert man das Dreieck ABC entlang der x_2-Achse auf die $x_1 x_3$-Ebene ($x_2 = 0$), so wird die x_2-Koordinate jedes Eckpunktes gleich Null; die anderen Koordinaten ändern sich bei dieser Projektionsrichtung nicht.

Die Ortsvektoren der Eckpunkte des Projektionsdreiecks $A'B'C'$ sind damit:

$$\overrightarrow{OA'} = \begin{pmatrix} 4 \\ 0 \\ 10 \end{pmatrix},\ \overrightarrow{OB'} = \begin{pmatrix} 2 \\ 0 \\ 10 \end{pmatrix},\ \overrightarrow{OC'} = \begin{pmatrix} 3 \\ 0 \\ 5 \end{pmatrix}$$

Bei dieser Projektion bleiben die Einheitsvektoren $\vec{e}_1 = \begin{pmatrix} 1 \\ 0 \\ 0 \end{pmatrix}$ und $\vec{e}_3 = \begin{pmatrix} 0 \\ 0 \\ 1 \end{pmatrix}$ erhalten und $\vec{e}_2 = \begin{pmatrix} 0 \\ 1 \\ 0 \end{pmatrix}$ wird auf den Nullvektor abgebildet. Da in den Spalten der Abbildungsmatrix die Bilder der Einheitsvektoren stehen, hat die zugehörige lineare Abbildung α folgende Form: $\alpha : \vec{x}' = \begin{pmatrix} 1 & 0 & 0 \\ 0 & 0 & 0 \\ 0 & 0 & 1 \end{pmatrix} \cdot \vec{x}$

II) Verschiebt man das Dreieck $A'B'C'$ so, dass C' im Nullpunkt liegt, benötigt man den Verschiebungsvektor $\vec{v}$ dieser Abbildung: $\vec{v} = \overrightarrow{C'O} = \begin{pmatrix} -3 \\ 0 \\ -5 \end{pmatrix}$

Die Ortsvektoren der Eckpunkte des Dreiecks $A''B''C''$ ergeben sich durch Addition des Verschiebungsvektors $\vec{v}$ zu den Ortsvektoren der Eckpunkte des Dreiecks $A'B'C'$:

$$\overrightarrow{OA''} = \overrightarrow{OA'} + \vec{v} = \begin{pmatrix} 4 \\ 0 \\ 10 \end{pmatrix} + \begin{pmatrix} -3 \\ 0 \\ -5 \end{pmatrix} = \begin{pmatrix} 1 \\ 0 \\ 5 \end{pmatrix}$$

$$\overrightarrow{OB''} = \overrightarrow{OB'} + \vec{v} = \begin{pmatrix} 2 \\ 0 \\ 10 \end{pmatrix} + \begin{pmatrix} -3 \\ 0 \\ -5 \end{pmatrix} = \begin{pmatrix} -1 \\ 0 \\ 5 \end{pmatrix}$$

$$\overrightarrow{OC''} = \overrightarrow{OC'} + \vec{v} = \begin{pmatrix} 3 \\ 0 \\ 5 \end{pmatrix} + \begin{pmatrix} -3 \\ 0 \\ -5 \end{pmatrix} = \begin{pmatrix} 0 \\ 0 \\ 0 \end{pmatrix}$$

Die zugehörige Abbildung β hat somit folgende Form: $\beta : \vec{x}'' = \vec{x}' + \begin{pmatrix} -3 \\ 0 \\ -5 \end{pmatrix}$

III)

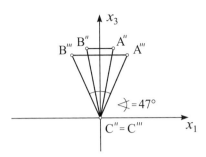

Um die Eckpunkte A'' und B'' des Dreiecks $A''B''C''$ so zu verändern, dass der neue Öffnungswinkel bei $C''' = C'' = O$ (Nullpunkt) 47 Grad beträgt und das Dreieck $A'''B'''C'''$ achsensymmetrisch zur x_3-Achse ist, definiert man den Ortsvektor des Eckpunkts A''' zunächst allgemein folgendermaßen:

$$\overrightarrow{OA'''} = \begin{pmatrix} a \\ 0 \\ b \end{pmatrix} \; ; a, b > 0, \text{ weil das Dreick } A'''B'''C''' \text{ in der } x_1 x_3\text{-Ebene } (x_2 = 0)$$

und oberhalb der x_1-Achse liegt.

Aufgrund der Achsensymmetrie zur x_3-Achse gilt für den Ortsvektor von B''' folglich:

$$\overrightarrow{OB'''} = \begin{pmatrix} -a \\ 0 \\ b \end{pmatrix} \; ; a, b > 0$$

Aufgrund des gegebenen Öffnungswinkels bei C''' von $47°$ gilt im rechtwinkligen Dreieck: $\tan(23,5) = \frac{a}{b} \Rightarrow a = b \cdot \tan(23,5)$

Somit hat der Ortsvektor von A''' die Form: $\overrightarrow{OA'''} = \begin{pmatrix} b \cdot \tan(23,5) \\ 0 \\ b \end{pmatrix} \; ; b > 0$

Wegen $|\overrightarrow{OA'''}| = |\overrightarrow{OA''}|$ muss gelten:

$$\sqrt{(b \cdot \tan(23,5))^2 + 0^2 + b^2} = \sqrt{1^2 + 0^2 + 5^2} \Rightarrow (b \cdot \tan(23,5))^2 + b^2 = 26$$

$$\Leftrightarrow b^2 \cdot ((\tan(23,5))^2 + 1) = 26 \Rightarrow b_{1,2} = \pm\sqrt{\frac{26}{(\tan(23,5))^2 + 1}} \approx \pm 4,676$$

Wegen $b > 0$ gilt damit: $\overrightarrow{OA'''} = \begin{pmatrix} b \cdot \tan(23,5) \\ 0 \\ b \end{pmatrix} \approx \begin{pmatrix} 2,033 \\ 0 \\ 4,676 \end{pmatrix}$

15. Abbildungsmatrix – Planetarium — Lösungen

Aufgrund der Symmetrie des Dreiecks $A'''B'''C'''$ zur x_3-Achse gilt für den Ortsvektor von B''': $\overrightarrow{OB'''} \approx \begin{pmatrix} -2{,}033 \\ 0 \\ 4{,}676 \end{pmatrix}$

Die zugehörige Abbildung $\gamma: \vec{x}''' = \begin{pmatrix} x_{11} & x_{12} & x_{13} \\ x_{21} & x_{22} & x_{23} \\ x_{31} & x_{32} & x_{33} \end{pmatrix} \cdot \vec{x}''$ bildet den Vektor

$\overrightarrow{OA''} = \begin{pmatrix} 1 \\ 0 \\ 5 \end{pmatrix}$ auf den Vektor $\overrightarrow{OA'''} = \begin{pmatrix} 2{,}033 \\ 0 \\ 4{,}676 \end{pmatrix}$ und den Vektor

$\overrightarrow{OB''} = \begin{pmatrix} -1 \\ 0 \\ 5 \end{pmatrix}$ auf den Vektor $\overrightarrow{OB'''} = \begin{pmatrix} -2{,}033 \\ 0 \\ 4{,}676 \end{pmatrix}$ ab.

Also muss gelten:

$$\begin{pmatrix} x_{11} & x_{12} & x_{13} \\ x_{21} & x_{22} & x_{23} \\ x_{31} & x_{32} & x_{33} \end{pmatrix} \cdot \begin{pmatrix} 1 \\ 0 \\ 5 \end{pmatrix} = \begin{pmatrix} 2{,}033 \\ 0 \\ 4{,}676 \end{pmatrix}$$

$$\begin{pmatrix} x_{11} & x_{12} & x_{13} \\ x_{21} & x_{22} & x_{23} \\ x_{31} & x_{32} & x_{33} \end{pmatrix} \cdot \begin{pmatrix} -1 \\ 0 \\ 5 \end{pmatrix} = \begin{pmatrix} -2{,}033 \\ 0 \\ 4{,}676 \end{pmatrix}$$

Dadurch ergeben sich die folgenden beiden lineare Gleichungssysteme:

I $x_{11} + 5x_{13} = 2{,}033$ IV $-x_{11} + 5x_{13} = -2{,}033$
II $x_{21} + 5x_{23} = 0$ und V $-x_{21} + 5x_{23} = 0$
III $x_{31} + 5x_{33} = 4{,}676$ VI $-x_{31} + 5x_{33} = 4{,}676$

Addiert man Gleichung I und IV, so erhält man:
$10x_{13} = 0 \Rightarrow x_{13} = 0$ und damit $x_{11} = 2{,}033$

Addiert man Gleichung II und V, so erhält man:
$10x_{23} = 0 \Rightarrow x_{23} = 0$ und damit $x_{21} = 0$

Addiert man Gleichung III und VI, so erhält man:
$10x_{33} = 9{,}352 \Rightarrow x_{33} = 0{,}9352$ und damit $x_{31} = 0$

Die fehlenden Matrixelemente x_{12}, x_{22} und x_{32} sind beliebig, da die Vektoren vorher auf die x_1x_3-Ebene projiziert wurden und in der zweiten Komponente gleich Null sind. Sie können daher der Einfachheit halber jeweils gleich Null gesetzt werden. Somit hat die Abbildung γ folgende Form:

$$\gamma: \vec{x}''' = \begin{pmatrix} 2{,}033 & 0 & 0 \\ 0 & 0 & 0 \\ 0 & 0 & 0{,}9352 \end{pmatrix} \cdot \vec{x}''$$

Lösungen   15. Abbildungsmatrix – Planetarium

IV) Die Abbildung δ, die das Dreieck ABC auf das Dreieck $A'''B'''C'''$ abbildet, erhält man durch die Verkettung der Abbildungen α, β und γ. Es gilt: $\delta = \gamma \circ \beta \circ \alpha$.
Zunächst bestimmt man $\beta \circ \alpha$, indem man α in β einsetzt:

$$\beta \circ \alpha : \vec{x}'' = \vec{x}' + \begin{pmatrix} -3 \\ 0 \\ -5 \end{pmatrix} = \begin{pmatrix} 1 & 0 & 0 \\ 0 & 0 & 0 \\ 0 & 0 & 1 \end{pmatrix} \cdot \vec{x} + \begin{pmatrix} -3 \\ 0 \\ -5 \end{pmatrix}$$

Setzt man $\beta \circ \alpha$ in γ ein, so erhält man:

$$\delta : \vec{x}''' = \begin{pmatrix} 2{,}033 & 0 & 0 \\ 0 & 0 & 0 \\ 0 & 0 & 0{,}9352 \end{pmatrix} \cdot \vec{x}''$$

$$= \begin{pmatrix} 2{,}033 & 0 & 0 \\ 0 & 0 & 0 \\ 0 & 0 & 0{,}9352 \end{pmatrix} \cdot \left(\begin{pmatrix} 1 & 0 & 0 \\ 0 & 0 & 0 \\ 0 & 0 & 1 \end{pmatrix} \cdot \vec{x} + \begin{pmatrix} -3 \\ 0 \\ -5 \end{pmatrix} \right)$$

$$= \begin{pmatrix} 2{,}033 & 0 & 0 \\ 0 & 0 & 0 \\ 0 & 0 & 0{,}9352 \end{pmatrix} \cdot \begin{pmatrix} 1 & 0 & 0 \\ 0 & 0 & 0 \\ 0 & 0 & 1 \end{pmatrix} \cdot \vec{x} + \begin{pmatrix} 2{,}033 & 0 & 0 \\ 0 & 0 & 0 \\ 0 & 0 & 0{,}9352 \end{pmatrix} \cdot \begin{pmatrix} -3 \\ 0 \\ -5 \end{pmatrix}$$

$$= \begin{pmatrix} 2{,}033 & 0 & 0 \\ 0 & 0 & 0 \\ 0 & 0 & 0{,}9352 \end{pmatrix} \cdot \vec{x} + \begin{pmatrix} -6{,}099 \\ 0 \\ -4{,}676 \end{pmatrix}$$

c) Die Anfangsposition des Himmelsnordpols S erhält man, indem man den Vektor

$$\overrightarrow{OA'''} = \begin{pmatrix} 2{,}033 \\ 0 \\ 4{,}676 \end{pmatrix} \text{ auf Länge 1 normiert und anschließend mit 4 multipliziert, da die}$$

halbkugelförmige Decke des Planetariums einen Radius von $r = 4\,\text{m}$ hat.

$$|\overrightarrow{OA'''}| = \left| \begin{pmatrix} 2{,}033 \\ 0 \\ 4{,}676 \end{pmatrix} \right| = \sqrt{2{,}033^2 + 0^2 + 4{,}676^2} \approx 5{,}099$$

$$\Rightarrow \overrightarrow{OA_0'''} \approx \frac{1}{5{,}099} \cdot \begin{pmatrix} 2{,}033 \\ 0 \\ 4{,}676 \end{pmatrix} = \begin{pmatrix} 0{,}399 \\ 0 \\ 0{,}917 \end{pmatrix}$$

Damit gilt:

$$\vec{s} \approx 4 \cdot \overrightarrow{OA_0'''} = 4 \cdot \begin{pmatrix} 0{,}399 \\ 0 \\ 0{,}917 \end{pmatrix} = \begin{pmatrix} 1{,}596 \\ 0 \\ 3{,}668 \end{pmatrix}$$

15. Abbildungsmatrix – Planetarium — Lösungen

In der Aufsicht auf die x_1x_2-Ebene ergibt sich folgendes Bild:

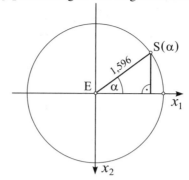

Der Punkt $S(\alpha)$ bewegt sich auf der eingezeichneten Kreisbahn 3,668 m oberhalb der x_1x_2-Ebene.

Den Ortsvektor $\vec{s}(\alpha)$ der Kreisbewegung des Himmelsnordpols S in Abhängigkeit des Kreiswinkels α erhält man mit Hilfe folgender trigonometrischer Beziehungen:

Für die x_1-Koordinate gilt: $\cos\alpha = \frac{x_1}{1{,}596} \Rightarrow x_1 = 1{,}596 \cdot \cos\alpha$

Für die x_2-Koordinate gilt: $\sin\alpha = \frac{x_2}{1{,}596} \Rightarrow x_2 = 1{,}596 \cdot \sin\alpha$

Für die x_3-Koordinate gilt: $x_3 = 3{,}668$ (die x_3- Koordinate ändert sich bei der Bewegung von $S(\alpha)$ nicht)

Der gesuchte Ortsvektor $\vec{s}(\alpha)$ der Kreisbewegung des Himmelsnordpols S auf der halbkugelförmigen Decke ist damit:

$$\vec{s}(\alpha) = \begin{pmatrix} 1{,}596 \cdot \cos\alpha \\ 1{,}596 \cdot \sin\alpha \\ 3{,}668 \end{pmatrix}$$

16 Abbildungsmatrix – Pyramide und Stufe

a) Anhand der gegebenen Zeichnung kann man die Koordinaten folgender Punkte ablesen:
Eckpunkte der Pyramidengrundfläche: $P_1(0|0|0)$, $P_2(4|0|0)$, $P_3(4|4|0)$, $P_4(0|4|0)$
Spitze der Pyramide: $S(2|2|6)$
Eckpunkte der Stufe: $St_1(0|-4|2)$, $St_2(8|-4|2)$, $St_3(0|-10|2)$, $St_4(8|-10|2)$,
$B_3(0|-4|0)$, $B_4(8|-4|0)$, Hilfspunkt: $B_2(8|0|0)$

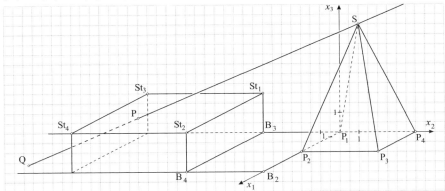

Die Gerade g durch die Pyramidenspitze $S(2|2|6)$ mit dem gegebenen Richtungsvektor

$\vec{v} = \begin{pmatrix} 0{,}75 \\ -2{,}5 \\ -1 \end{pmatrix}$ hat die Gleichung:

$$g: \vec{x} = \begin{pmatrix} 2 \\ 2 \\ 6 \end{pmatrix} + r \cdot \begin{pmatrix} 0{,}75 \\ -2{,}5 \\ -1 \end{pmatrix} ; r \in \mathbb{R}$$

Um nachzuweisen, dass die Punkte $P(5|-8|2)$ und $Q(6{,}5|-13|0)$ auf der Geraden g liegen, setzt man deren Koordinaten in g ein und und berechnet jeweils den Parameter r.
Für P erhält man:

$$\begin{pmatrix} 5 \\ -8 \\ 2 \end{pmatrix} = \begin{pmatrix} 2 \\ 2 \\ 6 \end{pmatrix} + r \cdot \begin{pmatrix} 0{,}75 \\ -2{,}5 \\ -1 \end{pmatrix}$$

Dies führt zu

$$\begin{array}{rrcl}
\text{I} & 5 &=& 2 + 0{,}75r \\
\text{II} & -8 &=& 2 - 2{,}5r \quad \text{bzw.} \\
\text{III} & 2 &=& 6 - r
\end{array} \qquad \begin{array}{rrcl} \text{I} & r &=& 4 \\ \text{II} & r &=& 4 \\ \text{III} & r &=& 4 \end{array}$$

Somit liegt P auf g. Für Q erhält man analog:

$$\begin{pmatrix} 6{,}5 \\ -13 \\ 0 \end{pmatrix} = \begin{pmatrix} 2 \\ 2 \\ 6 \end{pmatrix} + r \cdot \begin{pmatrix} 0{,}75 \\ -2{,}5 \\ -1 \end{pmatrix}$$

Dies führt zu

$$\begin{array}{llll}
\text{I} & 6{,}5 = 2 + 0{,}75r & \text{I} & r = 6 \\
\text{II} & -13 = 2 - 2{,}5r \quad \text{bzw.} & \text{II} & r = 6 \\
\text{III} & 0 = 6 - r & \text{III} & r = 6
\end{array}$$

Somit liegt auch Q auf g.

Alternativ kann man auch die Verbindungsvektoren von P bzw. Q zur Pyramidenspitze S berechnen, also $\overrightarrow{PS}$ und $\overrightarrow{QS}$, und zeigen, dass diese Vektoren Vielfache des Richtungsvektors der Geraden g sind.

Mit Hilfe von Q und S kann man die Gerade g in das Koordinatensystem einzeichnen.

Aufgrund der Richtung des Sonnenlichts und der Lage von S und Q können nur die Pyramidenflächen P_3P_4S und P_1P_4S in der Sonne liegen, da die x_1-Koordinate von Q ($x_1 = 6{,}5$) einen größeren Wert hat als die x_1-Koordinate von S ($x_1 = 2$) und die x_2-Koordinate von Q positiv ist.

b) Um den Schatten der Pyramide auf der Stufe zeichnen zu können, bestimmt man den Schattenwurf der Pyramidenkanten SP_3 und SP_1.

Dazu werden die Schnittpunkte der zur Pyramide gewandten Stufenkanten B_3B_4 sowie St_1St_2 mit der Ebene E_1, in der der Punkt P und die Pyramidenkante SP_3 liegen, und der Ebene E_2, in der P und die Pyramidenkante SP_1 liegen, bestimmt.

In der Aufgabenstellung sind zwei Punkte S_1 und S_2 der Schattenkante schon angegeben. Zeichnet man diese ein, wird anhand der Zeichnung klar, dass es sich um die Schnittpunkte von E_1 mit der Stufe handelt. Die Verbindungslinien P_3S_1, S_1S_2 und S_2P bilden den Schatten der Pyramidenkante SP_3. Es sind also noch die Schnittpunkte von E_2 mit den Stufenkanten zu berechnen.

Die Ebene E_2 durch die Punkte S, P und P_1, welche von $\overrightarrow{SP} = \begin{pmatrix} 3 \\ -10 \\ -4 \end{pmatrix}$ und $\overrightarrow{SP_1} = \begin{pmatrix} -2 \\ -2 \\ -6 \end{pmatrix}$ aufgespannt wird, hat die Gleichung:

$$E_2: \vec{x} = \begin{pmatrix} 2 \\ 2 \\ 6 \end{pmatrix} + u \cdot \begin{pmatrix} 3 \\ -10 \\ -4 \end{pmatrix} + v \cdot \begin{pmatrix} 1 \\ 1 \\ 3 \end{pmatrix}; \; u, v \in \mathbb{R}$$

Den Schnittpunkt S_3 von E_2 mit der unteren Stufenkante B_3B_4 erhält man, indem man eine Geradengleichung g_u für diese Stufenkante aufstellt und diese mit E_2 schneidet:

$$g_u: \vec{x} = \begin{pmatrix} 0 \\ -4 \\ 0 \end{pmatrix} + r \cdot \begin{pmatrix} 1 \\ 0 \\ 0 \end{pmatrix}; \; r \in \mathbb{R}$$

Ebenen- und Geradengleichung werden gleichgesetzt:

$$\begin{pmatrix} 2 \\ 2 \\ 6 \end{pmatrix} + u \cdot \begin{pmatrix} 3 \\ -10 \\ -4 \end{pmatrix} + v \cdot \begin{pmatrix} 1 \\ 1 \\ 3 \end{pmatrix} = \begin{pmatrix} 0 \\ -4 \\ 0 \end{pmatrix} + r \cdot \begin{pmatrix} 1 \\ 0 \\ 0 \end{pmatrix}$$

Lösungen   16. Abbildungsmatrix – Pyramide und Stufe

Dies führt zu folgendem Gleichungssystem:

$$\begin{array}{rrrrrrr} \text{I} & -r & + & 3u & + & v & = & -2 \\ \text{II} & & - & 10u & + & v & = & -6 \\ \text{III} & & - & 4u & + & 3v & = & -6 \end{array}$$

Gleichung II wird mit (-3) multipliziert und zu Gleichung III addiert. Damit erhält man: $26u = 12 \Rightarrow u = \frac{6}{13}$.

Setzt man $u = \frac{6}{13}$ in Gleichung II ein, so ergibt sich: $-10 \cdot \frac{6}{13} + v = -6 \Rightarrow v = -\frac{18}{13}$.

Damit ergibt sich aus Gleichung I: $-r + 3 \cdot \frac{6}{13} - \frac{18}{13} = -2 \Rightarrow r = 2$.

Setzt man $r = 2$ in g_u ein, so erhält man die Koordinaten des Schattenpunkts auf der unteren Stufenkante: $S_3 (2 \mid -4 \mid 0)$.

Mit Hilfe des GTR kann man das lineare Gleichungssystem direkt lösen.

Alternativ kann die untere Stufenkante auch durch die Gleichungen $x_2 = -4 \land x_3 = 0$ beschrieben werden. Man erhält S_3 dann durch koordinatenweises Gleichsetzen von Ebenen- und Geradengleichung:

$$\begin{array}{rrrrrrr} \text{I} & -4 & = & 2 & - & 10u & + & v \\ \text{II} & 0 & = & 6 & - & 4u & + & 3v \end{array}$$

Auch hier führt das Lösen des Gleichungssystems zu den gleichen Ergebnissen wie oben.

Analog erhält man den Schnittpunkt S_4 der Ebene E_2 mit der oberen Stufenkante $St_1 St_2$, indem man eine Geradengleichung g_o für diese Stufenkante aufstellt, und diese mit E_2 schneidet:

$$g_o : \vec{x} = \begin{pmatrix} 0 \\ -4 \\ 2 \end{pmatrix} + s \cdot \begin{pmatrix} 1 \\ 0 \\ 0 \end{pmatrix} ; s \in \mathbb{R}$$

Ebenen- und Geradengleichung werden gleichgesetzt:

$$\begin{pmatrix} 2 \\ 2 \\ 6 \end{pmatrix} + u \cdot \begin{pmatrix} 3 \\ -10 \\ -4 \end{pmatrix} + v \cdot \begin{pmatrix} 1 \\ 1 \\ 3 \end{pmatrix} = \begin{pmatrix} 0 \\ -4 \\ 2 \end{pmatrix} + s \cdot \begin{pmatrix} 1 \\ 0 \\ 0 \end{pmatrix}$$

Dies führt zu folgendem Gleichungssystem:

$$\begin{array}{rrrrrrr} \text{I} & -s & + & 3u & + & v & = & -2 \\ \text{II} & & - & 10u & + & v & = & -6 \\ \text{III} & & - & 4u & + & 3v & = & -4 \end{array}$$

Gleichung II wird mit (-3) multipliziert und zu Gleichung III addiert. Damit erhält man: $26u = 14 \Rightarrow u = \frac{7}{13}$.

Setzt man $u = \frac{7}{13}$ in Gleichung II ein, so erhält man $-10 \cdot \frac{7}{13} + v = -6 \Rightarrow v = -\frac{8}{13}$.

Damit ergibt sich aus Gleichung I: $-s + 3 \cdot \frac{7}{13} - \frac{8}{13} = -2 \Rightarrow s = 3$.

Setzt man $s = 3$ in g_o ein, so erhält man die Koordinaten des Schattenpunkts auf der oberen Stufenkante $St_1 St_2$: $S_4 (3 \mid -4 \mid 2)$.

Mit Hilfe des GTR kann man das lineare Gleichungssystem direkt lösen.
Alternativ kann die obere Stufenkante St_1St_2 durch die Gleichungen $x_2 = -4 \wedge x_3 = 2$ beschrieben werden. Man berechnet den Schnittpunkt S_4 der Ebene E_2 mit der oberen Stufenkante St_1St_2 wie oben durch koordinatenweises Gleichsetzen:

$$\begin{array}{rrrrrrr} \text{I} & -4 & = & 2 & - & 10u & + & v \\ \text{II} & 2 & = & 6 & - & 4u & + & 3v \end{array}$$

Löst man das Gleichungssystem, erhält man die gleichen Ergebnisse wie oben.
Diese vier Schnittpunkte liegen auf dem Rand des Pyramidenschattens und auf einer Stufenkante. Da anschaulich klar ist, dass $P(5 \mid -8 \mid 2)$, $P_1(0 \mid 0 \mid 0)$ und $P_3(4 \mid 4 \mid 0)$ ebenfalls auf dem Schattenrand liegen, kann der Umriss des Schattens mit Hilfe der Verbindungslinien P_1S_3, S_3S_4 und S_4P und mit Hilfe der bereits bekannten Punkte eingezeichnet werden; dabei ist zu beachten, dass ein Teil des Schattenverlaufs von der Pyramide verdeckt wird.

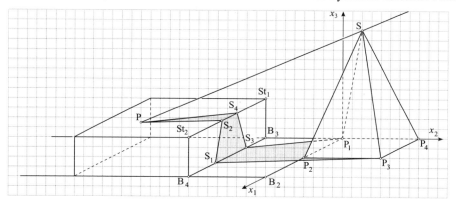

c) Zur Berechnung des Winkels, unter dem die Sonnenstrahlen auf eine Pyramidenfläche treffen, bestimmt man den Winkel α zwischen der Geraden g und der Ebene, in der die Pyramidenfläche liegt. Hierzu verwendet man die Formel $\sin\alpha = \frac{|\vec{v}\cdot\vec{n}|}{|\vec{v}|\cdot|\vec{n}|}$, wobei $\vec{v}$ der Richtungsvektor von g und $\vec{n}$ ein Normalenvektor der Ebene ist.
Es liegen zwei Seitenflächen der Pyramide in der Sonne: SP_3P_4 und SP_1P_4.
Wählt man die Seitenfläche SP_3P_4, so liegt diese in der Ebene F mit der Gleichung:

$$F: \vec{x} = \overrightarrow{OS} + u\cdot\overrightarrow{SP_3} + v\cdot\overrightarrow{SP_4} = \begin{pmatrix} 2 \\ 2 \\ 6 \end{pmatrix} + u\cdot\begin{pmatrix} 2 \\ 2 \\ -6 \end{pmatrix} + v\cdot\begin{pmatrix} -2 \\ 2 \\ -6 \end{pmatrix}; u,v \in \mathbb{R}$$

Einen Normalenvektor $\vec{n}$ von F bestimmt man mit Hilfe des Vektorprodukts (siehe Seite 14) der beiden Spannvektoren:

$$\overrightarrow{SP_3} \times \overrightarrow{SP_4} = \begin{pmatrix} 2 \\ 2 \\ -6 \end{pmatrix} \times \begin{pmatrix} -2 \\ 2 \\ -6 \end{pmatrix} = \begin{pmatrix} 0 \\ 24 \\ 8 \end{pmatrix} = 8\cdot\begin{pmatrix} 0 \\ 3 \\ 1 \end{pmatrix} \Rightarrow \vec{n} = \begin{pmatrix} 0 \\ 3 \\ 1 \end{pmatrix}$$

Lösungen 16. Abbildungsmatrix – Pyramide und Stufe

Setzt man $\vec{v}$ und $\vec{n}$ in die obige Formel ein, so erhält man:

$$\sin\alpha = \frac{|\vec{v}\cdot\vec{n}|}{|\vec{v}|\cdot|\vec{n}|} = \frac{\left|\begin{pmatrix}0{,}75\\-2{,}5\\-1\end{pmatrix}\cdot\begin{pmatrix}0\\3\\1\end{pmatrix}\right|}{\left|\begin{pmatrix}0{,}75\\-2{,}5\\-1\end{pmatrix}\right|\cdot\left|\begin{pmatrix}0\\3\\1\end{pmatrix}\right|} = \frac{|0{,}75\cdot 0 - 2{,}5\cdot 3 - 1\cdot 1|}{\sqrt{(0{,}75)^2+(-2{,}5)^2+(-1)^2}\cdot\sqrt{0^2+3^2+1^2}}$$

$$= \frac{8{,}5}{\sqrt{7{,}8125}\cdot\sqrt{10}} \Rightarrow \alpha \approx 74{,}08°$$

Die Sonnenstrahlen treffen auf der Pyramidenfläche SP_3P_4 unter einem Winkel von etwa $74{,}1°$ auf.

Wählt man die Seitenfläche SP_1P_4, so liegt diese in der Ebene G mit der Gleichung:

$$G: \vec{x} = \overrightarrow{OS} + u\cdot\overrightarrow{SP_1} + v\cdot\overrightarrow{SP_4} = \begin{pmatrix}2\\2\\6\end{pmatrix} + u\cdot\begin{pmatrix}-2\\-2\\-6\end{pmatrix} + v\cdot\begin{pmatrix}-2\\2\\-6\end{pmatrix}; u,v\in\mathbb{R}$$

Einen Normalenvektor $\vec{n}$ von G bestimmt man mit Hilfe des Vektorprodukts (siehe Seite 14) der beiden Spannvektoren:

$$\overrightarrow{SP_1}\times\overrightarrow{SP_4} = \begin{pmatrix}-2\\-2\\-6\end{pmatrix}\times\begin{pmatrix}-2\\2\\-6\end{pmatrix} = \begin{pmatrix}24\\0\\-8\end{pmatrix} = 8\cdot\begin{pmatrix}3\\0\\-1\end{pmatrix} \Rightarrow \vec{n} = \begin{pmatrix}3\\0\\-1\end{pmatrix}$$

Setzt man $\vec{v} = \begin{pmatrix}0{,}75\\-2{,}5\\-1\end{pmatrix}$ und $\vec{n} = \begin{pmatrix}3\\0\\-1\end{pmatrix}$ in die obige Formel ein, so erhält man:

$$\sin\alpha = \frac{|\vec{v}\cdot\vec{n}|}{|\vec{v}|\cdot|\vec{n}|} = \frac{\left|\begin{pmatrix}0{,}75\\-2{,}5\\-1\end{pmatrix}\cdot\begin{pmatrix}3\\0\\-1\end{pmatrix}\right|}{\left|\begin{pmatrix}0{,}75\\-2{,}5\\-1\end{pmatrix}\right|\cdot\left|\begin{pmatrix}3\\0\\-1\end{pmatrix}\right|} = \frac{|0{,}75\cdot 3 - 2{,}5\cdot 0 - 1\cdot(-1)|}{\sqrt{(0{,}75)^2+(-2{,}5)^2+(-1)^2}\cdot\sqrt{3^2+0^2+(-1)^2}}$$

$$= \frac{3{,}25}{\sqrt{7{,}8125}\cdot\sqrt{10}} \Rightarrow \alpha \approx 21{,}57°$$

Die Sonnenstrahlen treffen auf der Pyramidenfläche SP_1P_4 unter einem Winkel von etwa $21{,}6°$ auf.

d) Die zu einer linearen Abbildung vom $\mathbb{R}^2$ in den $\mathbb{R}^2$ gehörige Matrix A hat die Gestalt

$$A = \begin{pmatrix}a & b\\c & d\end{pmatrix} \text{ mit } a,b,c,d\in\mathbb{R}$$

16. Abbildungsmatrix – Pyramide und Stufe — Lösungen

Man erhält A, indem man für zwei beliebige Punkte des Urbildes (hier das Haus) die zugehörigen Bildpunkte betrachtet; wobei die Punkte nicht auf der gleichen Ursprungsgerade liegen dürfen. Man wählt also zum Beispiel den Punkt $H_1(1 \mid 0)$ mit Bildpunkt $B_1(-1 \mid 0{,}5)$ und den Punkt $H_2(3 \mid 5)$ mit Bildpunkt $B_2(-3 \mid -3{,}5)$.
Es muss dann für die Abbildungsmatrix A gelten: $A \cdot \vec{h_1} = \vec{b_1}$ sowie $A \cdot \vec{h_2} = \vec{b_2}$.
Dies führt zu:

$$\begin{pmatrix} a & b \\ c & d \end{pmatrix} \cdot \begin{pmatrix} 1 \\ 0 \end{pmatrix} = \begin{pmatrix} -1 \\ 0{,}5 \end{pmatrix} \text{ und } \begin{pmatrix} a & b \\ c & d \end{pmatrix} \cdot \begin{pmatrix} 3 \\ 5 \end{pmatrix} = \begin{pmatrix} -3 \\ -3{,}5 \end{pmatrix}$$

bzw. zu folgendem linearen Gleichungssystem:

$$\begin{array}{rrcrcr} \text{I} & a \cdot 1 & + & b \cdot 0 & = & -1 \\ \text{II} & c \cdot 1 & + & d \cdot 0 & = & 0{,}5 \\ \text{III} & a \cdot 3 & + & b \cdot 5 & = & -3 \\ \text{IV} & c \cdot 3 & + & d \cdot 5 & = & -3{,}5 \end{array}$$

Aus Gleichung I erhält man: $a = -1$.
Setzt man $a = -1$ in Gleichung III ein, so erhält man: $b = 0$.
Aus Gleichung II erhält man: $c = 0{,}5$.
Setzt man $c = 0{,}5$ in Gleichung IV ein, so erhält man: $d = -1$.
Also gilt für die Matrix A, welche die abgebildete lineare Abbildung des zweidimensionalen Raumes darstellt: $A = \begin{pmatrix} -1 & 0 \\ 0{,}5 & -1 \end{pmatrix}$.

17 Abbildungsmatrix – Antennenmast

a)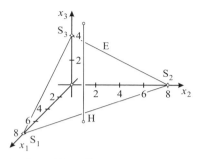

Zur Darstellung des Hangs in einem Koordinatensystem bestimmt man die Koordinaten der Spurpunkte S_1, S_2 und S_3 der Ebene E. Diese erhält man, indem man in der Ebenengleichung jeweils zwei Koordinaten Null setzt und die fehlende Koordinate berechnet.

Man erhält: $S_1(8|0|0)$, $S_2(0|8|0)$ und $S_3(0|0|4)$.

Um den Neigungswinkel α des Hangs zu bestimmen, verwendet man einen Normalenvektor von E und einen Normalenvektor der x_1x_2-Ebene. Man erhält:

$$\cos\alpha = \frac{\left|\begin{pmatrix}1\\1\\2\end{pmatrix} \cdot \begin{pmatrix}0\\0\\1\end{pmatrix}\right|}{\left|\begin{pmatrix}1\\1\\2\end{pmatrix}\right| \cdot \left|\begin{pmatrix}0\\0\\1\end{pmatrix}\right|} = \frac{|1\cdot 0 + 1\cdot 0 + 2\cdot 1|}{\sqrt{1^2+1^2+2^2}\cdot\sqrt{0^2+0^2+1^2}} = \frac{2}{\sqrt{6}\cdot 1} \Rightarrow \alpha \approx 35{,}26°$$

Der Neigungswinkel des Hangs beträgt also $35{,}26°$.

Die Koordinaten des Verankerungspunkts Q am Hang erhält man, indem man zuerst die Koordinaten der Spitze S und damit die des Mittelpunkts M des Antennenmasts bestimmt: $S(6|4|8)$ und $M(6|4|4)$.

Nun stellt man diejenige Gerade g auf, die durch M verläuft und senkrecht auf der Ebene E steht (der Normalenvektor von E ist der Richtungsvektor von g) und schneidet g mit E:

$$g: \vec{x} = \begin{pmatrix}6\\4\\4\end{pmatrix} + t\cdot\begin{pmatrix}1\\1\\2\end{pmatrix}\ ;\ t\in\mathbb{R}$$

Einsetzen von g in E liefert: $(6+t)+(4+t)+2\cdot(4+2t) = 8 \Rightarrow t = -\frac{5}{3}$

Setzt man $t=-\frac{5}{3}$ in die Geradengleichung von g ein, so ergeben sich die Koordinaten des Verankerungspunkts $Q\left(\frac{13}{3}\mid\frac{7}{3}\mid\frac{2}{3}\right)$.

Die Länge des Stahlseils ist nun der Abstand von M zum Verankerungspunkt Q:

$$|\overrightarrow{QM}| = \left|\begin{pmatrix}\frac{5}{3}\\\frac{5}{3}\\\frac{10}{3}\end{pmatrix}\right| = \sqrt{\left(\frac{5}{3}\right)^2+\left(\frac{5}{3}\right)^2+\left(\frac{10}{3}\right)^2} \approx 4{,}08$$

Die Länge des Stahlseils beträgt also etwa $40{,}8\,\text{m}$.

b)

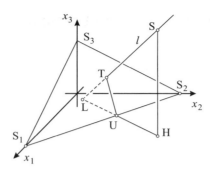

Die Gesamtlänge des Schattens erhält man, indem man die Länge des Schattenabschnitts auf dem Hang und die Länge des Schattenabschnitts in der x_1x_2-Ebene getrennt bestimmt. Hierzu stellt man die Gleichung der Gerade l durch die Spitze S des Antennenmasts und das Ende des Schattens T auf dem Hang auf und schneidet diese mit der x_1x_2-Ebene. Man erhält so den Punkt L.
Schneidet man die Gerade durch L und H mit der Geraden durch die Punkte S_1 und S_2, so erhält man den Punkt U, an dem der Schatten «abknickt». Die Gesamtlänge des Schattens ist somit $\overline{HU} + \overline{UT}$.

c)

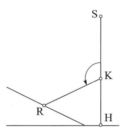

Die Höhe, in welcher der Antennenmast abgeknickt ist, entspricht der x_3-Koordinate k des Punktes K_k. Um diese zu bestimmen, berechnet man den Abstand von der Spitze $S(6\,|\,4\,|\,8)$ des Antennenmasts zum Abknickpunkt $K_k(6\,|\,4\,|\,k)$ und von K_k zum Hangpunkt $R(4\,|\,0\,|\,2)$ jeweils in Abhängigkeit von k. Man erhält:

$$\overline{SK_k} = |\overrightarrow{SK_k}| = \left|\begin{pmatrix} 0 \\ 0 \\ k-8 \end{pmatrix}\right| = \sqrt{(k-8)^2} = k-8$$

$$\overline{K_kR} = |\overrightarrow{K_kR}| = \left|\begin{pmatrix} -2 \\ -4 \\ 2-k \end{pmatrix}\right| = \sqrt{(-2)^2 + (-4)^2 + (2-k)^2} = \sqrt{k^2 - 4k + 24}$$

Da $\overline{SK_k} = \overline{K_kR}$, gilt:

$k - 8 = \sqrt{k^2 - 4k + 24} \Rightarrow k^2 - 16k + 64 = k^2 - 4k + 24 \Rightarrow k = \frac{10}{3}$

Der Abknickpunkt K hat damit die Koordinaten $K_k\left(6\,|\,4\,|\,\frac{10}{3}\right)$.
Somit ist der Antennenmast in einer Höhe von etwa 33,3 m abgeknickt.

d) Den Vektor $\vec{b}$, der die Verschiebung des Ursprungs unter der Abbildung α angibt, erhält man, indem man die Gerade g_O durch $O(0\,|\,0\,|\,0)$ mit dem Richtungsvektor $\vec{v} = \begin{pmatrix} -1 \\ -2 \\ -2 \end{pmatrix}$ aufstellt und mit der Ebene E: $x_1 + x_2 + 2x_3 = 8$ schneidet.

Die Gerade g_O hat die Gleichung:

$$g_O: \vec{x} = \begin{pmatrix} 0 \\ 0 \\ 0 \end{pmatrix} + t \cdot \begin{pmatrix} -1 \\ -2 \\ -2 \end{pmatrix}; t \in \mathbb{R}$$

Setzt man g_O in E ein, erhält man:

$$-t + (-2t) + 2 \cdot (-2t) = 8 \Rightarrow t = -\tfrac{8}{7} \Rightarrow O'\left(\tfrac{8}{7}\,|\,\tfrac{16}{7}\,|\,\tfrac{16}{7}\right)$$

Damit gilt: $\vec{b} = \overrightarrow{OO'} = \begin{pmatrix} \tfrac{8}{7} \\ \tfrac{16}{7} \\ \tfrac{16}{7} \end{pmatrix} - \begin{pmatrix} 0 \\ 0 \\ 0 \end{pmatrix} = \begin{pmatrix} \tfrac{8}{7} \\ \tfrac{16}{7} \\ \tfrac{16}{7} \end{pmatrix}$.

In den Spalten der Abbildungsmatrix A stehen die Verbindungsvektoren $\overrightarrow{O'E_1'}$, $\overrightarrow{O'E_2'}$ und $\overrightarrow{O'E_3'}$ zwischen dem Bild des Ursprungs O' und den Bildern der Einheitspunkte E_1', E_2' bzw. E_3' unter der Abbildung α.

Das Bild E_1' des Punktes $E_1(1\,|\,0\,|\,0)$ erhält man, indem man die Gerade g_1 durch E_1 mit dem Richtungsvektor $\vec{v} = \begin{pmatrix} -1 \\ -2 \\ -2 \end{pmatrix}$ aufstellt und mit E schneidet.

Die Gerade g_1 hat die Gleichung:

$$g_1: \vec{x} = \begin{pmatrix} 1 \\ 0 \\ 0 \end{pmatrix} + t \cdot \begin{pmatrix} -1 \\ -2 \\ -2 \end{pmatrix}; t \in \mathbb{R}$$

Setzt man g_1 in E ein, erhält man:

$$1 - t + (-2t) + 2 \cdot (-2t) = 8 \Rightarrow t = -1 \Rightarrow E_1'(2\,|\,2\,|\,2)$$

Damit gilt für die erste Spalte der Matrix A:

$$\overrightarrow{O'E_1'} = \overrightarrow{OE_1'} - \overrightarrow{OO'} = \begin{pmatrix} 2 \\ 2 \\ 2 \end{pmatrix} - \begin{pmatrix} \tfrac{8}{7} \\ \tfrac{16}{7} \\ \tfrac{16}{7} \end{pmatrix} = \begin{pmatrix} \tfrac{6}{7} \\ -\tfrac{2}{7} \\ -\tfrac{2}{7} \end{pmatrix}$$

Entsprechend erhält man das Bild E_2' des Punktes $E_2(0\,|\,1\,|\,0)$, indem man die Gerade g_2 durch E_2 mit dem Richtungsvektor $\vec{v} = \begin{pmatrix} -1 \\ -2 \\ -2 \end{pmatrix}$ aufstellt und mit E schneidet.

17. Abbildungsmatrix – Antennenmast — Lösungen

Die Gerade g_2 hat die Gleichung:

$$g_2 : \vec{x} = \begin{pmatrix} 0 \\ 1 \\ 0 \end{pmatrix} + t \cdot \begin{pmatrix} -1 \\ -2 \\ -2 \end{pmatrix} ; t \in \mathbb{R}$$

Setzt man g_2 in E ein, erhält man:

$$-t + 1 - 2t + 2 \cdot (-2t) = 8 \Rightarrow t = -1 \Rightarrow E_2'(1 \mid 3 \mid 2)$$

Damit gilt für die zweite Spalte der Matrix A:

$$\overrightarrow{O'E_2'} = \overrightarrow{OE_2'} - \overrightarrow{OO'} = \begin{pmatrix} 1 \\ 3 \\ 2 \end{pmatrix} - \begin{pmatrix} \frac{8}{7} \\ \frac{16}{7} \\ \frac{16}{7} \end{pmatrix} = \begin{pmatrix} -\frac{1}{7} \\ \frac{5}{7} \\ -\frac{2}{7} \end{pmatrix}$$

Entsprechend erhält man das Bild E_3' des Punktes $E_3(0 \mid 0 \mid 1)$, indem man die Gerade g_3 durch E_3 mit dem Richtungsvektor $\vec{v} = \begin{pmatrix} -1 \\ -2 \\ -2 \end{pmatrix}$ aufstellt und mit E schneidet.

Die Gerade g_3 hat die Gleichung:

$$g_3 : \vec{x} = \begin{pmatrix} 0 \\ 0 \\ 1 \end{pmatrix} + t \cdot \begin{pmatrix} -1 \\ -2 \\ -2 \end{pmatrix} ; t \in \mathbb{R}$$

Setzt man g_3 in E ein, erhält man:

$$-t + (-2t) + 2 \cdot (1 - 2t) = 8 \Rightarrow t = -\frac{6}{7} \Rightarrow E_3'\left(\frac{6}{7} \mid \frac{12}{7} \mid \frac{19}{7}\right)$$

Damit gilt für die dritte Spalte der Matrix A:

$$\overrightarrow{O'E_3'} = \overrightarrow{OE_3'} - \overrightarrow{OO'} = \begin{pmatrix} \frac{6}{7} \\ \frac{12}{7} \\ \frac{19}{7} \end{pmatrix} - \begin{pmatrix} \frac{8}{7} \\ \frac{16}{7} \\ \frac{16}{7} \end{pmatrix} = \begin{pmatrix} -\frac{2}{7} \\ -\frac{4}{7} \\ \frac{3}{7} \end{pmatrix}$$

Also hat die Matrix A von α folgende Form:

$$A = \begin{pmatrix} \frac{6}{7} & -\frac{1}{7} & -\frac{2}{7} \\ -\frac{2}{7} & \frac{5}{7} & -\frac{4}{7} \\ -\frac{2}{7} & -\frac{2}{7} & \frac{3}{7} \end{pmatrix}$$

Die Abbildung α, die jeden Punkt des Raumes auf seinen Schattenpunkt, der auf der Ebene E liegt, abbildet, lautet somit:

$$\alpha : \vec{x}' = \begin{pmatrix} \frac{6}{7} & -\frac{1}{7} & -\frac{2}{7} \\ -\frac{2}{7} & \frac{5}{7} & -\frac{4}{7} \\ -\frac{2}{7} & -\frac{2}{7} & \frac{3}{7} \end{pmatrix} \cdot \vec{x} + \begin{pmatrix} \frac{8}{7} \\ \frac{16}{7} \\ \frac{16}{7} \end{pmatrix}$$

18 Abbildungsmatrix – Tetraeder

a)

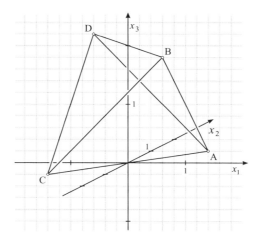

b) Ein regelmäßiger Tetraeder ist ein aus vier gleichseitigen Dreiecken zusammengesetzter dreidimensionaler Körper. Es genügt zu zeigen, dass alle sechs Kanten des Körpers die gleiche Länge haben.

Die Länge einer Kante erhält man durch den Betrag des zugehörigen Verbindungsvektors. Es ergibt sich:

$$\overline{AB} = |\overrightarrow{AB}| = \left| \begin{pmatrix} 0 \\ -2 \\ 2 \end{pmatrix} \right| = \sqrt{0^2 + (-2)^2 + 2^2} = \sqrt{8} = 2\sqrt{2}$$

$$\overline{AC} = |\overrightarrow{AC}| = \left| \begin{pmatrix} -2 \\ -2 \\ 0 \end{pmatrix} \right| = \sqrt{(-2)^2 + (-2)^2 + 0^2} = \sqrt{8} = 2\sqrt{2}$$

$$\overline{AD} = |\overrightarrow{AD}| = \left| \begin{pmatrix} -2 \\ 0 \\ 2 \end{pmatrix} \right| = \sqrt{(-2)^2 + 0^2 + 2^2} = \sqrt{8} = 2\sqrt{2}$$

$$\overline{BC} = |\overrightarrow{BC}| = \left| \begin{pmatrix} -2 \\ 0 \\ -2 \end{pmatrix} \right| = \sqrt{(-2)^2 + 0^2 + (-2)^2} = \sqrt{8} = 2\sqrt{2}$$

$$\overline{BD} = |\overrightarrow{BD}| = \left| \begin{pmatrix} -2 \\ 2 \\ 0 \end{pmatrix} \right| = \sqrt{(-2)^2 + 2^2 + 0^2} = \sqrt{8} = 2\sqrt{2}$$

$$\overline{CD} = |\overrightarrow{CD}| = \left| \begin{pmatrix} 0 \\ 2 \\ 2 \end{pmatrix} \right| = \sqrt{0^2 + 2^2 + 2^2} = \sqrt{8} = 2\sqrt{2}$$

Damit haben die sechs Kanten des Körpers die gleiche Länge; der Körper setzt sich aus vier gleichseitigen Dreiecken zusammen und ist somit ein regelmäßiger Tetraeder.

c) Um zu zeigen, dass die Punkte A, C und D in der Ebene E mit der Gleichung
E : $x_1 - x_2 + x_3 = 0$ liegen, setzt man die Koordinaten der Punkte in die Ebenengleichung von E ein:
Für A (1 | 1 | 0) erhält man: $1 - 1 + 0 = 0 \Rightarrow 0 = 0$.
Für C (−1 | −1 | 0) erhält man: $-1 - (-1) + 0 = 0 \Rightarrow 0 = 0$.
Für D (−1 | 1 | 2) erhält man: $-1 - 1 + 2 = 0 \Rightarrow 0 = 0$.
Die drei Aussagen sind wahr, also liegen die Punkte A, C und D in der Ebene E.

Die Gerade g geht durch den Punkt B und steht senkrecht auf E, d.h. der Richtungsvektor von g ist der Normalenvektor von E:

$$g: \vec{x} = \begin{pmatrix} 1 \\ -1 \\ 2 \end{pmatrix} + t \cdot \begin{pmatrix} 1 \\ -1 \\ 1 \end{pmatrix} ; t \in \mathbb{R}$$

Den Schnittpunkt S der Ebene E mit g erhält man durch Einsetzen der Gleichung von g in E:

$$1 + t - (-1 - t) + 2 + t = 0 \Rightarrow t = -\frac{4}{3} \Rightarrow S\left(-\frac{1}{3} \mid \frac{1}{3} \mid \frac{2}{3}\right)$$

Zur Bestimmung des Abstands des Punktes B von der ihm gegenüberliegenden Tetraederfläche genügt es, den Abstand von B zu S zu berechnen (siehe Zeichnung Aufgabe a), da die gegenüberliegende Fläche in E liegt:

$$\overline{BS} = |\vec{BS}| = \left| \begin{pmatrix} -\frac{4}{3} \\ \frac{4}{3} \\ -\frac{4}{3} \end{pmatrix} \right| = \sqrt{\left(-\frac{4}{3}\right)^2 + \left(\frac{4}{3}\right)^2 + \left(-\frac{4}{3}\right)^2} = \sqrt{3 \cdot \left(\frac{4}{3}\right)^2} = \frac{4}{3}\sqrt{3} \approx 2{,}31$$

Der Abstand von B zur gegenüberliegenden Tetraederfläche beträgt etwa 2,31 LE.

d) Zur Begründung, dass der Nullpunkt bei einer linearen Abbildung immer auf sich selbst abgebildet wird, kann man eine der beiden Linearitätseigenschaften verwenden. Argumentiert man über (L1), so erhält man für einen beliebigen Vektor $\vec{x} \in \mathbb{R}^3$ die Gleichung:

$$\alpha(\vec{x}) = \alpha(\vec{x} + \vec{0}) = \alpha(\vec{x}) + \alpha(\vec{0})$$

Subtrahiert man auf beiden Seiten dieser Gleichung $\alpha(\vec{x})$, so ergibt sich die Behauptung: $\vec{0} = \alpha(\vec{0})$.

Alternativ kann man (L1) auch verwenden, um zu folgender Gleichung zu gelangen:

$$\alpha(\vec{0}) = \alpha(\vec{x} - \vec{x}) = \alpha(\vec{x}) - \alpha(\vec{x}) = \vec{0}$$

Hier ist die Behauptung $\alpha(\vec{0}) = \vec{0}$ direkt abzulesen.

Mit Hilfe der Linearitätsbedingung (L2) kann man ebenso argumentieren, dass

$$\alpha(\vec{0}) = \alpha(0 \cdot \vec{0}) = 0 \cdot \alpha(\vec{0}) = \vec{0}$$

gilt.

Jede lineare Abbildung, welche den Vektorraum $\mathbb{R}^3$ auf sich selbst abbildet, kann durch eine 3x3-Matrix dargestellt werden.

Die Eckpunkte des gegebenen Tetraeders sind $A(1 \mid 1 \mid 0)$, $B(1 \mid -1 \mid 2)$, $C(-1 \mid -1 \mid 0)$ und $D(-1 \mid 1 \mid 2)$. Insgesamt kann man vier Abbildungen angeben, welche linear sind und zusätzlich den Symmetriebedingungen genügen.

Trivial ist die Abbildung des Tetraeders auf sich selbst mit der zugehörigen Matrix

$$E = \begin{pmatrix} 1 & 0 & 0 \\ 0 & 1 & 0 \\ 0 & 0 & 1 \end{pmatrix}$$

Die Gestalt der Eckpunkte lässt erkennen, dass A und C bzw. B und D durch Drehungen ineinander überführt werden können. Die Vorzeichen der ersten beiden Koordinaten müssen sich ändern (Punktspiegelung am Ursprung in der x_1x_2-Ebene bzw. Drehung um den Ursprung um $180° \cong \pi$ in der x_1x_2-Ebene), das Vorzeichen der dritten Koordinate bleibt jeweils unverändert. Man erhält als Drehmatrix

$$D_\pi = \begin{pmatrix} \cos\pi & -\sin\pi & 0 \\ \sin\pi & \cos\pi & 0 \\ 0 & 0 & 1 \end{pmatrix} = \begin{pmatrix} -1 & 0 & 0 \\ 0 & -1 & 0 \\ 0 & 0 & 1 \end{pmatrix}$$

Zwei weitere Abbildungen der gewünschten Art ergeben sich, wenn man jeweils ein Punktepaar festhält und das andere Paar durch «Vertauschen» der ersten beiden Koordinaten ineinander überführt. Lässt man A und C unverändert, so entspricht dies geometrisch einer Spiegelung an derjenigen Ursprungsgeraden, welche in der x_1x_2-Ebene verläuft und mit der x_1-Achse einen Winkel von $45° \cong \frac{\pi}{4}$ im ersten Quadranten einschliesst. A und C liegen auf dieser Geraden; ihre Koordinaten bleiben also bei der Abbildung erhalten. Man erhält als Spiegelmatrix:

$$S_{\frac{\pi}{4}} = \begin{pmatrix} \cos\left(2 \cdot \frac{\pi}{4}\right) & \sin\left(2 \cdot \frac{\pi}{4}\right) & 0 \\ \sin\left(2 \cdot \frac{\pi}{4}\right) & -\cos\left(2 \cdot \frac{\pi}{4}\right) & 0 \\ 0 & 0 & 1 \end{pmatrix} = \begin{pmatrix} 0 & 1 & 0 \\ 1 & 0 & 0 \\ 0 & 0 & 1 \end{pmatrix}$$

Sollen B und D unverändert bleiben, so ist als Spiegelgerade diejenige Ursprungsgerade in der x_1x_2-Ebene zu wählen, welche mit der x_1-Achse einen Winkel von $135° \cong \frac{3}{4}\pi$ mit der x_1-Achse einschliesst. B und D liegen auf der Geraden und werden folglich auf sich selbst

18. Abbildungsmatrix – Tetraeder — Lösungen

gespiegelt. Hier erhält man die Spiegelmatrix:

$$S_{\frac{3}{4}\pi} = \begin{pmatrix} \cos\left(2\cdot\frac{3}{4}\pi\right) & \sin\left(2\cdot\frac{3}{4}\pi\right) & 0 \\ \sin\left(2\cdot\frac{3}{4}\pi\right) & -\cos\left(2\cdot\frac{3}{4}\pi\right) & 0 \\ 0 & 0 & 1 \end{pmatrix} = \begin{pmatrix} 0 & -1 & 0 \\ -1 & 0 & 0 \\ 0 & 0 & 1 \end{pmatrix}$$

19 Übergangsmatrix – Versandkiste

a)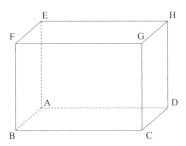

Die Koordinaten der Eckpunkte der Kiste sind $A(0\,|\,0\,|\,0)$, $B(3\,|\,0\,|\,0)$, $C(3\,|\,5\,|\,0)$, $D(0\,|\,5\,|\,0)$, $E(0\,|\,0\,|\,4)$, $F(3\,|\,0\,|\,4)$, $G(3\,|\,5\,|\,4)$ und $H(0\,|\,5\,|\,4)$.
Den Abstand zwischen den Kanten AB und GH erhält man, indem man z.B. die Entfernung der Punkte A und H berechnet, da die Kiste quaderförmig ist:

$$\overline{AH} = |\overrightarrow{AH}| = \left|\begin{pmatrix} 0 \\ 5 \\ 4 \end{pmatrix}\right| = \sqrt{0^2 + 5^2 + 4^2} = \sqrt{41} \approx 6{,}40$$

Der Abstand der Kanten AB und GH beträgt etwa 6,4 LE.

Um zu zeigen, dass die Gerade g durch E und H in jeder Ebene $E_t : tx_1 - x_3 = -4$ liegt, stellt man die Geradengleichung von g auf und setzt sie in E_t ein. Man erhält:

$$g : \vec{x} = \begin{pmatrix} 0 \\ 0 \\ 4 \end{pmatrix} + s \cdot \begin{pmatrix} 0 \\ 1 \\ 0 \end{pmatrix} \;;\; s \in \mathbb{R}$$

Einsetzen von g in E_t ergibt: $t \cdot 0 - (4 + s \cdot 0) = -4$ bzw. $-4 = -4$.
Aufgrund der wahren Aussage liegt die Gerade g in jeder der Ebenen E_t.

Bei geschlossener Kiste liegt der Punkt $F(3\,|\,0\,|\,4)$ auf dem Deckel. Setzt man die Koordinaten von F in E_t ein, so erhält man: $t \cdot 3 - 4 = -4 \Rightarrow t = 0$.
Somit liegt der Deckel bei geschlossener Kiste in der Ebene E_0.

Wird der Deckel um 90° geöffnet, geht der Eckpunkt F des geschlossenen Deckels in den Eckpunkt $\overline{F}(0\,|\,0\,|\,7)$ über.
Setzt man die Koordinaten von $\overline{F}$ in E_t ein, erhält man: $t \cdot 0 - 7 = -4 \Leftrightarrow -7 = -4$.
Aufgrund des Widerspruchs liegt der um 90° geöffnete Deckel in keiner der Ebenen E_t.

b) Der gesuchte Punkt P ist der Schnittpunkt der Lotgeraden l, die durch den Mittelpunkt M_{EF} der Kante EF geht und senkrecht auf E_2 steht, mit der Ebene E_2.
Die Ebene E_2 hat die Gleichung $E_2 : 2x_1 - x_3 = -4$. Der Mittelpunkt der Kante EF hat die Koordinaten $M_{EF}(1{,}5\,|\,0\,|\,4)$.

19. Übergangsmatrix – Versandkiste — Lösungen

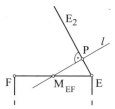

Die Lotgerade l geht durch den Punkt M_{EF} und ist orthogonal zu E_2 (der Richtungsvektor von l ist somit der Normalenvektor von E_2):

$$l: \vec{x} = \begin{pmatrix} 1{,}5 \\ 0 \\ 4 \end{pmatrix} + r \cdot \begin{pmatrix} 2 \\ 0 \\ -1 \end{pmatrix}; r \in \mathbb{R}$$

Schneidet man l mit E_2, so ergibt sich:

$$2 \cdot (1{,}5 + 2r) - (4 - r) = -4 \Leftrightarrow r = -0{,}6$$

Setzt man $r = -0{,}6$ in l ein, erhält man den gesuchten Punkt $P(0{,}3 \mid 0 \mid 4{,}6)$, in welchem der Stützstab auf den Deckel trifft.

c) Um den Öffnungswinkel α_1 zu bestimmen, wenn der Deckel in der Ebene E_2 liegt, berechnet man den Winkel zwischen dem Normalenvektor $\vec{n_2} = \begin{pmatrix} 2 \\ 0 \\ -1 \end{pmatrix}$ von E_2 und dem Normalenvektor $\vec{n_1} = \begin{pmatrix} 0 \\ 0 \\ 1 \end{pmatrix}$ der Ebene EFGH. Man erhält:

$$\cos \alpha_1 = \frac{|\vec{n_1} \cdot \vec{n_2}|}{|\vec{n_1}| \cdot |\vec{n_2}|} = \frac{\left| \begin{pmatrix} 0 \\ 0 \\ 1 \end{pmatrix} \cdot \begin{pmatrix} 2 \\ 0 \\ -1 \end{pmatrix} \right|}{\left| \begin{pmatrix} 0 \\ 0 \\ 1 \end{pmatrix} \right| \cdot \left| \begin{pmatrix} 2 \\ 0 \\ -1 \end{pmatrix} \right|} = \frac{|-1|}{\sqrt{1} \cdot \sqrt{5}} = \frac{1}{\sqrt{5}} \Rightarrow \alpha_1 \approx 63{,}4°$$

Wenn der Deckel in E_2 liegt, beträgt der Öffnungswinkel etwa $63{,}4°$.

Bei einem Öffnungswinkel von $\alpha_2 = 60°$ erhält man:

$$\cos 60° = \frac{|\vec{n_1} \cdot \vec{n_t}|}{|\vec{n_1}| \cdot |\vec{n_t}|} = \frac{\left| \begin{pmatrix} 0 \\ 0 \\ 1 \end{pmatrix} \cdot \begin{pmatrix} t \\ 0 \\ -1 \end{pmatrix} \right|}{\left| \begin{pmatrix} 0 \\ 0 \\ 1 \end{pmatrix} \right| \cdot \left| \begin{pmatrix} t \\ 0 \\ -1 \end{pmatrix} \right|} = \frac{|0 \cdot t + 0 \cdot 0 + 1 \cdot (-1)|}{\sqrt{1} \cdot \sqrt{t^2 + (-1)^2}} = \frac{1}{\sqrt{t^2 + 1}}$$

Da $\cos 60° = \frac{1}{2}$ ist, gilt: $\frac{1}{2} = \frac{1}{\sqrt{t^2+1}} \Rightarrow \sqrt{t^2+1} = 2 \Rightarrow t^2+1 = 4 \Rightarrow t_{1;2} = \pm\sqrt{3}$

Da für $0 \leqslant \alpha < 90°$ der Parameter t aufgrund der Richtung des Normalenvektors

$\vec{n_t} = \begin{pmatrix} t \\ 0 \\ -1 \end{pmatrix}$ positiv sein muss, liegt der um $60°$ geöffnete Deckel in der Ebene $E_{\sqrt{3}}$.

d)

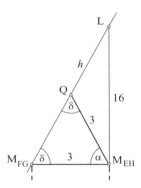

Der Mittelpunkt M_{FG} der Kante FG hat die Koordinaten $M_{FG}(3 \mid 2,5 \mid 4)$, der Mittelpunkt M_{EH} der Kante EH hat die Koordinaten $M_{EH}(0 \mid 2,5 \mid 4)$. Die Lichtquelle in $L(0 \mid 2,5 \mid 20)$ liegt also direkt senkrecht über M_{EH} im Abstand von 16 LE. Q ist der Mittelpunkt des vorderen Deckelrandes der geöffneten Kiste. Liegen M_{FG}, Q und L auf einer Geraden, scheint das Licht auf den Kistenrand. Würde man den Deckel dann noch weiter öffnen, d.h. α vergrößern, könnte Licht in das Kisteninnere dringen.

Die Gerade h durch M_{FG} und L hat die Gleichung:

$$h: \vec{x} = \begin{pmatrix} 3 \\ 2,5 \\ 4 \end{pmatrix} + r \cdot \begin{pmatrix} -3 \\ 0 \\ 16 \end{pmatrix} ; r \in \mathbb{R}$$

Die maximal zulässige Öffnung ist erreicht, wenn Q ein Punkt auf der Geraden h ist und damit die Koordinaten $Q(3-3r \mid 2,5 \mid 4+16r)$ hat.

Der Abstand von M_{EH} zu M_{FG} ist gleich groß wie der Abstand von M_{EH} zu Q, nämlich 3 LE (Deckeltiefe). Damit gilt:

$$|\overrightarrow{M_{EH}Q}| = 3 \text{ bzw. } \left|\begin{pmatrix} 3-3r \\ 0 \\ 16r \end{pmatrix}\right| = 3$$

Dies führt zu: $\sqrt{265r^2 - 18r + 9} = 3 \Rightarrow r_1 = 0$ und $r_2 = \frac{18}{265} \approx 0,068$.

Die Lösung $r_1 = 0$ führt zum bereits bekannten Punkt M_{FG}.

Setzt man $r_2 = 0,068$ in h ein, so erhält man: $Q(2,80 \mid 2,5 \mid 5,09)$.

Der gesuchten Öffnungswinkel α ergibt sich, indem man den Winkel zwischen den Vektoren $\overrightarrow{M_{EH}Q}$ und $\overrightarrow{M_{EH}M_{FG}}$ berechnet. Man erhält:

$$\cos\alpha = \frac{|\overrightarrow{M_{EH}Q} \cdot \overrightarrow{M_{EH}M_{FG}}|}{|\overrightarrow{M_{EH}Q}| \cdot |\overrightarrow{M_{EH}M_{FG}}|} = \frac{\left|\begin{pmatrix} 2,8 \\ 0 \\ 1,09 \end{pmatrix} \cdot \begin{pmatrix} 3 \\ 0 \\ 0 \end{pmatrix}\right|}{\left|\begin{pmatrix} 2,8 \\ 0 \\ 1,09 \end{pmatrix}\right| \cdot \left|\begin{pmatrix} 3 \\ 0 \\ 0 \end{pmatrix}\right|} \approx \frac{|8,4|}{\sqrt{9,0281} \cdot \sqrt{9}} \Rightarrow \alpha \approx 21,27°$$

Alternativ kann man den Winkel α auch folgendermaßen berechnen:
Im rechtwinkligen Dreieck $M_{EH}LM_{FG}$ gilt: $\tan\delta = \frac{16}{3} \Rightarrow \delta \approx 79,38°$
Im gleichschenkligen Dreieck $M_{EH}QM_{FG}$ gilt:

$$\delta + \delta + \alpha = 180° \Rightarrow \alpha \approx 180° - 2 \cdot (79,38°) = 21,24°$$

Somit beträgt der maximale Öffnungswinkel, so dass kein Licht von L in die Kiste fällt, etwa 21°.

e) I) Aus der Aufgabenstellung liest man die Werte für den Übergangsgraphen ab. Es ergibt sich

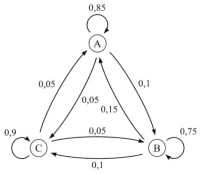

Um die Übergangstabelle zu bestimmen, berücksichtigt man, dass der Wechsel immer «von Spalten zu Zeilen» stattfindet. Damit ergibt sich für die Übergangstabelle:

	A	B	C
A	0,85	0,15	0,05
B	0,1	0,75	0,05
C	0,05	0,1	0,9

Die Übergangsmatrix ist damit: $M = \begin{pmatrix} 0,85 & 0,15 & 0,05 \\ 0,1 & 0,75 & 0,05 \\ 0,05 & 0,1 & 0,9 \end{pmatrix}$

II) Die Verteilung für den folgenden Monat erhält man, indem man die Matrix M mit dem

Vektor der Eingangswerte $\begin{pmatrix} 400 \\ 360 \\ 500 \end{pmatrix}$ multipliziert:

$$\begin{pmatrix} y_1 \\ y_2 \\ y_3 \end{pmatrix} = \begin{pmatrix} 0,85 & 0,15 & 0,05 \\ 0,1 & 0,75 & 0,05 \\ 0,05 & 0,1 & 0,9 \end{pmatrix} \cdot \begin{pmatrix} 400 \\ 360 \\ 500 \end{pmatrix} = \begin{pmatrix} 419 \\ 335 \\ 506 \end{pmatrix}$$

Im nächsten Monat sind also 419 Filme bei Filiale A, 335 Filme bei Filiale B und 506 Filme bei Filiale C.

III) Um zu berechnen, wieviele Filme innerhalb von zwei Monaten zu Filiale C geschickt werden, benötigt man die Matrix für den Übergang nach zwei Monaten. Dies ist das Produkt der Matrix M mit sich selbst.

Die Elemente in der dritten Zeile bestimmen die Anteile der Filme, die zur Filiale C gesendet werden, da der Wechsel immer «von Spalten zu Zeilen» stattfindet. Daher reicht es aus, die letzte Zeile der Matrix zu berechnen. Zur Kontrolle ist hier die komplette Matrix M^2 angegeben:

$$M^2 = \begin{pmatrix} 0,85 & 0,15 & 0,05 \\ 0,1 & 0,75 & 0,05 \\ 0,05 & 0,1 & 0,9 \end{pmatrix}^2 = \begin{pmatrix} 0,85 & 0,15 & 0,05 \\ 0,1 & 0,75 & 0,05 \\ 0,05 & 0,1 & 0,9 \end{pmatrix} \cdot \begin{pmatrix} 0,85 & 0,15 & 0,05 \\ 0,1 & 0,75 & 0,05 \\ 0,05 & 0,1 & 0,9 \end{pmatrix}$$

$$= \begin{pmatrix} 0,74 & 0,245 & 0,095 \\ 0,1625 & 0,5825 & 0,0875 \\ 0,0975 & 0,1725 & 0,8175 \end{pmatrix}$$

Die Anteile der Filme, die von den Filialen A bzw. B zu C gesendet werden, stehen in den Elementen m_{31} und m_{32}; es werden also ca. 9,8% der Filme von Filiale A zu Filiale C und ca. 17,3% der Filme von Filiale B zu Filiale C gesendet.

IV) Gesucht ist die Verteilung der Filme auf die Filialen, die sich langfristig einstellen wird. Dazu muss ein Verteilungsvektor berechnet werden, der sich beim Übergang zum Folgejahr nicht ändert. Es handelt sich dabei um einen sogenannten Fixvektor $\vec{x}$, für den gilt:

$$M \cdot \vec{x} = \vec{x} \Leftrightarrow M \cdot \vec{x} = E \cdot \vec{x} \Leftrightarrow M \cdot \vec{x} - E \cdot \vec{x} = \vec{0} \Leftrightarrow (M - E) \cdot \vec{x} = \vec{0}$$

Dabei ist E die 3×3-Einheitsmatrix. Der gesuchte Fixvektor $\vec{x}$ ist also so zu bestimmen, dass gilt

$$\left[\begin{pmatrix} 0,85 & 0,15 & 0,05 \\ 0,1 & 0,75 & 0,05 \\ 0,05 & 0,1 & 0,9 \end{pmatrix} - \begin{pmatrix} 1 & 0 & 0 \\ 0 & 1 & 0 \\ 0 & 0 & 1 \end{pmatrix} \right] \vec{x} = \vec{0} \Leftrightarrow \begin{pmatrix} -0,15 & 0,15 & 0,05 \\ 0,1 & -0,25 & 0,05 \\ 0,05 & 0,1 & -0,1 \end{pmatrix} \cdot \vec{x} = \vec{0}$$

19. Übergangsmatrix – Versandkiste

Mit $\vec{x} = \begin{pmatrix} x_1 \\ x_2 \\ x_3 \end{pmatrix}$; $x_1, x_2, x_3 \geq 0$ führt dies zu folgendem Gleichungssystem, das man

mit Hilfe des Gaußalgorithmus löst:

$$\begin{array}{rrrrrrr}
\text{I} & -0,15x_1 & + & 0,15x_2 & + & 0,05x_3 & = 0 \\
\text{II} & 0,1x_1 & - & 0,25x_2 & + & 0,05x_3 & = 0 \\
\text{III} & 0,05x_1 & + & 0,1x_2 & - & 0,1x_3 & = 0
\end{array}$$

Gleichung I wird mit $\frac{2}{3}$ multipliziert und zu Gleichung II addiert, außerdem wird Gleichung I mit $\frac{1}{3}$ multipliziert und zu Gleichung III addiert:

$$\begin{array}{rrrrrrr}
\text{I} & -0,15x_1 & + & 0,15x_2 & + & 0,05x_3 & = 0 \\
\text{II}a & & - & 0,15x_2 & + & 0,083x_3 & = 0 \\
\text{III}a & & & 0,15x_2 & - & 0,083x_3 & = 0
\end{array}$$

Gleichung IIa wird zu Gleichung IIIa addiert:

$$\begin{array}{rrrrrrr}
\text{I} & -0,15x_1 & + & 0,15x_2 & + & 0,05x_3 & = 0 \\
\text{II}a & & - & 0,15x_2 & + & 0,083x_3 & = 0 \\
\text{III}a & & & & & 0 & = 0
\end{array}$$

Aufgrund der Allgemeingültigkeit der letzten Gleichung kann in IIa $x_3 \geq 0$ beliebig gewählt werden. Wählt man etwa $x_3 = t$; $t \geq 0$, ergibt sich aus Gleichung IIa: $x_2 = 0,553t$. Einsetzen von $x_2 = 0,553t$ in Gleichung I liefert: $x_1 = 0,887t$.
Da die Gesamtzahl der Versicherten stets 1260 beträgt, folgt $x_1 + x_2 + x_3 = 1260$ bzw.

$$0,886t + 0,553t + t = 1260 \Leftrightarrow t = 516,393$$

und somit $\vec{x} = \begin{pmatrix} 458,041 \\ 285,565 \\ 516,393 \end{pmatrix}$. Langfristig werden also 458 Filme in Filiale A, 286 Filme in Filiale B und 516 Filme in Filiale C sein.

Alternativ kann man beim Lösen des Gleichungssystems auch mit Brüchen rechnen: Es ergeben sich in diesem Fall $x_2 = \frac{5}{9}t$ und $x_1 = \frac{8}{9}t$. Das Endergebnis ist dann auf jeden Fall exakt, stimmt aber in diesem Fall durch das notwendige Runden mit dem zuerst berechneten Ergebnis überein.

20 Übergangsmatrix – Pyramidenstumpf

a) Da der Pyramidenstumpf und die aufgesetzte Pyramide symmetrisch sind, ergeben sich folgende Koordinaten:
A$(2|-2|0)$, B$(2|2|0)$, C$(-2|2|0)$, D$(-2|-2|0)$, E$(1,5|-1,5|4)$,
F$(1,5|1,5|4)$, G$(-1,5|1,5|4)$, H$(-1,5|-1,5|4)$.

Da die Spitze S auf der x_3-Achse 6 cm über EFGH liegt, ergibt sich S$(0|0|10)$.
Zur Berechnung der Neigungswinkel denkt man sich den Pyramidenstumpf bzw. die Pyramide parallel zur x_2x_3-Ebene durch S durchgeschnitten:

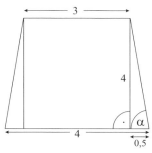

Es gilt $\tan\alpha = \frac{4}{0,5} \Rightarrow \alpha = 82,87°$.

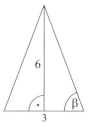

Es gilt $\tan\beta = \frac{6}{1,5} \Rightarrow \beta = 75,96°$.

b) Um die Bohrgerade aufzustellen, bestimmt man zuerst den Schwerpunkt des Dreiecks FGS, der als «Stützpunkt» verwendet wird und anschließend einen Normalenvektor der Ebene FGS, der als Richtungsvektor benutzt wird. Den Schwerpunkt S* des Dreiecks FGS erhält man durch

$$\overrightarrow{OS^*} = \frac{1}{3}\cdot(\vec{f}+\vec{g}+\vec{s}) = \frac{1}{3}\cdot\left(\begin{pmatrix}1,5\\1,5\\4\end{pmatrix}+\begin{pmatrix}-1,5\\1,5\\4\end{pmatrix}+\begin{pmatrix}0\\0\\10\end{pmatrix}\right) = \frac{1}{3}\cdot\begin{pmatrix}0\\3\\18\end{pmatrix}$$

$\Rightarrow$ S*$(0|1|6)$

Die Bohrrichtung ist der Normalenvektor $\vec{n_1}$ der Ebene FGS, welchen man mit Hilfe des

Vektorproduktes (siehe Seite 51) berechnet:

$$\vec{FG} \times \vec{FS} = \begin{pmatrix} -3 \\ 0 \\ 0 \end{pmatrix} \times \begin{pmatrix} -1,5 \\ -1,5 \\ 6 \end{pmatrix} = \begin{pmatrix} 0 \\ 18 \\ 4,5 \end{pmatrix} \Rightarrow \vec{n_1} = \begin{pmatrix} 0 \\ 4 \\ 1 \end{pmatrix}$$

Damit erhält man als Bohrgerade

$$g_1 : \vec{x} = \begin{pmatrix} 0 \\ 1 \\ 6 \end{pmatrix} + t \cdot \begin{pmatrix} 0 \\ 4 \\ 1 \end{pmatrix} ; t \in \mathbb{R}$$

Da die Pyramide sehr steil ist, erhält man den Durchstoßpunkt, indem man die Gerade g mit der Ebene EHS schneidet, deren Gleichung zuerst bestimmt werden muss:
Der Normalenvektor $\vec{n_2}$ wird mit dem Vektorprodukt berechnet (siehe Seite 51):

$$\vec{ES} \times \vec{EH} = \begin{pmatrix} -1,5 \\ 1,5 \\ 6 \end{pmatrix} \times \begin{pmatrix} -3 \\ 0 \\ 0 \end{pmatrix} = \begin{pmatrix} 0 \\ -18 \\ 4,5 \end{pmatrix} \Rightarrow \vec{n_2} = \begin{pmatrix} 0 \\ -4 \\ 1 \end{pmatrix}$$

Die Ebenengleichung ist folglich

$$E : \left(\vec{x} - \begin{pmatrix} 0 \\ 0 \\ 10 \end{pmatrix} \right) \cdot \begin{pmatrix} 0 \\ -4 \\ 1 \end{pmatrix} = 0 \Rightarrow E : -4x_2 + x_3 - 10 = 0$$

Schneidet man E mit g, so erhält man den Durchstoßpunkt T:

$$-4 \cdot (1 + 4t) + (6 + t) - 10 = 0 \Rightarrow t = -\frac{8}{15}$$

Setzt man t in g ein, so ergibt sich T $\left(0 \mid -\frac{17}{15} \mid \frac{82}{15}\right)$.

T liegt in der Fläche EHS, was man durch Vergleich der Koordinaten von T mit denjenigen von E, H und S nachweisen könnte (die Fläche ADHE wird nicht geschnitten).

Die Länge der Bohrung ist

$$l = |\vec{TS^*}| = \left| \begin{pmatrix} 0 \\ \frac{32}{15} \\ \frac{8}{15} \end{pmatrix} \right| = 2,2 \, \text{cm}$$

Um den Mindestabstand zu erhalten, schneidet man die Bohrgerade

$$g_1 : \vec{x} = \begin{pmatrix} 0 \\ 1 \\ 6 \end{pmatrix} + t \cdot \begin{pmatrix} 0 \\ 4 \\ 1 \end{pmatrix} \text{ mit der Bohrgeraden } g_2 : \vec{x} = \begin{pmatrix} 0 \\ -1 \\ 0 \end{pmatrix} + s \cdot \begin{pmatrix} 0 \\ 0 \\ 1 \end{pmatrix} :$$

Lösungen   20. Übergangsmatrix – Pyramidenstumpf

Das zugehörige Gleichungssystem ist

$$\begin{aligned} 0 &= 0 \\ 1 + 4t &= -1 \quad \Rightarrow \quad t = -\tfrac{1}{2} \\ 6 + t &= s \quad \Rightarrow \quad s = 5{,}5 \end{aligned}$$

Man erhält als Schnittpunkt K$(0\,|\,-1\,|\,5{,}5)$.

Damit der Mindestabstand von 1 cm eingehalten wird, kann die Bohrlänge höchstens $5{,}5 - 1 = 4{,}5$ cm betragen.

c) Da die Diagonalen BS und AG windschief sind, reduziert sich das Problem auf die Abstandsberechnung windschiefer Geraden:

Die Gerade durch B und S hat die Gleichung $h_1 : \vec{x} = \begin{pmatrix} 2 \\ 2 \\ 0 \end{pmatrix} + t \cdot \begin{pmatrix} -1 \\ -1 \\ 5 \end{pmatrix}$,

die Gerade durch A und G hat die Gleichung $h_2 : \vec{x} = \begin{pmatrix} 2 \\ -2 \\ 0 \end{pmatrix} + s \cdot \begin{pmatrix} -7 \\ 7 \\ 8 \end{pmatrix}$.

Es sind die Punkte Z auf h_1 und Q auf h_2 so zu bestimmen, dass $\overrightarrow{ZQ}$ jeweils senkrecht zum Richtungsvektor von h_1 bzw. h_2 ist, d.h. das Skalarprodukt ist jeweils Null:

Z hat die Koordinatendarstellung Z$(2-t\,|\,2-t\,|\,5t)$, Q entsprechend Q$(2-7s\,|\,-2+7s\,|\,8s)$.

Dann ist $\overrightarrow{ZQ} = \begin{pmatrix} -7s+t \\ 7s+t-4 \\ 8s-5t \end{pmatrix}$.

Die Skalarprodukte von $\overrightarrow{ZQ}$ mit den Richtungsvekoren ergeben folgende Gleichungen:

$$\begin{pmatrix} -7s+t \\ 7s+t-4 \\ 8s-5t \end{pmatrix} \cdot \begin{pmatrix} -1 \\ -1 \\ 5 \end{pmatrix} = 0 \Rightarrow 40s - 27t = -4$$

$$\begin{pmatrix} -7s+t \\ 7s+t-4 \\ 8s-5t \end{pmatrix} \cdot \begin{pmatrix} -7 \\ 7 \\ 8 \end{pmatrix} = 0 \Rightarrow 162s - 40t = 28$$

Als Lösung (eventuell mit GTR) erhält man $s = 0{,}33$ und $t = 0{,}64$. Setzt man s und t in $\overrightarrow{ZQ}$ ein, so ergibt sich der Abstand der windschiefen Geraden:

$$d = |\overrightarrow{ZQ}| = \left| \begin{pmatrix} -1{,}67 \\ -1{,}05 \\ -0{,}56 \end{pmatrix} \right| = 2{,}05$$

Alternativ hätte man den Abstand windschiefer Geraden auch mit der Abstandsformel berechnen können:
$$d = \frac{\left|(\vec{a}-\vec{b})\cdot\vec{n}\right|}{|\vec{n}|}$$

Da $\vec{n}$ orthogonal zu den Richtungsvektoren von h_1 und h_2 sein muss, kann man $\vec{n}$ mit dem Vektorprodukt berechnen:
$$\vec{n} = \begin{pmatrix} -1 \\ -1 \\ 5 \end{pmatrix} \times \begin{pmatrix} -7 \\ 7 \\ 8 \end{pmatrix} = \begin{pmatrix} -43 \\ -27 \\ -14 \end{pmatrix}$$

Da
$$(\vec{a}-\vec{b}) = \begin{pmatrix} 2 \\ -2 \\ 0 \end{pmatrix} - \begin{pmatrix} 2 \\ 2 \\ 0 \end{pmatrix} = \begin{pmatrix} 0 \\ -4 \\ 0 \end{pmatrix}$$

ist, gilt für den Abstand d:
$$d = \frac{\left|\begin{pmatrix} 0 \\ -4 \\ 0 \end{pmatrix} \cdot \begin{pmatrix} -43 \\ -27 \\ -14 \end{pmatrix}\right|}{\left|\begin{pmatrix} -43 \\ -27 \\ -14 \end{pmatrix}\right|} = \frac{108}{\sqrt{2774}} = 2{,}05$$

Die Diagonalen BS und AG haben den Abstand $d = 2{,}05$ cm.

d) I) Die langfristige (stationäre) Verteilung bzw. der Fixvektor der Matrix M ist bekannt, gesucht sind die einzelnen Elemente der Matrix
$$M = \begin{pmatrix} a & b & \frac{1}{2} \\ \frac{1}{5} & c & \frac{3}{10} \\ a & d & \frac{1}{5} \end{pmatrix}$$

Aus der angegebenen stationären Verteilung ergibt sich der Fixvektor $\vec{x} = \begin{pmatrix} 80 \\ 84 \\ 40 \end{pmatrix}$.

Wenn man die Übergangsmatrix mit dem Fixvektor multipliziert ist das Ergebnis wieder der Fixvektor, d.h.
$$M \cdot \vec{x} = \vec{x} \Leftrightarrow \begin{pmatrix} a & b & \frac{1}{2} \\ \frac{1}{5} & c & \frac{3}{10} \\ a & d & \frac{1}{5} \end{pmatrix} \cdot \begin{pmatrix} 80 \\ 84 \\ 40 \end{pmatrix} = \begin{pmatrix} 80 \\ 84 \\ 40 \end{pmatrix}$$

Dies führt zu folgendem Gleichungssystem:

I $80a + 84b + 20 = 80$
II $16 + 84c + 12 = 84$
III $80a + 84d + 8 = 40$

Lösungen   *20. Übergangsmatrix – Pyramidenstumpf*

Da die Spaltensumme bei Übergangsmatrizen immer gleich 1 sein muss, gelten zusätzlich folgende Bedingungen:

$$\begin{array}{rrcrcrcl} \text{IV} & a & + & \tfrac{1}{5} & + & a & = & 1 \\ \text{V} & b & + & c & + & d & = & 1 \end{array}$$

Damit ergibt sich:

$$\begin{array}{rrcrcrcl} \text{I} & 80a & + & 84b & & & = & 60 \\ \text{II} & & & 84c & & & = & 56 \\ \text{III} & 80a & + & & & 84d & = & 32 \\ \text{IV} & & & 2a & & & = & 0{,}8 \\ \text{V} & b & + & c & + & d & = & 1 \end{array}$$

Aus Gleichung II und Gleichung IV ergeben sich $c = \tfrac{2}{3}$ und $a = \tfrac{2}{5}$.
Einsetzen von $a = \tfrac{2}{5}$ in Gleichung I und Gleichung III ergibt $b = \tfrac{1}{3}$ und $d = 0$.
Damit hat die Übergangsmatrix folgende Gestalt:

$$M = \begin{pmatrix} \tfrac{2}{5} & \tfrac{1}{3} & \tfrac{1}{2} \\ \tfrac{1}{5} & \tfrac{2}{3} & \tfrac{3}{10} \\ \tfrac{2}{5} & 0 & \tfrac{1}{5} \end{pmatrix}$$

II) In der 5. Woche ist die Verteilung der Pyramidenstümpfe $\vec{z} = \begin{pmatrix} 96 \\ 60 \\ 48 \end{pmatrix}$.

Um die Verteilung $\vec{y} = \begin{pmatrix} y_1 \\ y_2 \\ y_3 \end{pmatrix}$ der Vorwoche zu berechnen, muss gelten:

$$M \cdot \vec{y} = \vec{z} \Leftrightarrow \begin{pmatrix} \tfrac{2}{5} & \tfrac{1}{3} & \tfrac{1}{2} \\ \tfrac{1}{5} & \tfrac{2}{3} & \tfrac{3}{10} \\ \tfrac{2}{5} & 0 & \tfrac{1}{5} \end{pmatrix} \cdot \begin{pmatrix} y_1 \\ y_2 \\ y_3 \end{pmatrix} = \begin{pmatrix} 96 \\ 60 \\ 48 \end{pmatrix}$$

Dies führt zu folgendem linearen Gleichungssystem:

$$\begin{array}{rrcrcrcl} \text{I} & \tfrac{2}{5}y_1 & + & \tfrac{1}{3}y_2 & + & \tfrac{1}{2}y_3 & = & 96 \\ \text{II} & \tfrac{1}{5}y_1 & + & \tfrac{2}{3}y_2 & + & \tfrac{3}{10}y_3 & = & 60 \\ \text{III} & \tfrac{2}{5}y_1 & & & + & \tfrac{1}{5}y_3 & = & 48 \end{array}$$

Subtrahiert man Gleichung II vom 2-fachen von Gleichung I, erhält man:

$$\begin{array}{rrcrcrcl} \text{I} & \tfrac{2}{5}y_1 & + & \tfrac{1}{3}y_2 & + & \tfrac{1}{2}y_3 & = & 96 \\ \text{IIa} & \tfrac{3}{5}y_1 & & & + & \tfrac{7}{10}y_3 & = & 132 \\ \text{III} & \tfrac{2}{5}y_1 & & & + & \tfrac{1}{5}y_3 & = & 48 \end{array}$$

20. Übergangsmatrix – Pyramidenstumpf — Lösungen

Subtrahiert man das 3-fache von Gleichung III vom 2-fachen von Gleichung IIa, erhält man: $\frac{4}{5}y_3 = 120 \Rightarrow y_3 = 150$

Setzt man $y_3 = 150$ in Gleichung IIa ein, ergibt sich: $\frac{3}{5}y_1 + \frac{7}{10} \cdot 150 = 132 \Rightarrow y_1 = 45$

Setzt man $y_3 = 150$ und $y_1 = 45$ in Gleichung I ein, ergibt sich:
$\frac{2}{5} \cdot 45 + \frac{1}{3}y_2 + \frac{1}{2} \cdot 150 = 96 \Rightarrow y_2 = 9$

Damit erhält man die Verteilung in der 4. Woche: $\vec{y} = \begin{pmatrix} 45 \\ 9 \\ 150 \end{pmatrix}$

Also waren in der 4. Woche 45 Pyramidenstümpfe in R_1, 9 Pyramidenstümpfe in R_2 und 150 Pyramidenstümpfe in R_3 ausgestellt.

Alternativ kann man zur Berechnung der Verteilung der Vorwoche auch die zu M inverse Matrix M^{-1} verwenden. Diese wird so berechnet, dass man rechts neben die Matrix M die 3×3-Einheitsmatrix schreibt und dann mit Hilfe von elementaren Umformungen so lange umformt, bis links die 3×3-Einheitsmatrix steht:

$\left(\begin{array}{ccc|ccc} \frac{2}{5} & \frac{1}{3} & \frac{1}{2} & 1 & 0 & 0 \\ \frac{1}{5} & \frac{2}{3} & \frac{3}{10} & 0 & 1 & 0 \\ \frac{2}{5} & 0 & \frac{2}{10} & 0 & 0 & 1 \end{array}\right)$ I; II $-\frac{1}{2} \cdot$ I; III $-1 \cdot$ I

Zunächst wird die Matrix auf Dreiecksform gebracht, dazu werden erst die Elemente in der linken Spalte eliminiert.

$\left(\begin{array}{ccc|ccc} \frac{2}{5} & \frac{1}{3} & \frac{1}{2} & 1 & 0 & 0 \\ 0 & \frac{1}{2} & \frac{1}{20} & -\frac{1}{2} & 1 & 0 \\ 0 & -\frac{1}{3} & -\frac{3}{10} & -1 & 0 & 1 \end{array}\right)$ I; IIa; IIIa $+\frac{6}{9} \cdot$ IIa

Anschließend das Element in der mittleren Spalte.

$\left(\begin{array}{ccc|ccc} \frac{2}{5} & \frac{1}{3} & \frac{1}{2} & 1 & 0 & 0 \\ 0 & \frac{1}{2} & \frac{1}{20} & -\frac{1}{2} & 1 & 0 \\ 0 & 0 & -\frac{4}{15} & -\frac{4}{3} & \frac{6}{9} & 1 \end{array}\right)$ I $-\frac{6}{9} \cdot$ IIa; IIa; IIIb

Nun wird das Element oberhalb der Hauptdiagonalen in der mittleren Spalte eliminiert.

$\left(\begin{array}{ccc|ccc} \frac{2}{5} & 0 & \frac{7}{15} & \frac{4}{3} & -\frac{6}{9} & 0 \\ 0 & \frac{1}{2} & \frac{1}{20} & -\frac{1}{2} & 1 & 0 \\ 0 & 0 & -\frac{4}{15} & -\frac{4}{3} & \frac{6}{9} & 1 \end{array}\right)$ Ia $+\frac{7}{4} \cdot$ IIIb; IIb $+\frac{3}{16} \cdot$ IIIb; IIIb

Anschließend die Elemente in der rechten Spalte

$\left(\begin{array}{ccc|ccc} \frac{2}{5} & 0 & 0 & -1 & \frac{1}{2} & \frac{7}{4} \\ 0 & \frac{1}{2} & 0 & -\frac{3}{4} & \frac{9}{8} & \frac{3}{16} \\ 0 & 0 & -\frac{4}{15} & -\frac{4}{3} & \frac{6}{9} & 1 \end{array}\right)$ Ib $\cdot \frac{5}{2}$; IIc $\cdot 2$; IIIb $\cdot -\frac{15}{4}$

Zum Schluss wird so multipliziert, dass sich überall 1 ergibt

$\left(\begin{array}{ccc|ccc} 1 & 0 & 0 & -\frac{5}{2} & \frac{5}{4} & \frac{35}{8} \\ 0 & 1 & 0 & -\frac{3}{2} & \frac{9}{4} & \frac{3}{8} \\ 0 & 0 & 1 & 5 & -\frac{5}{2} & -\frac{15}{4} \end{array}\right)$ Ic; IId; IIIc

Rechts steht nun die gesuchte inverse Matrix.

Damit ist $M^{-1} = \begin{pmatrix} -\frac{5}{2} & \frac{5}{4} & \frac{35}{8} \\ -\frac{3}{2} & \frac{9}{4} & \frac{3}{8} \\ 5 & -\frac{5}{2} & -\frac{15}{4} \end{pmatrix}$.

Die Verteilung der Pyramiden in der 4. Woche wird nun mit $M^{-1} \cdot \vec{x}$ berechnet:

$$M^{-1} \cdot \begin{pmatrix} 96 \\ 60 \\ 48 \end{pmatrix} = \begin{pmatrix} -\frac{5}{2} & \frac{5}{4} & \frac{35}{8} \\ -\frac{3}{2} & \frac{9}{4} & \frac{3}{8} \\ 5 & -\frac{5}{2} & -\frac{15}{4} \end{pmatrix} \cdot \begin{pmatrix} 96 \\ 60 \\ 48 \end{pmatrix}$$

$$= \begin{pmatrix} -\frac{5}{2} \cdot 96 & + & \frac{5}{4} \cdot 60 & + & \frac{35}{8} \cdot 48 \\ -\frac{3}{2} \cdot 96 & + & \frac{9}{4} \cdot 60 & + & \frac{3}{8} \cdot 48 \\ 5 \cdot 96 & - & \frac{5}{2} \cdot 60 & - & \frac{15}{4} \cdot 48 \end{pmatrix} = \begin{pmatrix} 45 \\ 9 \\ 150 \end{pmatrix}$$

Also waren in der 4. Woche 45 Pyramidenstümpfe in R_1, 9 Pyramidenstümpfe in R_2 und 150 Pyramidenstümpfe in R_3 ausgestellt.

21 Übergangsmatrix – Haftpflichtversicherung

a) Damit M die Übergangsmatrix zu dem gegebenen Übergangsgraphen ist, muss M wie folgt aufgebaut sein:

M ist eine 3×3-Matrix. Der Wechsel findet dabei «von Spalten zu Zeilen» statt: In der ersten Spalte stehen die Anteile, die zu den von der Tarifklasse A abgehenden Pfeilen des Übergangsgraphen gehören. In der zweiten und dritten Spalte die entsprechenden Anteile von B und C. In der ersten Zeile stehen die Anteile, die zu den zur Tarifklasse A hinzeigenden Pfeilen gehören. In der zweiten und dritten Zeile stehen die entsprechenden Anteile von B und C. Damit ergibt sich:

$$M = \begin{pmatrix} 0,5 & 0,6 & 0 \\ 0,5 & 0 & 0,6 \\ 0 & 0,4 & 0,4 \end{pmatrix}$$

b) Für den Verteilungsvektor $\vec{x}$ des Jahres 2000 gilt:

$$\vec{x} = \begin{pmatrix} 1500 \\ 1500 \\ 4300 - 1500 - 1500 \end{pmatrix} = \begin{pmatrix} 1500 \\ 1500 \\ 1300 \end{pmatrix}$$

Die Verteilung $\vec{x}'$ des Jahres 2001 erhält man durch das Matrix-Vektor-Produkt $M \cdot \vec{x}$. Es gilt:

$$\vec{x}' = M \cdot \vec{x} = \begin{pmatrix} 0,5 & 0,6 & 0 \\ 0,5 & 0 & 0,6 \\ 0 & 0,4 & 0,4 \end{pmatrix} \cdot \begin{pmatrix} 1500 \\ 1500 \\ 1300 \end{pmatrix}$$

$$= \begin{pmatrix} 0,5 \cdot 1500 + 0,6 \cdot 1500 + 0 \cdot 1300 \\ 0,5 \cdot 1500 + 0 \cdot 1500 + 0,6 \cdot 1300 \\ 0 \cdot 1500 + 0,4 \cdot 1500 + 0,4 \cdot 1300 \end{pmatrix} = \begin{pmatrix} 1650 \\ 1530 \\ 1120 \end{pmatrix}$$

Also befinden Sie im Jahr 2001 1650 Versicherte in der Tarifklasse A, 1530 in B und 1120 in C. Für das Matrixprodukt M^2 gilt:

$$M^2 = \begin{pmatrix} 0,5 & 0,6 & 0 \\ 0,5 & 0 & 0,6 \\ 0 & 0,4 & 0,4 \end{pmatrix} \cdot \begin{pmatrix} 0,5 & 0,6 & 0 \\ 0,5 & 0 & 0,6 \\ 0 & 0,4 & 0,4 \end{pmatrix}$$

$$= \begin{pmatrix} 0,5 \cdot 0,5 + 0,6 \cdot 0,5 + 0 \cdot 0 & 0,5 \cdot 0,6 & 0,6 \cdot 0,6 \\ 0,5 \cdot 0,5 & 0,5 \cdot 0,6 + 0,6 \cdot 0,4 & 0,6 \cdot 0,4 \\ 0,4 \cdot 0,5 & 0,4 \cdot 0,4 & 0,4 \cdot 0,6 + 0,4 \cdot 0,4 \end{pmatrix}$$

$$= \begin{pmatrix} 0,55 & 0,3 & 0,36 \\ 0,25 & 0,54 & 0,24 \\ 0,2 & 0,16 & 0,4 \end{pmatrix}$$

Die Einträge von M^2 beschreiben die Anteile der in den Tarifklassen auf- und absteigenden Versicherten in einem Zeitraum von 2 Jahren. Mit Hilfe von M^2 kann man also aus einer gegebenen Verteilung $\vec{x}$ der Versicherten auf die drei Tarifklassen ihre Verteilung $\vec{x}''$ im übernächsten Jahr ermitteln. Es gilt: $\vec{x}'' = M^2 \cdot \vec{x}$.

c) Da man die Verteilung $\vec{x}'$ des Folgejahrs aus der aktuellen Verteilung $\vec{x}$ mit Hilfe der Matrix M durch $\vec{x}' = M \cdot \vec{x}$ erhält, berechnet man die vorjährige Verteilung $\vec{x}$ aus der aktuellen Verteilung $\vec{x}'$ durch $\vec{x} = M^{-1} \cdot \vec{x}'$. Dabei ist M^{-1} die inverse Matrix zu M. M^{-1} ermittelt man mit Hilfe des Gaußalgorithmus. Dabei formt man M schrittweise in die Einheitsmatrix E um. Wendet man parallel die dabei verwendeten Rechenschritte auf E an, so erhält man M^{-1}:

$$\left(\begin{array}{ccc|ccc} 0{,}5 & 0{,}6 & 0 & 1 & 0 & 0 \\ 0{,}5 & 0 & 0{,}6 & 0 & 1 & 0 \\ 0 & 0{,}4 & 0{,}4 & 0 & 0 & 1 \end{array}\right) \begin{array}{l} \text{I} \\ \text{II} \\ \text{III} \end{array} \quad +(-1)\cdot \text{I}$$

$$\left(\begin{array}{ccc|ccc} 0{,}5 & 0{,}6 & 0 & 1 & 0 & 0 \\ 0 & -0{,}6 & 0{,}6 & -1 & 1 & 0 \\ 0 & 0{,}4 & 0{,}4 & 0 & 0 & 1 \end{array}\right) \begin{array}{l} \text{I} \\ \text{IIa} \\ \text{III} \end{array} \quad \cdot 3 + 2 \cdot \text{IIa}$$

$$\left(\begin{array}{ccc|ccc} 0{,}5 & 0{,}6 & 0 & 1 & 0 & 0 \\ 0 & -0{,}6 & 0{,}6 & -1 & 1 & 0 \\ 0 & 0 & 2{,}4 & -2 & 2 & 3 \end{array}\right) \begin{array}{l} \text{I} \\ \text{IIa} \\ \text{IIIa} \end{array} \quad \cdot(-4)+\text{IIIa}$$

$$\left(\begin{array}{ccc|ccc} 0{,}5 & 0{,}6 & 0 & 1 & 0 & 0 \\ 0 & 2{,}4 & 0 & 2 & -2 & 3 \\ 0 & 0 & 2{,}4 & -2 & 2 & 3 \end{array}\right) \begin{array}{l} \text{I} \\ \text{IIb} \\ \text{IIIb} \end{array} \quad \cdot(-4)+\text{IIb}$$

$$\left(\begin{array}{ccc|ccc} -2 & 0 & 0 & -2 & -2 & 3 \\ 0 & 2{,}4 & 0 & 2 & -2 & 3 \\ 0 & 0 & 2{,}4 & -2 & 2 & 3 \end{array}\right) \begin{array}{l} \text{Ia} \\ \text{IIb} \\ \text{IIIa} \end{array} \quad \begin{array}{l} :(-2) \\ :2{,}4 \\ :2{,}4 \end{array}$$

$$\left(\begin{array}{ccc|ccc} 1 & 0 & 0 & 1 & 1 & -1{,}5 \\ 0 & 1 & 0 & \frac{5}{6} & -\frac{5}{6} & 1{,}25 \\ 0 & 0 & 1 & -\frac{5}{6} & \frac{5}{6} & 1{,}25 \end{array}\right)$$

Also ist

$$M^{-1} = \begin{pmatrix} 1 & 1 & -1{,}5 \\ \frac{5}{6} & -\frac{5}{6} & 1{,}25 \\ -\frac{5}{6} & \frac{5}{6} & 1{,}25 \end{pmatrix}$$

21. Übergangsmatrix – Haftpflichtversicherung — Lösungen

Die Verteilung im Jahr 1999 errechnet man durch

$$M^{-1} \cdot \begin{pmatrix} 1500 \\ 1500 \\ 1300 \end{pmatrix} = \begin{pmatrix} 1 & 1 & -1,5 \\ \frac{5}{6} & -\frac{5}{6} & 1,25 \\ -\frac{5}{6} & \frac{5}{6} & 1,25 \end{pmatrix} \cdot \begin{pmatrix} 1500 \\ 1500 \\ 1300 \end{pmatrix}$$

$$= \begin{pmatrix} 1 \cdot 1500 + 1 \cdot 1500 - 1,5 \cdot 1300 \\ \frac{5}{6} \cdot 1500 - \frac{5}{6} \cdot 1500 + 1,25 \cdot 1300 \\ -\frac{5}{6} \cdot 1500 + \frac{5}{6} \cdot 1500 + 1,25 \cdot 1300 \end{pmatrix} = \begin{pmatrix} 1050 \\ 1625 \\ 1625 \end{pmatrix}$$

Im Jahr 1999 waren also 1050 Versicherte in der Klasse A eingestuft und jeweils 1625 in B und C.

d) Um die langfristige Entwicklung der Verteilung der Versicherten auf die drei Tarifklassen zu ermitteln, muss ein Verteilungsvektor berechnet werden, der sich beim Übergang zum Folgejahr nicht ändert. Es handelt sich dabei um einen sogenannten Fixvektor $\vec{x}$, für den gilt:

$$M \cdot \vec{x} = \vec{x} \Leftrightarrow M \cdot \vec{x} = E \cdot \vec{x} \Leftrightarrow M \cdot \vec{x} - E \cdot \vec{x} = \vec{0} \Leftrightarrow (M - E) \cdot \vec{x} = \vec{0}$$

Dabei ist E die 3×3-Einheitsmatrix. Der gesuchte Fixvektor $\vec{x}$ ist also so zu bestimmen, dass gilt:

$$\left[\begin{pmatrix} 0,5 & 0,6 & 0 \\ 0,5 & 0 & 0,6 \\ 0 & 0,4 & 0,4 \end{pmatrix} - \begin{pmatrix} 1 & 0 & 0 \\ 0 & 1 & 0 \\ 0 & 0 & 1 \end{pmatrix} \right] \cdot \vec{x} = \vec{0} \Leftrightarrow \begin{pmatrix} -0,5 & 0,6 & 0 \\ 0,5 & -1 & 0,6 \\ 0 & 0,4 & -0,6 \end{pmatrix} \cdot \vec{x} = \vec{0}$$

Mit $\vec{x} = \begin{pmatrix} x_1 \\ x_2 \\ x_3 \end{pmatrix}$; $x_1, x_2, x_3 \geq 0$ führt dies zu folgendem Gleichungssystem, das man mit Hilfe des Gaußalgorithmus löst:

$$\begin{array}{rrrrrrl} \text{I} & -0,5x_1 & + & 0,6x_2 & & & = 0 \\ \text{II} & 0,5x_1 & - & x_2 & + & 0,6x_3 & = 0 \\ \text{III} & & & 0,4x_2 & - & 0,6x_3 & = 0 \end{array}$$

Gleichung I wird zu Gleichung II addiert:

$$\begin{array}{rrrrrrl} \text{I} & -0,5x_1 & + & 0,6x_2 & & & = 0 \\ \text{IIa} & & - & 0,4x_2 & + & 0,6x_3 & = 0 \\ \text{III} & & & 0,4x_2 & - & 0,6x_3 & = 0 \end{array}$$

Gleichung IIa wird zu Gleichung III addiert:

$$\begin{array}{rrrrrcl}
\text{I} & -0,5x_1 & + & 0,6x_2 & & = & 0 \\
\text{IIa} & & - & 0,4x_2 & + 0,6x_3 & = & 0 \\
\text{IIIa} & & & & 0 & = & 0
\end{array}$$

Aufgrund der Allgemeingültigkeit der letzten Gleichung kann man in IIa $x_3 \geqslant 0$ beliebig wählen. Wählt man $x_3 = t$; $t \geqslant 0$, ergibt sich aus Gleichung IIa: $x_2 = 1,5t$. Einsetzen von $x_2 = 1,5t$ in Gleichung I liefert: $x_1 = 1,8t$.

Da die Gesamtzahl der Versicherten stets 4300 beträgt, gilt $x_1 + x_2 + x_3 = 4300$ bzw.

$$1,8t + 1,5t + t = 4300 \Leftrightarrow t = 1000$$

und somit $\vec{x} = \begin{pmatrix} 1800 \\ 1500 \\ 1000 \end{pmatrix}$.

Langfristig werden also 1800 Versicherte in der Klasse A sein, 1500 in B und 1000 in C.

e) Unter der neuen Bedingung zum Tarifklassenwechsel ändert sich die Übergangsmatrix M in der 1. Spalte. Da nun auch ein Teil der Versicherten direkt von Klasse A in C fällt, ist der Koeffizient m_{31} in der dritten Zeile und ersten Spalte ungleich Null. Zugleich verringert sich der Koeffizient m_{21} in der zweiten Zeile und ersten Spalte um diesen Wert, da der Anteil derer, die aus Tarifklasse A in eine ungünstigere Klasse fallen, noch immer insgesamt 0,5 betragen muss. Wählt man für den Anteil der aus A nach B wechselnden Versicherten die Variable a mit $0 \leqslant a \leqslant 0,5$, so erhält man als neue Übergangsmatrix M':

$$M' = \begin{pmatrix} 0,5 & 0,6 & 0 \\ a & 0 & 0,6 \\ 0,5-a & 0,4 & 0,4 \end{pmatrix}$$

Dabei ist $0,5 - a$ der gesuchte Anteil der Versicherten in Klasse A, die direkt nach Klasse C zurückgestuft werden. Für den neuen Fixvektor $\vec{y}$, der die langfristige Verteilung darstellt, gilt

$$\vec{y} = \begin{pmatrix} 1600 \\ b \\ 2700 - b \end{pmatrix}; \; 0 \leqslant b \leqslant 4300 - 1600 = 2700$$

denn in die Klasse A sollen langfristig 1600 Versicherte eingestuft sein und die Gesamtzahl der Versicherten beträgt stets 4300.

Analog zu Aufgabenteil d) bestimmt man die Variablen a und b mit dem folgenden Ansatz:

$$M' \cdot \vec{y} = \vec{y} \Leftrightarrow (M' - E)\vec{y} = \vec{0} \Leftrightarrow \begin{pmatrix} -0,5 & 0,6 & 0 \\ a & -1 & 0,6 \\ 0,5-a & 0,4 & -0,6 \end{pmatrix} \cdot \begin{pmatrix} 1600 \\ b \\ 2700-b \end{pmatrix} = \begin{pmatrix} 0 \\ 0 \\ 0 \end{pmatrix}$$

21. Übergangsmatrix – Haftpflichtversicherung — Lösungen

Dies führt zu folgendem Gleichungssystem:

$$\begin{array}{rrcrcrcl}
\text{I} & -0{,}5 \cdot 1600 & + & 0{,}6 \cdot b & & & = & 0 \\
\text{II} & 1600 \cdot a & - & b & + & 0{,}6 \cdot (2700-b) & = & 0 \\
\text{III} & 1600 \cdot (0{,}5-a) & + & 0{,}4 \cdot b & - & 0{,}6 \cdot (2700-b) & = & 0
\end{array}$$

bzw.

$$\begin{array}{rrcrcl}
\text{I} & & & 0{,}6b & = & 800 \\
\text{II} & 1600a & - & 1{,}6b & = & -1620 \\
\text{III} & -1600a & + & b & = & 820
\end{array}$$

Aus Gleichung I ergibt sich $b = \frac{4000}{3}$. Setzt man $b = \frac{4000}{3}$ in Gleichung II und Gleichung III ein, so erhält man:

$$1600a - \frac{4000}{3} + 0{,}6\left(2700 - \frac{4000}{3}\right) = 0 \Leftrightarrow a = \frac{77}{240} \approx 0{,}32$$

und

$$1600(0{,}5-a) + 0{,}4 \cdot 1333\tfrac{1}{3} - 0{,}6\left(2700 - 1333\tfrac{1}{3}\right) = 0 \Leftrightarrow a = \frac{77}{240} \approx 0{,}32$$

Für das Versicherungsunternehmen bedeutet das: Langfristig werden sich 1600 Versicherte in Tarifklasse A befinden, wenn der Anteil der Versicherten in Klasse A, die direkt nach Klasse C zurückgestuft werden $0{,}5 - a = \frac{43}{240} \approx 0{,}18 = 18\,\%$ beträgt.

Die gesuchte neue Übergangsmatrix und der neue Fixvektor, der die langfristige Verteilung beschreibt sind damit:

$$M' = \begin{pmatrix} 0{,}5 & 0{,}6 & 0 \\ 0{,}32 & 0 & 0{,}6 \\ 0{,}18 & 0{,}4 & 0{,}4 \end{pmatrix}; \vec{y} = \begin{pmatrix} 1600 \\ 1333{,}33 \\ 1367{,}67 \end{pmatrix}$$

Damit ist bei der langfristigen Verteilung neben den 1600 Versicherten in Klasse A mit etwa 1333 Versicherten in Klasse B und 1367 Versicherten in Klasse C zu rechnen.

22 Kletterpyramide

Die gegebenen Punkte des Pyramidenstumpfes sind A(0|0|0), B(6|6|0), C(0|18|0), D(−8|4|0), A*(4|1|20), B*(7|4|20) und C*(4|10|20)

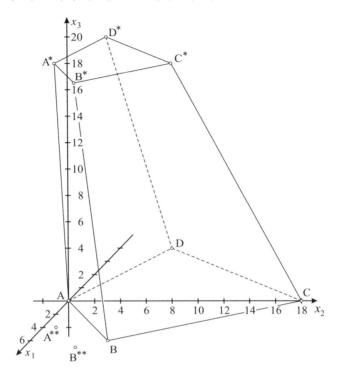

a) Es ist zu zeigen, dass S(8|2|40) die Spitze der ursprünglichen Pyramide ist.
   Dazu stellt man z.B. je eine Gerade durch die Punkte A und A* sowie B und B* auf und schneidet diese miteinander:

$$g_{AA^*}: \vec{x} = r \begin{pmatrix} 4 \\ 1 \\ 20 \end{pmatrix} ; \quad g_{BB^*}: \vec{x} = \begin{pmatrix} 6 \\ 6 \\ 0 \end{pmatrix} + s \begin{pmatrix} 1 \\ -2 \\ 20 \end{pmatrix}$$

Durch Gleichsetzen erhält man:

$$\begin{aligned} 4r &= 6 + s \\ r &= 6 - 2s \\ 20r &= 0 + 20s \end{aligned}$$

Lösen des Gleichungssystems führt zu $r = 2$ und $s = 2$. Setzt man r bzw. s in die Gradengleichung ein, ergibt sich für die Spitze: S(8|2|40).

22. Kletterpyramide   Lösungen

Alternativ kann man auch zeigen, dass S(8 | 2 | 40) auf zwei der drei Geraden durch die gegebenen Eckpunkte liegt, z. B. auf g_{AA^*} und g_{BB^*} (Punktprobe):

$$\begin{aligned} 8 &= 4r \\ 2 &= r \quad \Rightarrow r = 2 \\ 40 &= 20r \end{aligned}$$

und

$$\begin{aligned} 8 &= 6 + s \\ 2 &= 6 - 2s \quad \Rightarrow s = 2 \\ 40 &= 0 + 20s \end{aligned}$$

Da beide Punktproben positiv ausfallen, liegt S auf den Geraden g_{AA^*} und g_{BB^*}, also ist S die Spitze der ursprünglichen Pyramide.

Um den Punkt D* zu bestimmen, schneidet man die Gerade durch D und S mit der Ebene E: $x_3 = 20$, in der alle oberen Punkte des Pyramidenstumpfes liegen, da die Deckfläche in 20 LE Abstand von der Grundfläche, der x_1-x_2-Ebene ($x_3 = 0$) liegt:

$$g_{DS}: \vec{x} = \begin{pmatrix} -8 \\ 4 \\ 0 \end{pmatrix} + t \begin{pmatrix} 16 \\ -2 \\ 40 \end{pmatrix}$$

wird als allgemeiner Punkt D*(−8 + 16t | 4 − 2t | 40t) geschrieben und in E: $x_3 = 20$ eingesetzt: $40t = 20 \Rightarrow t = \frac{1}{2}$. Damit ist D*(0 | 3 | 20).

Alternativ hätte man D* aus der Überlegung erhalten können, dass das Verhältnis $\frac{\overline{C^*D^*}}{\overline{CD}}$ gleich sein muss wie $\frac{\overline{A^*B^*}}{\overline{AB}}$. Es ist $\frac{\overline{A^*B^*}}{\overline{AB}} = 0,5$. Damit ist auch $\frac{\overline{C^*D^*}}{\overline{CD}} = 0,5$ und somit $\overline{C^*D^*} = 0,5 \cdot \overline{CD}$. Damit ist:

$$\overrightarrow{OD^*} = \overrightarrow{OC^*} + \overrightarrow{C^*D^*} = \overrightarrow{OC^*} + 0,5 \cdot \overrightarrow{CD} = \begin{pmatrix} 4 \\ 10 \\ 20 \end{pmatrix} + 0,5 \cdot \begin{pmatrix} -8 \\ -14 \\ 0 \end{pmatrix} = \begin{pmatrix} 0 \\ 3 \\ 20 \end{pmatrix}$$

$\Rightarrow$ D*(0 | 3 | 20)

b) Die Wand ABB*A* hat die Form eines Trapezes, weil die Seiten AB und A*B* parallel zueinander sind. Die Höhe ist h. Damit ist der Flächeninhalt des Trapezes $A_T = \frac{\overline{AB} + \overline{A^*B^*}}{2} \cdot h$. Da die Wand nicht auf der x_1-x_2-Ebene senkrecht steht, entspricht h nicht der Höhe des Pyramidenstumpfes. Man berechnet h, indem man den Abstand von A* zur Geraden g_{AB} mit Hilfe einer zu dieser Geraden orthogonalen Hilfsebene ermittelt. Es ist:

$$\overline{AB} = |\overrightarrow{AB}| = \left| \begin{pmatrix} 6 \\ 6 \\ 0 \end{pmatrix} \right| = 8,49 \quad \text{und} \quad \overline{A^*B^*} = |\overrightarrow{A^*B^*}| = \left| \begin{pmatrix} 3 \\ 3 \\ 0 \end{pmatrix} \right| = 4,24$$

Zur Bestimmung des Abstands von A* zu g_{AB} wird eine Hilfsebene E_H mit dem Richtungsvektor von g_{AB} als Normalenvektor der Ebene aufgestellt, die A* enthält.

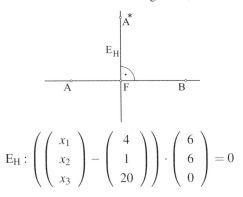

$$E_H : \left(\begin{pmatrix} x_1 \\ x_2 \\ x_3 \end{pmatrix} - \begin{pmatrix} 4 \\ 1 \\ 20 \end{pmatrix} \right) \cdot \begin{pmatrix} 6 \\ 6 \\ 0 \end{pmatrix} = 0$$

bzw. $6x_1 + 6x_2 - 30 = 0 \Rightarrow E_H : x_1 + x_2 - 5 = 0$

E_H wird mit g_{AB} geschnitten, indem g_{AB} als allgemeiner Punkt geschrieben und in E_H eingesetzt wird. Man erhält so den Fußpunkt F:

$$g_{AB} : \vec{x} = r \cdot \begin{pmatrix} 6 \\ 6 \\ 0 \end{pmatrix} \Rightarrow F(6r \mid 6r \mid 0), \text{ einsetzen in } E_H: 6r + 6r - 5 = 0 \Rightarrow r = \tfrac{5}{12}.$$

Der Schnittpunkt von E_H und g_{AB} ist somit $F(2,5 \mid 2,5 \mid 0)$.
Der Abstand von A* zu g_{AB} ist die Länge des Vektors $\overrightarrow{FA^*}$:

$$|\overrightarrow{FA^*}| = \left| \begin{pmatrix} 1,5 \\ -1,5 \\ 20 \end{pmatrix} \right| = \sqrt{1,5^2 + (-1,5)^2 + 20^2} = 20,11 \text{ LE}$$

Damit ergibt sich für die Trapezfläche: $A_T = \frac{8,49+4,24}{2} \cdot 20,11 = 128,0$
Der Flächeninhalt der Wand ABB*A* beträgt also etwa 128 FE.

Es ist zu untersuchen, ob die Wand ABB*A* überhängt. Dazu betrachtet man die Projektionen der Punkte A* und B* auf die $x_1 x_2$-Ebene ($x_3 = 0$).
Diese sind $A^{**}(4 \mid 1 \mid 0)$ und $B^{**}(7 \mid 4 \mid 0)$, (siehe Skizze). Damit die Wand überhängt, muss mindestens einer dieser beiden Punkte außerhalb des Vierecks ABCD liegen.
Betrachtet man die $x_1 x_2$-Ebene, so sieht man anhand der x_1- und x_2-Koordinaten dass A^{**} und B^{**} bezüglich der Geraden g_{AB} links liegen, während das Viereck ABCD rechts liegt. Daher liegen diese beiden Punkte außerhalb des Vierecks, die Wand muss also überhängen.

Alternativ kann man auch zeigen, dass diese beiden Punkte außerhalb des Vierecks ABCD liegen, indem man $\overrightarrow{OA^{**}}$ und $\overrightarrow{OB^{**}}$ als Linearkombinationen von $\overrightarrow{OB}$ und $\overrightarrow{OD}$ darstellt und die zugehörigen Koeffizienten bestimmt. Sind dabei Koeffizienten negativ, liegen A^{**} bzw. B^{**} außerhalb von ABCD.

22. Kletterpyramide — Lösungen

Es ist:

$$\overrightarrow{OA^{**}} = a \cdot \overrightarrow{OB} + b \cdot \overrightarrow{OD} \Rightarrow \begin{pmatrix} 4 \\ 1 \\ 0 \end{pmatrix} = a \cdot \begin{pmatrix} 6 \\ 6 \\ 0 \end{pmatrix} + b \cdot \begin{pmatrix} -8 \\ 4 \\ 0 \end{pmatrix}$$

$$\Rightarrow \begin{array}{rcl} 6a - 8b &=& 4 \\ 6a + 4b &=& 1 \end{array} \Rightarrow a = \frac{1}{3};\ b = -\frac{1}{4}$$

Wegen $b < 0$ liegt A^{**} außerhalb von ABCD, die Wand hängt also über.
Zum gleichen Ergebnis kommt man, wenn man $\overrightarrow{OB^{**}}$ betrachtet:

$$\overrightarrow{OB^{**}} = c \cdot \overrightarrow{OB} + d \cdot \overrightarrow{OD} \Rightarrow \begin{pmatrix} 7 \\ 4 \\ 0 \end{pmatrix} = c \cdot \begin{pmatrix} 6 \\ 6 \\ 0 \end{pmatrix} + d \cdot \begin{pmatrix} -8 \\ 4 \\ 0 \end{pmatrix}$$

$$\Rightarrow \begin{array}{rcl} 6c - 8d &=& 7 \\ 6c + 4d &=& 4 \end{array} \Rightarrow c = \frac{5}{6};\ d = -\frac{1}{4}$$

Wegen $d < 0$ liegt B^{**} außerhalb von ABCD, die Wand hängt also über.

c) Es sind $g: \vec{x} = \begin{pmatrix} 0 \\ 0 \\ 3 \end{pmatrix} + s \cdot \begin{pmatrix} 1 \\ 0 \\ 1 \end{pmatrix}$ und $h: \vec{x} = \begin{pmatrix} 2 \\ 2 \\ 0 \end{pmatrix} + t \cdot \vec{v}$; $s, t \in \mathbb{R}$.

(1) Gesucht ist ein Richtungsvektor $\vec{v}$, so dass sich g und h in $S(-4 \mid 0 \mid -1)$ schneiden. Dazu wird zuerst mit Hilfe einer Punktprobe nachgewiesen, dass S auf der Geraden g liegt (dies trifft für $s = -4$ zu). Nun wird $\vec{v}$ bestimmt: Man erhält einen derartigen Richtungsvektor $\vec{v}$, indem man einen Verbindungsvektor vom Stützpunkt $H(2 \mid 2 \mid 0)$ der Geraden h zum Punkt S aufstellt:

$$\overrightarrow{HS} = \begin{pmatrix} -4 \\ 0 \\ -1 \end{pmatrix} - \begin{pmatrix} 2 \\ 2 \\ 0 \end{pmatrix} = \begin{pmatrix} -6 \\ -2 \\ -1 \end{pmatrix} \Rightarrow \vec{v} = \begin{pmatrix} -6 \\ -2 \\ -1 \end{pmatrix} \text{ oder } \vec{v} = \begin{pmatrix} 6 \\ 2 \\ 1 \end{pmatrix}.$$

(2) Damit g und h windschief sind, dürfen die beiden Geraden nicht parallel sein und keinen Schnittpunkt haben. Man kann z.B. $\vec{v} = \begin{pmatrix} 1 \\ 0 \\ 0 \end{pmatrix}$ wählen. Da die beiden Richtungsvektoren nicht linear abhängig sind, sind g und h nicht parallel. Folglich ist nur noch zu prüfen, ob sich die beiden Geraden schneiden. Gleichsetzen von g und h ergibt:

$$\begin{array}{rcl} s &=& 2 + t \\ 0 &=& 2 \\ 3 + s &=& 0 \end{array}$$

Da sich ein Widerspruch ergibt, haben die beiden Geraden auch keinen gemeinsamen Punkt, sind also windschief.

(3) Um den Punkt zu bestimmen, in dem sich die beiden Geraden g und h orthogonal schneiden, stellt man eine Hilfsebene E_H auf, die senkrecht auf g steht und den Stützpunkt H von h enthält. Als Normalenvektor verwendet man den Richtungsvektor von g. Nun bestimmt man den Schnittpunkt L von E_H und g. Der Verbindungsvektor $\overrightarrow{LH}$ kann direkt als Richtungsvektor $\vec{v}$ von h genommen werden. Die beiden Geraden schneiden sich damit orthogonal in L.

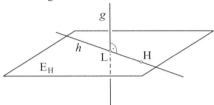

Einsetzen von H(2 | 2 | 0) und $\begin{pmatrix} 1 \\ 0 \\ 1 \end{pmatrix}$ in die Punkt-Normalenform und Ausrechnen ergibt:

$$\left(\begin{pmatrix} x_1 \\ x_2 \\ x_3 \end{pmatrix} - \begin{pmatrix} 2 \\ 2 \\ 0 \end{pmatrix} \right) \cdot \begin{pmatrix} 1 \\ 0 \\ 1 \end{pmatrix} = 0 \Rightarrow E_H : x_1 + x_3 = 2$$

Zur Berechnung des Schnittpunkts von E_H und g wird g als «allgemeiner Punkt» $P_g(s \mid 0 \mid 3+s)$ geschrieben und in E_H eingesetzt:

$$s + 3 + s = 2 \Rightarrow s = -\tfrac{1}{2}.$$

Einsetzen in P_g ergibt $L\left(-\tfrac{1}{2} \mid 0 \mid \tfrac{5}{2}\right)$. Der Verbindungsvektor $\overrightarrow{LH}$ ist damit $\begin{pmatrix} \tfrac{5}{2} \\ 2 \\ -\tfrac{5}{2} \end{pmatrix}$.

Also ist ein möglicher Vektor $\vec{v} = \begin{pmatrix} \tfrac{5}{2} \\ 2 \\ -\tfrac{5}{2} \end{pmatrix}$ bzw. $\vec{v} = \begin{pmatrix} 5 \\ 4 \\ -5 \end{pmatrix}$.

Alternativ kann man $\begin{pmatrix} v_1 \\ v_2 \\ v_3 \end{pmatrix}$ mit Hilfe des Skalarprodukts berechnen:

Damit sich g und h in einem Punkt orthogonal schneiden, muss das Skalarprodukt der Richtungsvektoren Null ergeben:

$$\begin{pmatrix} 1 \\ 0 \\ 1 \end{pmatrix} \cdot \begin{pmatrix} v_1 \\ v_2 \\ v_3 \end{pmatrix} = 0 \Rightarrow v_1 + v_3 = 0 \Rightarrow v_3 = -v_1$$

22. Kletterpyramide — Lösungen

Die erste Bedingung für $\vec{v}$ liefert also: $\vec{v} = \begin{pmatrix} v_1 \\ v_2 \\ -v_1 \end{pmatrix}$.

Nun werden die Geraden g und h gleichgesetzt, da sie sich schneiden sollen:

$$\begin{pmatrix} 0 \\ 0 \\ 3 \end{pmatrix} + s \cdot \begin{pmatrix} 1 \\ 0 \\ 1 \end{pmatrix} = \begin{pmatrix} 2 \\ 2 \\ 0 \end{pmatrix} + t \cdot \begin{pmatrix} v_1 \\ v_2 \\ -v_1 \end{pmatrix}$$

$$\begin{array}{rrcl} \text{I} & s & = & 2 + t \cdot v_1 \\ \text{II} & 0 & = & 2 + t \cdot v_2 \\ \text{III} & 3+s & = & -t \cdot v_1 \end{array}$$

beziehungsweise

$$\begin{array}{rrcl} \text{IV} & s - t \cdot v_1 & = & 2 \\ \text{V} & -t \cdot v_2 & = & 2 \\ \text{VI} & s + t \cdot v_1 & = & -3 \end{array}$$

Man bestimmt nun s durch Addition der Gleichungen IV und VI: Es ergibt sich $2s = -1 \Rightarrow s = -\frac{1}{2}$. Einsetzen führt auf:

$$\begin{array}{rrcl} \text{VII} & -\frac{1}{2} - t \cdot v_1 & = & 2 \\ \text{VIII} & -t \cdot v_2 & = & 2 \\ \text{IX} & -\frac{1}{2} + t \cdot v_1 & = & -3 \end{array}$$

beziehungsweise

$$\begin{array}{rrcl} \text{VII} & -t \cdot v_1 & = & 2{,}5 \\ \text{VIII} & -t \cdot v_2 & = & 2 \\ \text{IX} & t \cdot v_1 & = & -2{,}5 \end{array}$$

Die Gleichungen VII und IX sind Vielfache voneinander, daher bleiben nur noch

$$\begin{array}{rrcl} \text{VII} & -t \cdot v_1 & = & 2{,}5 \\ \text{VIII} & -t \cdot v_2 & = & 2 \end{array}$$

Teilt man VII durch VIII, um t zu eliminieren, ergibt sich: $\frac{v_1}{v_2} = \frac{2{,}5}{2} \Rightarrow v_2 = \frac{4}{5} v_1$.

Damit gilt für den Richtungsvektor: $\vec{v} = \begin{pmatrix} v_1 \\ \frac{4}{5} v_1 \\ -v_1 \end{pmatrix}$. Wählt man z.B. $v_1 = 5$, um ganze Zahlen zu erhalten, erhält man als eine mögliche Lösung: $\vec{v} = \begin{pmatrix} 5 \\ 4 \\ -5 \end{pmatrix}$.

Lösungen   *23. Wähleranalyse*

Stochastik

23 Wähleranalyse

a)   I) Sei X Zufallsvariable, die angibt, wieviele Wählerinnen und Wähler der Partei XYZ ausgewählt werden. Die gesuchte Wahrscheinlichkeit kann durch

$$P(X=5) = \frac{\text{Anzahl günstiger Kombinationen}}{\text{Anzahl möglicher Kombinationen}}$$

berechnet werden, wenn alle möglichen Kombinationen gleich wahrscheinlich sind. Eine günstige Kombination tritt ein, falls nur Wähler der Partei XYZ ausgewählt werden. Da es sich hier um eine ungeordnete Stichprobe ohne Zurücklegen handelt, existieren $\binom{20}{5}$ solcher Kombinationen. Die Anzahl möglicher (beliebiger) Kombinationen ist $\binom{30}{5}$. Es ergibt sich:

$$P(X=5) = \frac{\binom{20}{5}}{\binom{30}{5}} = \frac{\frac{20\cdot 19\cdot 18\cdot 17\cdot 16}{5\cdot 4\cdot 3\cdot 2\cdot 1}}{\frac{30\cdot 29\cdot 28\cdot 27\cdot 26}{5\cdot 4\cdot 3\cdot 2\cdot 1}} \approx 0,1088 = 10,88\,\%$$

Mit einer Wahrscheinlichkeit von ca. 10,88 % werden also ausschliesslich Wähler der Partei XYZ ausgewählt.

Alternativ kann man sich auch mit Hilfe eines Baumdiagramms überlegen, wie die Wahrscheinlichkeiten entlang des (einzigen!) günstigen Pfades sind. Man stellt sich dazu die zufällige Auswahl der 5 Wähler als fünfstufiges Zufallsexperiment mit jeweiligem Ausgang XYZ oder ABC vor. Dabei ist zu beachten, dass die Grundmenge durch jede Ziehung um «1» verringert wird («Ziehen ohne Zurücklegen»). Anwenden der Pfadregel liefert dann $P(X=5) = \frac{20}{30} \cdot \frac{19}{29} \cdot \frac{18}{28} \cdot \frac{17}{27} \cdot \frac{16}{26} \approx 0,1088$.

II) Die Stichprobe enthält genau dann 2 Wählerinnen oder Wähler der Partei ABC, wenn sie genau 3 XYZ-Wähler enthält. Gesucht ist also $P(X=3)$, wenn X Zufallsvariable ist. Wie oben als Alternative erwähnt, könnte man sich anhand eines Baumdiagramms überlegen, welche der Pfade in Frage kommen und dann die Pfadregel anwenden. Diese Methode ist aber relativ umständlich, da die Wahrscheinlichkeiten längs 10 verschiedener Pfade zu berechnen und zu summieren sind.

Einfacher ist der kombinatorische Weg: Es gibt $\binom{20}{3}$ Möglichkeiten, 3 XYZ-Wähler auszuwählen, und entsprechend $\binom{10}{2}$ Möglichkeiten für die zufällige Wahl von 2 ABC-Wählern. Die Produktregel liefert also $\binom{20}{3} \cdot \binom{10}{2}$ günstige Kombinationen. Andererseits gibt es $\binom{30}{5}$ mögliche Kombinationen, eine ungeordnete Stichprobe vom Umfang 5 aus einer Gesamtheit von 30 Personen zu ziehen. Da alle möglichen Kombinationen wieder gleich wahrscheinlich sind, gilt:

$$P(X=3) = \frac{\binom{20}{3}\cdot\binom{10}{2}}{\binom{30}{5}} = \frac{\frac{20\cdot 19\cdot 18}{3\cdot 2\cdot 1} \cdot \frac{10\cdot 9}{2\cdot 1}}{\frac{30\cdot 29\cdot 28\cdot 27\cdot 26}{5\cdot 4\cdot 3\cdot 2\cdot 1}} \approx 0,3600 = 36\,\%$$

Mit einer Wahrscheinlichkeit von ca. 36 % gelangen also genau 2 Wähler der Partei ABC (und damit genau 3 XYZ-Wähler) in die Stichprobe.

b) I) Sei Z Zufallsvariable für die Anzahl derjenigen unter den 100 zufällig ausgewählten Wählerinnen und Wählern, welche für eine beliebige andere Partei als ABC stimmen. Z ist binomialverteilt mit n = 100 und p = 0,7. Die Wahrscheinlichkeit dafür, dass von 100 zufällig ausgewählten Wählern genau k (k $\in$ $\mathbb{N}$, $0 \leqslant k \leqslant 100$) für eine andere Partei als ABC stimmen, beträgt:

$$P(Z=k) = \binom{100}{k} \cdot 0,7^k \cdot 0,3^{100-k}$$

Bei Verwendung der Verteilungsfunktion $F_{100;0,7}$, die durch das zugehörige Wahrscheinlichkeitsmaß und die Länge der Bernoullikette eindeutig definiert ist ($F_{100;0,7}(k) = P(Z \leqslant k)$), können Sie die Werte von $F_{100;0,7}$ entweder der Binomialverteilungstabelle (Seite 186) entnehmen oder Sie rufen die Funktion mit dem GTR direkt auf. Damit ist:

$$P(60 < Z < 78) = P(Z \leqslant 77) - P(Z \leqslant 60) = F_{100;0,7}(77) - F_{100;0,7}(60)$$
$$\approx (1 - 0,0479) - (1 - 0,9790) = 0,9311 = 93,11\%$$

Steht Ihnen weder eine Tabelle, noch die Verteilungsfunktion zur Verfügung, erhalten Sie mit dem GTR die Wahrscheinlichkeit durch Aufsummieren:

$$P(60 < Z < 78) = \sum_{k=61}^{77} \binom{100}{k} \cdot 0,7^k \cdot 0,3^{100-k} \approx 0,931146 \, (\text{GTR})$$

Die Wahrscheinlichkeit, dass von 100 befragten, zufällig ausgewählten Wählern mehr als 60 und weniger als 78 nicht für die Partei ABC stimmen, liegt demnach bei ca. 93,11 %.

II) Das Schaubild der zu einer binomialverteilten Zufallsvariablen gehörigen Wahrscheinlichkeitsverteilung $B_{n;p}$ kann durch Verschiebung des Erwartungswerts μ in x-Richtung an die Stelle mit x-Wert 0 sowie durch Stauchung des Schaubildes in x-Richtung um den Faktor σ und Streckung in y-Richtung mit dem gleichen Faktor flächengleich transformiert werden (bezogen auf die Fläche, welche von dem Schaubild und der x-Achse begrenzt wird). Für genügend große Werte von n und eine Varianz von mehr als 9 («Laplace-Bedingung») wird das so entstandene Schaubild gut durch den Graphen der Gaußschen φ-Funktion approximiert. Ist dies der Fall, so können die Werte der Gaußschen φ-Funktion sowie die der zugehörigen Verteilungsfunktion Φ als Näherung für Werte von $B_{n;p}$ beziehungsweise $F_{n;p}$ verwendet werden. Sie sind einer Tabelle (Seite 187) zu entnehmen, oder direkt mit dem GTR zu berechnen.

Gesucht ist $P(W \geqslant 662)$, wenn W Zufallsvariable für die Anzahl der ABC-Wähler unter den 2100 befragten, zufällig ausgewählten Wählern ist. Für den zugehörigen Erwartungswert sowie die Standardabweichung gilt:

$$E(W) = \mu = n \cdot p = 2100 \cdot 0,3 = 630$$

$$\sqrt{V(W)} = \sigma = \sqrt{n \cdot p \cdot (1-p)} = \sqrt{2100 \cdot 0,3 \cdot 0,7} = \sqrt{441} = 21$$

Die Laplace-Bedingung ist somit erfüllt, und die Gaußsche φ-Funktion samt zugehöriger Verteilungsfunktion Φ kann zur Approximation verwendet werden. Für die gesuchte Wahrscheinlichkeit ergibt sich in Näherung:

$$P(W \geqslant 662) = 1 - P(W \leqslant 661) \approx 1 - \Phi\left(\frac{661 + 0,5 - \mu}{\sigma}\right)$$
$$= 1 - \Phi(1,5) \approx 1 - 0,9332 = 0,0668 = 6,68\%$$

Der Wert von $\Phi(1,5)$ wird in der Tabelle auf Seite 187 abgelesen oder durch Integration der Gaußschen φ-Funktion mit dem GTR bestimmt. Im letzteren Fall ist zu beachten, dass man zum Ergebnis $0,5$ addieren muss, wenn man 0 als untere Integrationsgrenze gewählt hat.

Bei 2100 befragten Wählern in einer Stichprobe werden mit einer Wahrscheinlichkeit von etwa 6,68 % mehr als 661 für die Partei ABC stimmen.

c) Für einen einseitigen Hypothesentest sind eine Nullhypothese H_0 (entspricht meistens «status quo wird beibehalten») und eine Alternative/ Alternativhypothese H aufzustellen (ergibt sich oft als «Komplement» zur Nullhypothese). Daraus kann der Ablehnungsbereich für H_0 bestimmt werden.

H_0: Der potentielle Wähleranteil von Partei XYZ beträgt nach wie vor 54 % $\Rightarrow$ p = 0,54.
H: Der potentielle Wähleranteil von Partei XYZ ist größer als 54 % $\Rightarrow$ p > 0,54.
Der Stichprobenumfang ist n = 150.

Das Signifikanzniveau ist mit 10 % = 0,1 angegeben. Es gibt die obere Schranke für die Wahrscheinlichkeit eines Fehlers 1. Art an; das heißt die Wahrscheinlichkeit dafür, dass H_0 abgelehnt wird, obwohl p = 0,54 gilt und die Nullhypothese also wahr ist, soll kleiner als 0,1 sein.

Der Ablehnungsbereich A für H_0 wird bestimmt unter der Annahme, dass p = 0,54 gilt. Sei X Zufallsvariable für die Anzahl der XYZ-Wähler in der Stichprobe mit Umfang n = 150 bei p = 0,54. $g \in \mathbb{N}$ sei der noch zu bestimmende «kritische Wert», welcher den Ablehnungsbereich A = {g; g + 1; ...; 150} nach unten begrenzt. Werden g oder mehr XYZ-Wähler in der Stichprobe erhoben, so wird die Alternative H angenommen, beziehungsweise die Nullhypothese H_0 wird abgelehnt. Die Forderung, dass die Wahrscheinlichkeit für einen Fehler 1. Art kleiner als 0,1 sein soll, lässt sich nun schreiben als:

$$P(X \geqslant g) < 0,1 \Leftrightarrow P(X \leqslant g - 1) \geqslant 0,9$$

Die Laplace-Bedingung ist erfüllt, denn es ist

$$E(X) = \mu = n \cdot p = 150 \cdot 0,54 = 81$$

und

$$\sqrt{V(X)} = \sigma = \sqrt{n \cdot p \cdot (1-p)} = \sqrt{150 \cdot 0,54 \cdot 0,46} \approx 6,1041$$

Also kann die Wahrscheinlichkeit $P(X \leqslant g - 1)$ durch die Gaußsche Summenfunktion approximiert werden, mit Erwartungswert μ und Standardabweichung σ der Zufallsvariablen

X.

$$\Rightarrow P(X \leq g-1) \approx \Phi\left(\frac{g-1+0,5-\mu}{\sigma}\right) \geq 0,9$$

$$\Rightarrow \frac{g-81,5}{6,10} \geq 1,2816 \Rightarrow g \geq 89,3$$

Daraus folgt g $\geq$ 90, da g nur ganze Werte annehmen kann. Damit ist der Ablehnungsbereich festgelegt: A = {90; 91; ... 150}. Bei einer Stichprobe mit 90 oder mehr XYZ-Wählern wird H_0 also verworfen; die Wahrscheinlichkeit für einen Fehler 1. Art beträgt dabei weniger als 10 %.

Ein weiterer möglicher Fehler bei der Entscheidung ist der Fehler 2. Art: die Nullhypothese H_0 wird angenommen, obwohl p > 0,54 gilt und also die Alternative wahr ist. Die Größe des Fehlers 2. Art kann nur angegeben werden, wenn der wahre potentielle Wähleranteil p_1 der Partei XYZ bekannt ist.

Ist $p_1 = 60\% = 0,6$, so gilt mit U als Zufallsvariable für die Anzahl der XYZ-Wähler in der Stichprobe:

$$E(U) = \mu_U = n \cdot p_1 = 150 \cdot 0,6 = 90$$

und

$$\sqrt{V(U)} = \sigma_U = \sqrt{n \cdot p_1 \cdot (1-p_1)} = \sqrt{150 \cdot 0,6 \cdot 0,4} = 6$$

Die Laplace-Bedingung ist somit erfüllt, und die Gaußsche φ-Funktion bzw. Φ können zur Approximation der zu U gehörigen Verteilungsfunktion verwendet werden. Ein Fehler 2. Art tritt ein, falls unter den genannten Voraussetzungen weniger als 90 XYZ-Wähler in der Stichprobe sind:

$$P(U \leq 89) \approx \Phi\left(\frac{89+0,5-\mu_U}{\sigma_U}\right) = \Phi\left(-\frac{1}{12}\right) = 1 - \Phi\left(\frac{1}{12}\right) \approx 1 - 0,5332$$
$$= 0,4668 = 46,68\%$$

Wie in Aufgabenteil b) erwähnt, ist bei einer Verwendung des GTR aufgrund der y-Achsen-Symmetrie der zur Normalverteilung gehörigen Kurve der Wert 0 als untere Grenze zu wählen und anschließend 0,5 zu addieren. Bei Verwendung der Tabelle auf Seite 187 ergibt sich näherungsweise: $\Phi\left(-\frac{1}{12}\right) = \Phi\left(0,08\overline{3}\right) \approx 0,5319$. Damit folgt für das Ergebnis 46,81 %.

Die Wahrscheinlichkeit für einen Fehler 2. Art beträgt bei $p_1 = 0,6$ ca. 46,68 %. Dieser Wert ist sehr groß, da die Wahrscheinlichkeiten p und p_1 dicht beieinander liegen und da der Stichprobenumfang recht klein ist. Der Stichprobenumfang und die Größe der Wahrscheinlichkeit eines Fehlers 2. Art verhalten sich gegenläufig. Würde man einen noch kleineren Stichprobenumfang wählen, so würde die Wahrscheinlichkeit für einen Fehler 2. Art noch größer werden. Entsprechend kann die Wahrscheinlichkeit, einen Fehler 2. Art zu begehen, wesentlich verkleinert werden, indem man den Stichprobenumfang deutlich vergrößert; dies scheint bei dem vorliegenden Test eine sinnvolle Maßnahme zu sein.

24 Cornflakes

a) Allgemein gilt für eine binomialverteilte Zufallsvariable X mit Kettenlänge n und Trefferwahrscheinlichkeit p: Die Wahrscheinlichkeit für genau k Treffer beträgt:

$$P(X = k) = \binom{n}{k} \cdot p^k \cdot (1-p)^{n-k}$$

In diesem Fall beschreibt X die Anzahl der Cornflakes-Packungen, die eine Figur enthalten, wenn man zufällig 20 Packungen erwirbt: $n = 20$, $p = \frac{1}{5}$.

Die Rechnung: $\binom{20}{2} \cdot \left(\frac{1}{5}\right)^2 \cdot \left(\frac{4}{5}\right)^{18} \approx 0,1369$ liefert somit die Wahrscheinlichkeit $P(X = 2)$ und bedeutet: Die Wahrscheinlichkeit, dass unter den 20 Packungen genau zwei Packungen mit Figuren sind, beträgt ca. $13,7\%$.

Für die Wahrscheinlichkeit des Ereignisses A, dass sich in keiner Packung eine Figur befindet, gilt mit $k = 0$ entsprechend:

$$P(A) = P(X = 0) = \binom{20}{0} \cdot \left(\frac{1}{5}\right)^0 \cdot \left(\frac{4}{5}\right)^{20} = \left(\frac{4}{5}\right)^{20} \approx 0,0115 = 1,15\%$$

Für die Wahrscheinlichkeit des Ereignisses B, dass sich in höchstens zwei Packungen eine Figur befindet, erhält man durch Aufsummieren der Wahrscheinlichkeiten für $k = 0$, $k = 1$ und $k = 2$:

$$P(B) = P(X = 0) + P(X = 1) + P(X = 2)$$

$$= \binom{20}{0} \cdot \left(\frac{1}{5}\right)^0 \cdot \left(\frac{4}{5}\right)^{20} + \binom{20}{1} \cdot \left(\frac{1}{5}\right)^1 \cdot \left(\frac{4}{5}\right)^{19} + \binom{20}{2} \cdot \left(\frac{1}{5}\right)^2 \cdot \left(\frac{4}{5}\right)^{18}$$

$$\approx 0,0115 + 0,0577 + 0,1369 = 0,2061 = 20,61\%$$

b) Um zu berechnen, wie viele Packungen ein Käufer mindestens kaufen muss, um mit einer Sicherheit von $99,9\%$ mindestens eine Packung mit einer Figur zu erhalten, stellt man folgende Ungleichung auf (wobei X wieder Zufallsvariable für die Anzahl der Figuren bei n gekauften Packungen ist): $P(X \geqslant 1) \geqslant 0,999$.

Das Gegenereignis zu $X \geqslant 1$ ist $X < 1$, also $X = 0$ («keine Figur»).

Wegen $P(X \geqslant 1) = 1 - P(X = 0)$ folgt:

$$P(X \geqslant 1) \geqslant 0,999 \Rightarrow 1 - P(X = 0) \geqslant 0,999 \Rightarrow 1 - 0,999 \geqslant P(X = 0)$$

$$\Rightarrow P(X = 0) \leqslant 0,001$$

Es ist: $P(X = 0) = \binom{n}{0} \cdot p^0 \cdot (1-p)^n = 1 \cdot 1 \cdot \left(\frac{4}{5}\right)^n$ und somit erhält man:

$$P(X = 0) = \left(\frac{4}{5}\right)^n \leqslant 0,001 \Rightarrow \ln\left(\frac{4}{5}\right)^n \leqslant \ln(0,001) \Rightarrow n \cdot \ln\left(\frac{4}{5}\right) \leqslant \ln(0,001)$$

$$\Rightarrow n \geqslant \frac{\ln(0,001)}{\ln\left(\frac{4}{5}\right)} \approx 30,96$$

Es müssen also mindestens 31 Packungen gekauft werden.

24. Cornflakes — Lösungen

c) Um die Zusammenhänge der beiden Fehler F_1 und F_2, die bei der Produktion auftreten können, in einem Baumdiagramm darzustellen, überlegt man sich zunächst, welche Fälle auftreten können. Man kann insgesamt vier Fälle unterscheiden:
1. F_1 tritt auf und F_2 tritt auf
2. F_1 tritt auf und F_2 tritt nicht auf
3. F_1 tritt nicht auf und F_2 tritt auf
4. F_1 tritt nicht auf und F_2 tritt nicht auf

Im Folgenden bezeichnet $\overline{F_1}$ bzw. $\overline{F_2}$ den Fall, dass Fehler F_1 bzw. F_2 nicht auftritt («Gegenereignis»). Außerdem ist $P(F_1) = 0,075$ und $P\left(\overline{F_1} \cap \overline{F_2}\right) = 0,9$ (laut Aufgabenstellung).
In einem Baumdiagramm lässt sich dieser Zusammenhang so darstellen:

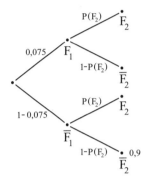

Die Fehler F_1 und F_2 treten unabhängig voneinander auf, also kann die Produktregel angewendet werden:

$P(\text{«Packung ist einwandfrei»}) = P\left(\overline{F_1} \cap \overline{F_2}\right)$
$= P\left(\overline{F_1}\right) \cdot P\left(\overline{F_2}\right) = 0,9$ mit: $P(F_1) = 0,075$.
Mit $P\left(\overline{F_1}\right) = 1 - P(F_1)$ bzw. $P\left(\overline{F_2}\right) = 1 - P(F_2)$ folgt:

$$P\left(\overline{F_1}\right) \cdot P\left(\overline{F_2}\right) = (1 - 0,075) \cdot (1 - P(F_2)) = 0,9 \Rightarrow 1 - P(F_2) = \frac{0,9}{0,925} = \frac{36}{37}$$

$$\Rightarrow P(F_2) = 1 - \frac{36}{37} = \frac{1}{37} \approx 0,027$$

Der Fehler F_2 tritt also mit einer Wahrscheinlichkeit von etwa $2,7\%$ auf.

d) Aus Sicht des Konkurrenten ist die Behauptung «In jeder fünften Packung ...» nur dann abzulehnen, wenn sich zu wenige Figuren in den Packungen befinden, da er einen höheren Anteil gerne akzeptiert. Es liegt hier also ein linksseitiger Signifikanztest vor.
Ein Fehler 1. Art bedeutet, dass eine richtige Nullhypothese abgelehnt wird. Anschaulich heißt dies hier: Obwohl jede fünfte Packung eine Figur enthält, wird dem Hersteller Betrug vorgeworfen.
Die Zufallsvariable X beschreibe die Anzahl der Packungen mit einer Figur.
X ist binomialverteilt mit Kettenlänge $n = 100$ und Trefferwahrscheinlichkeit $p = \frac{1}{5}$.
Der Erwartungswert μ beträgt: $\mu = n \cdot p = 100 \cdot \frac{1}{5} = 20$.
Die Standardabweichung σ beträgt: $\sigma = \sqrt{n \cdot p \cdot (1-p)} = \sqrt{100 \cdot \frac{1}{5} \cdot \frac{4}{5}} = 4$.
Getestet wird die Nullhypothese $H_0 : p \geq \frac{1}{5}$ (linksseitiger Signifikanztest).
Laut Aufgabenstellung wird H_0 verworfen, wenn höchstens 11 Figuren gefunden werden; der Ablehnungsbereich $\overline{A}$ ist also: $\overline{A} = \{0; ...; 11\}$. Damit liegt der Ablehnungsbereich $\overline{A}$ außerhalb der 2σ-Umgebung des Erwartungswerts μ:

$$\mu \pm 2\sigma = 20 \pm 8 > 11$$

Die Wahrscheinlichkeit für einen Fehler 1. Art ist hierbei kleiner als 2,5 %, da die Wahrscheinlichkeit aller Ereignisse innerhalb der 2σ-Umgebung des Erwartungswerts etwa 95,5 % beträgt. Somit bleiben für alle Ereignisse außerhalb der 2σ-Umgebung des Erwartungswerts nur etwa 4,5 %; jeweils 2,25 % auf jeder Seite.

Das Ereignis «$X \leqslant 11$» hat also eine Wahrscheinlichkeit von maximal 2,25 % ($< 2,5$ %).

Alternativ könnte man auch mit Hilfe einer Binomialverteilungstabelle mit $n = 100$ und $p = \frac{1}{5}$ diesen Wert bestätigen: Es gilt $P(X \leqslant 11) \approx 0,0126 = 1,26\% < 2,5\%$.

e) Gemäß der Aufgabenstellung gilt nun für die Nullhypothese H_0: $p_0 = \frac{1}{5}$ und für die Alternativhypothese H_1: $p_1 = \frac{1}{6}$. Dabei sind p_0 bzw. p_1 die Wahrscheinlichkeiten, in einer Packung eine Figur zu finden. Man begeht einen Fehler 2. Art, wenn man die Nullhypothese H_0 für wahr hält, obwohl in Wirklichkeit die Alternativhypothese zutrifft. Konkret bedeutet dies: Man glaubt der Behauptung des Herstellers, dass in jeder 5. Packung eine Figur ist, obwohl nur in jeder 6. Packung eine Figur zu finden ist.

Um die Wahrscheinlichkeit für einen Fehler 2. Art zu bestimmen, muss man bei Annahme der Alternativhypothese die Wahrscheinlichkeit berechnen, dass die Anzahl der Figuren in den 100 Packungen im Annahmebereich von H_0 liegt. Also berechnet man für die Zufallsvariable X, die binomialverteilt ist mit $n = 100$ und $p_1 = \frac{1}{6}$, mit Hilfe des Gegenereignisses und der Tabelle auf Seite 186 die Wahrscheinlichkeit:

$$P(X > 11) = 1 - P(X \leqslant 11) \approx 1 - 0,0777 = 0,9223 = 92,23\%$$

Diese Wahrscheinlichkeit für einen Fehler 2. Art ist im Vergleich zur Wahrscheinlickeit für einen Fehler 1. Art relativ groß, weil die Verteilungen zu H_0 und H_1 recht ähnlich sind, da $p_0 = \frac{1}{5} \approx \frac{1}{6} = p_1$ ist. Damit gilt für die Erwartungswerte μ_0 und μ_1 der Verteilungen zu H_0 und H_1:

$$\mu_0 = n \cdot p_0 = 100 \cdot \frac{1}{5} = 20 \approx 16,\bar{6} = 100 \cdot \frac{1}{6} = n \cdot p_1 = \mu_1$$

Man wird also häufig die Nullhypothese, dass in jeder 5. Packung eine Figur ist, irrtümlicherweise beibehalten.

Will man die Wahrscheinlichkeiten für den Fehler 1. Art und 2. Art verkleinern, so ist es zunächst nicht hilfreich, bei gleichbleibendem $n = 100$ nur den Annahmebereich zu ändern. Wählt man für den kritischen Wert k statt wie bisher $k = 11$ nun ein $k > 11$, verkleinert sich der Fehler 2. Art. Jedoch wird die Wahrscheinlichkeit für einen Fehler 1. Art zugleich größer.

Einzig eine Vergrößerung des Stichprobenumfangs n führt zu einer Verkleinerung beider Wahrscheinlichkeiten. Mit wachsendem n wird die Differenz der Erwartungswerte μ_1 und μ_2 größer, die Verteilungen zu H_0 und H_1 weichen zunehmend voneinander ab, so dass sowohl die Wahrscheinlichkeiten für einen Fehler 1. als auch die für einen Fehler 2. Art klein werden.

25 Raucher

a) Die Stichprobe von 100 zufällig ausgewählten Schülerinnen und Schülern kann als Bernoulliexperiment betrachtet werden (Bernoullikette der Länge n = 100). Man definiert X als Zufallsvariable für die Anzahl der Raucher in der Stichprobe, also $X \in \{0; 1; ...; 100\}$. Für das Rauchverhalten einer Einzelperson können genau zwei Fälle eintreten, «Schüler raucht» oder «Schüler raucht nicht». Nach Aufgabenstellung tritt der erste Fall mit einer Wahrscheinlichkeit von $p = \frac{1}{3}$ ein.

Wichtig ist, dass für die Stichprobe nicht die 11 000 Schüler der ursprünglichen Erhebung zugrunde gelegt werden. In diesem Fall müsste die Wahrscheinlichkeit p nach jeder Ziehung geringfügig modifiziert werden (Ziehen ohne Zurücklegen) – es sei denn, man arbeitet durchgängig mit Näherungswerten.

b) X wird wie oben als Zufallsvariable für die Anzahl der Raucher unter den 100 zufällig ausgewählten Schülerinnen und Schülern festgelegt. Da bei der Befragung einer Einzelperson genau zwei Fälle eintreten können, kann die Stichprobe als Bernoullikette der Länge n = 100 aufgefasst werden.

  I) Gesucht ist die Wahrscheinlichkeit dafür, dass höchstens 20 der 100 zufällig ausgewählten Schüler rauchen, also $P(X \leq 20)$. Berechnet werden kann dies mit der Binomialverteilung $B_{100; \frac{1}{3}}$ und der zugehörigen Summenfunktion:

  $$P(X \leq 20) = \sum_{k=0}^{20} \binom{100}{k} \cdot \left(\frac{1}{3}\right)^k \cdot \left(\frac{2}{3}\right)^{100-k}$$

  Die 21 Summanden «von Hand» zu addieren ist ein möglicher Rechenweg. Eleganter und schneller geht es mit der zugehörigen Verteilungsfunktion $F_{100; \frac{1}{3}}$ (siehe Seite 186):

  $$P(X \leq 20) = F_{100; \frac{1}{3}}(20) \approx 0,0024$$

  Mit einer Wahrscheinlichkeit von ca. 0,0024, also 0,24 %, ist das Ereignis, dass höchstens 20 Schüler rauchen, sehr unwahrscheinlich.

  II) Gesucht ist die Wahrscheinlichkeit, dass mindestens 27 Raucher unter den 100 Schülerinnen und Schülern der Stichprobe sind, also $P(X \geq 27)$. Mit Hilfe des Gegenereignisses $X \leq 26$ sowie mit der Tabelle zu den Werten der Verteilungsfunktion $F_{100; \frac{1}{3}}$ auf Seite 186 folgt:

  $$P(X \geq 27) = 1 - P(X \leq 26) = 1 - F_{100; \frac{1}{3}}(26) \approx 1 - 0,0715 = 0,9285$$

  Die Wahrscheinlichkeit, dass im Rahmen der Stichprobe mehr als 26 Raucher erhoben werden, liegt mit ca. 93 % deutlich höher als die des ersten Ereignisses.

c) Gesucht ist die minimale Größe n der Stichprobe, so dass $P(Y \geq 1) \geq 0,99$ gilt, wobei Y Zufallsvariable für die Anzahl der Raucher unter den n zufällig ausgewählten Schülerinnen und Schülern ist. Y ist also $B_{n;\frac{1}{3}}$-verteilt.

Die zentrale Idee zur Lösung dieses Aufgabenteils ist der Ansatz über das Gegenereignis $Y = 0$:

$$P(Y \geq 1) = 1 - P(Y = 0) = 1 - \binom{n}{0} \cdot \left(\frac{1}{3}\right)^0 \cdot \left(\frac{2}{3}\right)^{n-0} = 1 - \left(\frac{2}{3}\right)^n$$

Es soll gelten:

$$P(Y \geq 1) = 1 - \left(\frac{2}{3}\right)^n \geq 0{,}99 \Rightarrow \left(\frac{2}{3}\right)^n \leq 0{,}01 \Rightarrow n \geq \frac{\ln 0{,}01}{\ln\left(\frac{2}{3}\right)} \approx 11{,}36$$

Es sind also wenigstens 12 Schüler zu befragen, um mit einer Wahrscheinlichkeit von mindestens 0,99 mehr als einen Raucher zu erheben.

d) Man veranschaulicht zunächst die Umfrageergebnisse in einer Vierfeldertafel oder in einem Baumdiagramm. Dabei treten die Ereignisse R (Raucher) und S (Sportvereinsmitglied) auf sowie die jeweiligen Gegenereignisse. Die in der Vierfeldertafel angegebenen Zahlen entsprechen den absoluten Häufigkeiten der jeweiligen Ereignisse.

	S	$\overline{S}$	
R	43	65	108
$\overline{R}$	77	65	142
	120	130	250

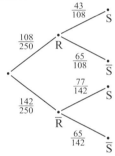

Anhand der Vierfeldertafel kann man direkt die Wahrscheinlichkeiten der einzelnen Ereignisse als deren relative Häufigkeiten ablesen; verwendet man das Baumdiagramm, so addiert man die Wahrscheinlichkeiten der entsprechenden Pfade, um $P(S)$ und $P(\overline{S})$ zu berechnen.

$$P(R) = \tfrac{108}{250},\; P(\overline{R}) = \tfrac{142}{250},\; P(S) = \tfrac{120}{250},\; P(\overline{S}) = \tfrac{130}{250}$$

Zwei Ereignisse A und B sind unabhängig genau dann, wenn $P(A \cap B) = P(A) \cdot P(B)$. $P(R)$ und $P(S)$ wurden bereits bestimmt, und es ist $P(R \cap S) = \tfrac{43}{250}$, wie man ebenfalls an der Vierfeldertafel bzw. am Baumdiagramm ablesen kann.

Es ist $P(R \cap S) = \tfrac{43}{250} = 0{,}172$. Andererseits ist $P(R) \cdot P(S) = \tfrac{108}{250} \cdot \tfrac{120}{250} = 0{,}20736$.

Da die beiden Werte voneinander abweichen, liegt offensichtlich eine Abhängigkeit der Ereignisse «Raucher» und «Sportvereinsmitglied» vor: R und S sind nicht unabhängig.

e) Die zu prüfende Vermutung H (Alternative/Alternativhypothese), d.i. die Behauptung der Werbeagentur, ist $p < \tfrac{1}{3}$; die Nullhypothese H_0 ist $p = \tfrac{1}{3}$ (Kampagnen hatten keine Auswirkung, Annahme der BZgA). Deshalb eignet sich ein einseitiger Hypothesentest. Die Nullhypothese soll abgelehnt werden, wenn die Prüfgröße sehr kleine Werte annimmt.

H_0: Der Anteil der rauchenden Schüler ist unverändert, $p = \tfrac{1}{3}$

H: Der Anteil der rauchenden Schüler ist gesunken, $p < \tfrac{1}{3}$

Ein Fehler 1. Art bedeutet hier, dass die BZgA die Alternativhypothese H annimmt, obwohl unverändert $p = \frac{1}{3}$ gilt; das heißt, es wird irrtümlich ein Erfolg der Kampagne verkündet. Ein Fehler 2. Art tritt auf, falls H_0 angenommen wird, obwohl der Anteil rauchender Schüler kleiner geworden ist. Die BZgA bringt sich in diesem Fall um ihren tatsächlichen Erfolg. Unter der Annahme, dass H_0 wahr ist, kann man eine $B_{1200;\frac{1}{3}}$-verteilte Zufallsvariable Z definieren für die Anzahl der Raucher unter den 1200 zufällig ausgewählten Schülern. Erwartungswert und Standardabweichung von Z sind:

$$\mu = E[Z] = n \cdot p = 1200 \cdot \frac{1}{3} = 400 \text{ und}$$

$$\sigma = \sqrt{V[Z]} = \sqrt{n \cdot p \cdot (1-p)} = \sqrt{1200 \cdot \frac{1}{3} \cdot \frac{2}{3}} \approx 16,33 > 3$$

Wegen $\sigma > 3$ ist die Laplace-Bedingung erfüllt und daher können die Werte der Binomialverteilung $B_{1200;\frac{1}{3}}$ durch diejenigen der Normalverteilung approximiert werden.

Als Irrtumswahrscheinlichkeit wählt man in der Stochastik standardmäßig 5 %, sofern kein anderer Wert vorgegeben ist (sogenanntes «Signifikanzniveau»; gibt die obere Schranke für die Wahrscheinlichkeit eines Fehlers 1. Art an). Gesucht ist der Ablehnungsbereich A, der nach oben durch einen «kritischen Wert» g begrenzt ist: $A = \{0; 1; 2; ...; g\}$; g ist noch zu bestimmen. Werden in der Stichprobe höchstens g Raucher erhoben, so wird die Nullhypothese H_0 abgelehnt, beziehungsweise die Alternativhypothese H wird angenommen. Der Hypothesentest liefert in diesem Fall das Ergebnis, dass die Suchtprävention als gelungen angesehen werden kann. Werden mehr als g rauchende Schüler erhoben, so wird die Nullhypothese H_0 beibehalten: der Test besagt dann, dass die Präventionsmaßnahmen bislang erfolglos waren.

Für die Zufallsvariable Z mit $p = \frac{1}{3}$ kann die Forderung aufgestellt werden:
$P(Z \leq g) \leq 0,05$. Der linksstehende Term kann durch die Verteilungsfunktion Φ der Normalverteilung approximiert werden:

$$P(Z \leq g) \approx \Phi\left(\frac{g + 0,5 - \mu}{\sigma}\right)$$

Man substituiert $-t = \frac{g+0,5-\mu}{\sigma}$ und liest den Näherungswert aus der Tafel für die Gaußsche Integralfunktion Φ ab (siehe Seite 187):

$$\Phi(-t) = 1 - \Phi(t) = 0,05 \Leftrightarrow \Phi(t) = 0,95 \Rightarrow t \approx 1,645$$

Wird t wieder durch obigen Ausdruck ersetzt und nach g umgestellt, ergibt sich:

$$g = -t \cdot \sigma + \mu - 0,5 \approx -1,645 \cdot 16,33 + 400 - 0,5 \approx 372,64$$

Der Ablehnungsbereich A ist damit $A = \{0; 1; 2; ...; 372\}$. Werden weniger als 373 Raucher gezählt, so wird die Nullhypothese also verworfen und die Präventionsmaßnahmen können als erfolgreich angesehen werden. Mit einer Wahrscheinlichkeit von 5% tritt ein Fehler 1. Art auf: die Maßnahmen der Werbeagentur hatten keine Auswirkung und dennoch sind nur weniger als 373 Raucher in der Stichprobe enthalten.

Bei 373 oder mehr Rauchern in der Stichprobe wird die Nullhypothese beibehalten; die von der BZgA beauftragte Werbeagentur hat in diesem Fall möglicherweise voreilig einen Erfolg verkündet. Dabei kann ein Fehler 2. Art auftreten, wenn die Präventionsmaßnahmen erfolgreich gewesen sein sollten und dennoch unter den 1200 Befragten 373 oder mehr Raucher wären. Die Wahrscheinlichkeit für einen Fehler 2. Art kann hier nicht berechnet werden, da die Werbeagentur keine Aussage über den Anteil der Raucher macht, der durch die Maßnahmen erreicht worden sein soll.

26 Osterhasen

a) Zur Berechnung der Wahrscheinlichkeit, bei drei Zügen genau zwei grüne und eine weiße Kugel zu erhalten, definiert man zunächst eine Zufallsvariable X, die die Anzahl grüner Kugeln bei dreimaligem Ziehen beschreibt.

1. Fall: Ziehen mit Zurücklegen

In diesem Fall ist X binomialverteilt mit n = 3 und p = $\frac{20}{30}$ = $\frac{2}{3}$, da die Wahrscheinlichkeit für eine grüne Kugel in jedem Zug konstant ist und nur die beiden Möglichkeiten «grün» und «weiß» möglich sind. Daher gilt für die gesuchte Wahrscheinlichkeit mit der Formel für die Binomialverteilung:

$$P(X=2) = \binom{3}{2} \cdot \left(\frac{2}{3}\right)^2 \cdot \left(1 - \frac{2}{3}\right)^1 = \frac{4}{9} \approx 44,4\,\%$$

2. Fall: Ziehen ohne Zurücklegen

In diesem Fall ist X hypergeometrisch verteilt mit den Parametern
N = 30 (Gesamtzahl der Kugeln), n = 3 (Anzahl der Züge) und M = 20 (Anzahl grüner Kugeln in der Urne)

Gemäß der Formel für die hypergeometrische Verteilung gilt

$$P(X=k) = \frac{\binom{M}{k} \cdot \binom{N-M}{n-k}}{\binom{N}{n}}$$

mit $0 \leqslant k \leqslant n$; $M \leqslant N$; $n \leqslant N$ und $k, n, M, N \in \mathbb{N}$.

Mit den Werten aus der Aufgabe ergibt sich:

$$P(X=2) = \frac{\binom{20}{2} \cdot \binom{30-20}{3-2}}{\binom{30}{3}} \approx 0,468 = 46,8\,\%$$

Im zugehörigen Baumdiagramm notiert man die Wahrscheinlichkeiten für die Ausgänge der einzelnen Züge an den Ästen. Da jeweils eine Kugel entnommen wird, wird der Nenner in jeder Ebene des Baumes um 1 kleiner. Es ergibt sich

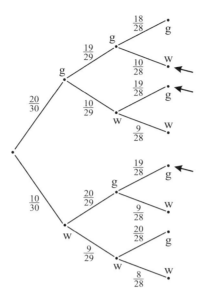

Alternativ zur Berechnung der Wahrscheinlichkeit im 2. Fall kann man diese auch dem Baumdiagramm entnehmen.

Die Pfade, die zum Ereignis «zwei grüne Kugeln bei drei Zügen ohne Zurücklegen» gehören, sind der zweite, dritte und fünfte Pfad von oben.

Mit der 1. und 2. Pfadregel ergibt sich:

$$P(\text{"zwei grüne Kugeln"}) = \frac{20}{30} \cdot \frac{19}{29} \cdot \frac{10}{28} + \frac{20}{30} \cdot \frac{10}{29} \cdot \frac{19}{28} + \frac{10}{30} \cdot \frac{20}{29} \cdot \frac{19}{28} = \frac{20 \cdot 19 \cdot 10}{30 \cdot 29 \cdot 28} \cdot 3$$
$$= \frac{95}{203} \approx 0{,}468 = 46{,}8\,\%$$

Also ist die Wahrscheinlichkeit für zwei grüne Kugeln bei drei Zügen ohne Zurücklegen größer, als wenn man die Kugeln zurücklegt, deshalb ist die zweite Variante für den Spieler günstiger.

b) Zur Berechnung der gesuchten Wahrscheinlichkeit definiert man eine Zufallsvariable Y, die die Anzahl aller alten Hasen unter 100 Hasen beschreibt.

Y ist binomialverteilt mit $n = 100$ (da es 100 Gewinner gibt) und $p = 0{,}05$ (da dies der Anteil alter Hasen ist) und die gesuchte Wahrscheinlichkeit ist $P(Y \geqslant 10)$. Diese berechnet man mit Hilfe des Gegenereignisses und der Binomialverteilungstabelle auf Seite 186.

$$P(Y \geqslant 10) = 1 - P(Y \leqslant 9) = 1 - 0{,}9718 = 0{,}0282 = 2{,}82\,\%$$

Also liegt die Wahrscheinlichkeit, dass von 100 Gewinnern mindestens 10 einen alten Hasen bekommen, bei knapp 3 %.

c) Der Anteil der Gewinner, die einen alten Hasen bekommen haben und sich darüber beschweren, liegt bei $p = 0{,}25$. Zur Berechnung der gesuchten Wahrscheinlichkeiten definiert man eine Zufallsvariable Z, die die Anzahl sich beschwerender Kunden unter 50 Kunden beschreibt, die einen alten Hasen erhalten haben. Z ist binomialverteilt mit $n = 50$ und $p = 0,25$. Für den Erwartungswert μ von Z gilt: $\mu = n \cdot p = 50 \cdot 0,25 = 12,5$.

$$P(|Z - \mu| \geqslant 5) = P(|Z - 12,5| \geqslant 5) = P(Z \geqslant 12,5 + 5) + P(Z \leqslant 12,5 - 5)$$
$$= P(Z \geqslant 17,5) + P(Z \leq 7,5)$$

Da Z nur ganzzahlige Werte annehmen kann, gilt unter Verwendung des Gegenereignisses und der Tabelle der Binomialverteilung auf Seite 185:

$$P(Z \geqslant 17,5) + P(Z \leqslant 7,5) = 1 - P(Z \leqslant 17) + P(Z \leqslant 7) = 1 - 0,9449 + 0,0453$$
$$= 0,1004 = 10,04\%$$

Also beträgt die Wahrscheinlichkeit, dass die Anzahl der Kunden, die sich wegen eines alten Hasens beklagen, um mindestens 5 vom Erwartungswert abweicht, etwa 10%.

d) Zur Bestimmung der Entscheidungsregel legt man eine Zufallsvariable X fest, die die Anzahl alter Hasen bei 800 getesteten Hasen beschreibt. X ist binomialverteilt mit den Parametern $n = 800$ und p.
Die zu untersuchende Nullhypothese H_0 lautet: $H_0: p \leqslant 0,05$; die entsprechende Gegenhypothese $H_1: p > 0,05$. Man wird die Nullhypothese verwerfen, wenn man zu viele alte Hasen in der Stichprobe findet. Deshalb ist ein minimaler kritischer Wert $k \in \mathbb{N}$ und damit ein Ablehnungsbereichs $\overline{A} = \{k, k+1, k+2, ..., 800\}$ der Nullhypothese so zu bestimmen, dass gilt: $P(X \leqslant k) \geqslant 0,99$. Da für die Standardabweichung σ von X gilt

$$\sigma = \sqrt{n \cdot p \cdot (1-p)} = \sqrt{800 \cdot 0,05 \cdot 0,95} = \sqrt{38} \approx 6,16 > 3$$

kann die Binomialverteilung durch die Normalverteilung approximiert werden. Es gilt

$$P(X \leqslant k) \approx \Phi\left(\frac{k - \mu + 0,5}{\sigma}\right)$$

wobei μ der Erwartungswert von X und Φ die Gaußsche Integralfunktion ist, deren Werte auf Seite 187 tabelliert sind.
Somit berechnet man:

$$P(X \leqslant k) \approx \Phi\left(\frac{k - n \cdot p + 0,5}{\sqrt{n \cdot p \cdot (1-p)}}\right) = \Phi\left(\frac{k - 800 \cdot 0,05 + 0,5}{\sqrt{38}}\right) = \Phi\left(\frac{k - 39,5}{\sqrt{38}}\right) \geqslant 0,99$$

Aus der Normalverteilungstabelle entnimmt man $\Phi(2,32) = 0,9898$ und $\Phi(2,33) = 0,9901$
Also folgt: $\frac{k-39,5}{\sqrt{38}} = 2,33 \Leftrightarrow k \approx 53,86$. Damit ist $k = 54$ das minimale $k \in \mathbb{N}$, für das gilt: $P(X \leqslant k) \geqslant 0,99$.
Findet der Unternehmensberater unter den 800 untersuchten Hasen also mindestens 54 alte,

Lösungen *26. Osterhasen*

so wird er die Nullhypothese, dass der Anteil alter Hasen höchstens 5 % beträgt, verwerfen und die Werbeaktion wird abgebrochen. Er irrt sich dabei höchstens mit einer Wahrscheinlichkeit von 1%.

e) Zur Berechnung der gesuchten Wahrscheinlichkeit definiert man zwei Zufallsvariablen X_1 und X_2 für die erste bzw. zweite Stichprobe. X_1 beschreibt die Anzahl der alten Hasen bei 50 untersuchten und ist binomialverteilt mit $n_1 = 50$ und $p_1 = 0,05$, wenn die Aussage des Supermarkts, dass höchstens 5% der Osterhasen alt sind, zutrifft. Analog beschreibt X_2 die Anzal alter Hasen bei 100 untersuchten Osterhasen und ist binomialverteilt mit $n_2 = 100$ und $p_2 = 0,05$. X_1 und X_2 sind unabhängig voneinander, da p konstant ist. Es gibt zwei Möglichkeiten für einen Abbruch der Aktion:

I) In der ersten Stichprobe befinden sich sieben oder mehr alte Hasen, d.h. $X_1 \geq 7$.
II) In der ersten Stichprobe befinden sich 5 oder 6 alte Hasen und in der zweiten Stichprobe mehr als fünf alte Hasen, d.h. $5 \leq X_1 \leq 6$ und $X_2 > 5$.

Die Wahrscheinlichkeit für das Ereignis I) berechnet man mit Hilfe des Gegenereignisses und der Tabelle für Binomialverteilungen. Es gilt:

$$P(X_1 \geq 7) = 1 - P(X_1 \leq 6) = 1 - 0,9882 = 0,0118$$

Die Wahrscheinlichkeit für das Ereignis II) berechnet man gemäß der 1. Pfadregel bzw. der Regel für «Und-Ereignisse» als Produkt aus zwei Wahrscheinlichkeiten. Mit Hilfe des Gegenereignisses und der Formel und Tabelle für die Binomialverteilung gilt:

$$P(5 \leq X_1 \leq 6) \cdot P(X_2 > 5) = \Big(P(X_1 = 5) + P(X_1 = 6)\Big) \cdot (1 - P(X_2 \leq 5))$$
$$= \left(\binom{50}{5} \cdot 0,05^5 \cdot (1-0,05)^{50-5} + \binom{50}{6} \cdot 0,05^6 \cdot (1-0,05)^{50-6}\right) \cdot (1 - 0,6160)$$
$$\approx 0,03526$$

Auf Grund der 2. Pfadregel bzw. der Regel für «Oder-Ereignisse» ist die gesuchte Wahrscheinlichkeit die Summe der beiden Wahrscheinlichkeiten der Ereignisse I) und II). Es folgt
$$P(\text{"Abbruch"}) \approx 0,0118 + 0,03526 = 0,0471 = 4,71\%$$

Bei dem Vorschlag des zweiten Unternehmensberaters wird die Aktion mit einer Wahrscheinlichkeit von ca. 4,7% fälschlicherweise abgebrochen, obwohl die Aussage des Supermarktes stimmt, dass höchstens 5% der Hasen alt sind und die Aktion deshalb fortgesetzt werden sollte.

27 Glückstetraeder

a) Da die vier Stufen des Experiments voneinander unabhängig sind, können die Wahrscheinlichkeiten der einzelnen Stufen miteinander multipliziert werden (Baumdiagramm, Pfadregel). Bezeichnet A das Ereignis «0,3,3,7» bei 4-maligem Werfen des idealen Tetraeders, so gilt:

$$P(A) = \frac{1}{4} \cdot \frac{1}{2} \cdot \frac{1}{2} \cdot \frac{1}{4} = \frac{1}{64} = 0{,}015625$$

Die Wahrscheinlichkeit, bei 4-maligem Werfen des Tetraeders die Ziffern «0,3,3,7» in dieser Reihenfolge zu beobachten, beträgt damit ca. $1{,}56\,\%$.

b) Das erste Experiment ist eine Bernoullikette der Länge $n = 6$ mit Erfolgswahrscheinlichkeit $p = \frac{1}{2}$. Ist X Zufallsvariable für die absolute Häufigkeit der Ziffer «3» bei insgesamt 6 Würfen, so gilt:

$$P(X = 3) = B_{6;\frac{1}{2}}(3) = \binom{6}{3} \cdot \left(\frac{1}{2}\right)^3 \cdot \left(1 - \frac{1}{2}\right)^3 = \frac{5}{16} = 0{,}3125$$

Das zweite Experiment ist eine Bernoullikette der Länge $n = 13$ mit Trefferwahrscheinlichkeit $p = \frac{1}{4}$. Ist Y Zufallsvariable für die absolute Häufigkeit der «0» bei 13 Würfen, so gilt für die Wahrscheinlichkeit, höchstens 2-mal die «0» zu beobachten:

$$P(Y \leqslant 2) = F_{13;\frac{1}{4}}(2) = \sum_{k=0}^{2} \binom{13}{k} \cdot \left(\frac{1}{4}\right)^k \cdot \left(\frac{3}{4}\right)^{13-k} \approx 0{,}3326$$

Das zweite Ereignis («bei 13 Würfen höchstens 2-mal «0»») tritt mit einer Wahrscheinlichkeit von ca. $33{,}26\,\%$ ein und hat somit eine etwas größere Wahrscheinlichkeit als das erste Ereignis («bei 6 Würfen genau 3-mal «3»») mit ca. $31{,}25\,\%$.

c) Sei $n \in \mathbb{N}$ die Mindestanzahl der Würfe, die benötigt werden, um mit einer Wahrscheinlichkeit von mehr als 95 Prozent wenigstens eine «7» zu erhalten. Ist Z Zufallsvariable für die absolute Häufigkeit der «7» bei insgesamt n Würfen, so ist Z binomialverteilt mit $p = \frac{1}{4}$ und noch zu bestimmendem n. Für die Wahrscheinlichkeit, bei n Würfen wenigstens eine «7» zu würfeln, erhält man über das Gegenereignis:

$$P(Z \geqslant 1) = 1 - P(Z = 0) = 1 - \left(\frac{3}{4}\right)^n$$

Die Bedingung $P(Z \geqslant 1) > 0{,}95$ liefert folgende Ungleichung:

$$1 - \left(\frac{3}{4}\right)^n > 0{,}95 \Leftrightarrow \left(\frac{3}{4}\right)^n < 0{,}05 \Leftrightarrow n > \frac{\ln(0{,}05)}{\ln(0{,}75)} \approx 10{,}41$$

Es muss also mindestens 11-mal geworfen werden, um mit einer Wahrscheinlichkeit von mehr als $95\,\%$ wenigstens eine «7» zu erhalten.

Lösungen   *27. Glückstetraeder*

d) Da jeweils drei der Tetraederflächen sichtbar sind, können die Augensummen 6, 10 und 13 als Spielausgänge auftreten. Die zugehörigen Wahrscheinlichkeiten sind:

Sichtbare Flächen	0,3,3	0,3,7	3,3,7
Augensumme	6	10	13
Wahrscheinlichkeit	$\frac{1}{4}$	$\frac{1}{2}$	$\frac{1}{4}$

Ist A Zufallsvariable für die Summe der nach einem Wurf sichtbaren Augenzahlen, so gilt für die zu erwartende Augensumme:

$$E[A] = 6 \cdot \frac{1}{4} + 10 \cdot \frac{1}{2} + 13 \cdot \frac{1}{4} = \frac{39}{4} = 9,75$$

Ist X Zufallsvariable für Donalds Gewinn pro Spiel, so ist damit der für ihn zu erwartende Gewinn E[X] bei einem Spieleinsatz von 10 Talern:

$$E[X] = 10 - E[A] = 0,25$$

Der für Donald zu erwartende Gewinn pro Spiel beträgt 0,25 Taler.

e) Wenn auf einer der ursprünglich mit «3» beschrifteten Tetraederflächen die Ziffer «z» steht, so hat die Augensumme A die folgende Wahrscheinlichkeitsverteilung:

Sichtbare Flächen	0,3,z	0,3,7	0,7,z	3,7,z
Augensumme	3+z	10	7+z	10+z
Wahrscheinlichkeit	$\frac{1}{4}$	$\frac{1}{4}$	$\frac{1}{4}$	$\frac{1}{4}$

Der Erwartungswert der Augensumme A ist dann:

$$E[A] = \frac{3+z+10+7+z+10+z}{4} = \frac{30+3z}{4}$$

Ist das Spiel fair, so bedeutet dies, dass der Erwartungswert der Augensumme (der zu erwartende Gewinn des Spielers) gleich groß ist wie der Spielereinsatz. Diese Überlegung führt zur folgenden Gleichung:

$$\frac{30+3z}{4} = 10 \Rightarrow z = \frac{10}{3}$$

Soll das Spiel fair sein, so muss also eine der beiden mit «3» beschrifteten Tetraederflächen mit der Zahl $z = \frac{10}{3}$ versehen werden.

f) Die «Wahrscheinlichkeit von weniger als 5%» in der Aussage von Tick, Trick und Track kann als Signifikanzniveau oder Irrtumswahrscheinlichkeit für einen Fehler 1. Art bei einem einseitigen Hypothesentest interpretiert werden.

In diesem Fall ist die Nullhypothese H_0 «das Tetraeder ist ideal, das heißt, den einzelnen Seitenflächen kann die gleiche Wahrscheinlichkeit von jeweils $\frac{1}{4}$ zugeordnet werden»; die

Alternative H_1 entspricht der Aussage der Neffen und lautet «das Tetraeder begünstigt – mit einer Wahrscheinlichkeit von $p > \frac{1}{4}$ – die «0»». Die Neffen sagen, dass sie sich mit einer Wahrscheinlichkeit von 5% mit ihrer Aussage irren. Dies ist gerade das Signifikanzniveau oder die Irrtumswahrscheinlichkeit für einen Fehler 1. Art beim beschriebenen Hypothesentest: Bei einem Fehler 1. Art wird die Alternative H_1 angenommen, obwohl tatsächlich die Hypothese H_0 gilt.

Sei X Zufallsvariable für die absolute Häufigkeit der «0» bei insgesamt 100 Würfen eines idealen Tetraederwürfels. Damit gilt für die Wahrscheinlichkeit, dass das Tetraeder mindestens 33-mal auf der «0» liegen bleibt:

$$P(X \geq 33) = 1 - P(X \leq 32) = 1 - F_{100;\frac{1}{4}}(32) \approx 1 - 0{,}9554 = 0{,}0446 < 5\%$$

Die Wahrscheinlichkeit, dass ein ideales Tetraeder tatsächlich das von den Neffen beobachtete Ergebnis liefert, ist demnach kleiner als 5%. Somit ist die Aussage der Neffen also richtig und ihre Entscheidung für die Alternative H_1 (und gegen die Nullhypothese H_0) ist gerechtfertigt.

g) Nach Aufgabenteil b.1 könnte Donald mit einem idealen Tetraeder einen Gewinn von durchschnittlich 0,25 Talern pro Spiel erwarten. Das Ergebnis der Untersuchung seiner Neffen lässt jedoch den Verdacht aufkommen, dass das Tetraeder mit einer Wahrscheinlichkeit von etwa einem Drittel auf der «0» liegen bleibt. Nimmt man für die anderen Flächen eine gleichmäßige Wahrscheinlichkeitsverteilung an, so erhält man für die Augensumme A die folgende neue Wahrscheinlichkeitsverteilung:

Sichtbare Flächen	0,3,3	0,3,7	3,3,7
Augensumme	6	10	13
Wahrscheinlichkeit	$\frac{2}{9}$	$\frac{4}{9}$	$\frac{1}{3}$

Die Summe A der nach einem Wurf sichtbaren Augenzahlen hat dann den Erwartungswert:

$$E[A] = 6 \cdot \frac{2}{9} + 10 \cdot \frac{4}{9} + 13 \cdot \frac{1}{3} = \frac{91}{9}$$

Ist X Zufallsvariable für Donalds Gewinn pro Spiel, so ist bei dieser Wahrscheinlichkeitsverteilung der für ihn zu erwartende Gewinn $E[X]$ bei einem Spielereinsatz von 10 Talern:

$$E[X] = 10 - E[A] = -\frac{1}{9}$$

Donalds Verluste sind nach dem Test der Neffen und der angenommenen Wahrscheinlichkeitsverteilung also plausibel; pro Spiel hat Donald mit Einbußen in Höhe von ca. 0,11 Talern zu rechnen.

Bemerkung: Man kann natürlich auch mit der aus der Beobachtung hervorgehenden «exakten» Wahrscheinlichkeit $\frac{33}{100}$ für die Seitenfläche «0» rechnen. Dann erhält man folgende,

Lösungen · 27. Glückstetraeder

von der obigen minimal abweichende Wahrscheinlichkeitsverteilung der Augensumme A:

Sichtbare Flächen	0,3,3	0,3,7	3,3,7
Augensumme	6	10	13
Wahrscheinlichkeit	$\frac{67}{300}$	$\frac{67}{150}$	$\frac{33}{100}$

Als Erwartungswert von A ergibt sich dann:

$$E^*[A] = 6 \cdot \frac{67}{300} + 10 \cdot \frac{67}{150} + 13 \cdot \frac{33}{100} = \frac{3029}{300} \approx 10,097$$

Ist X Zufallsvariable wie oben definiert, so erhält man in diesem Fall für Donalds zu erwartenden Gewinn $E^*[X]$ bei einem Spielereinsatz von 10 Talern:

$$E^*[X] = 10 - E^*[A] \approx -0,97$$

Pro Spiel hat Donald demnach mit Einbußen in Höhe von ca. 10 Kreuzern zu rechnen - und nicht 11, wie oben.

Wertetafel zur Binomialverteilung (n = 10; 20; 25)

$$P(X=k) = \binom{n}{k} \cdot p^k \cdot (1-p)^{n-k}$$

n	k	p 0,01	0,05	0,1	$\frac{1}{6}$	0,2	0,25	0,3	$\frac{1}{3}$	0,4	0,5	k	n
10	0	0,9044	0,5987	0,3487	0,1615	0,1074	0,0563	0,0282	0,0173	0,0060	0,0010	10	
	1	0,0914	0,3151	0,3874	0,3230	0,2684	0,1877	0,1211	0,0867	0,0403	0,0098	9	
	2	0,0042	0,0746	0,1937	0,2907	0,3020	0,2816	0,2335	0,1951	0,1209	0,0439	8	
	3	0,0001	0,0105	0,0574	0,1550	0,2013	0,2503	0,2668	0,2601	0,2150	0,1172	7	
	4	0,0000	0,0010	0,0112	0,0543	0,0881	0,1460	0,2001	0,2276	0,2508	0,2051	6	
	5		0,0001	0,0015	0,0130	0,0264	0,0584	0,1029	0,1366	0,2007	0,2461	5	10
	6		0,0000	0,0001	0,0022	0,0055	0,0162	0,0368	0,0569	0,1115	0,2051	4	
	7			0,0000	0,0002	0,0008	0,0031	0,0090	0,0163	0,0425	0,1172	3	
	8				0,0000	0,0001	0,0004	0,0014	0,0030	0,0106	0,0439	2	
	9					0,0000	0,0000	0,0001	0,0003	0,0016	0,0098	1	
	10							0,0000	0,0000	0,0001	0,0010	0	
20	0	0,8179	0,3585	0,1216	0,0261	0,0115	0,0032	0,0008	0,0003	0,0000		20	
	1	0,1652	0,3774	0,2702	0,1043	0,0576	0,0211	0,0068	0,0030	0,0005	0,0000	19	
	2	0,0159	0,1887	0,2852	0,1982	0,1369	0,0669	0,0278	0,0143	0,0031	0,0002	18	
	3	0,0010	0,0596	0,1901	0,2379	0,2054	0,1339	0,0716	0,0429	0,0123	0,0011	17	
	4	0,0000	0,0133	0,0898	0,2022	0,2182	0,1897	0,1304	0,0911	0,0350	0,0046	16	
	5		0,0022	0,0319	0,1294	0,1746	0,2023	0,1789	0,1457	0,0746	0,0148	15	
	6		0,0003	0,0089	0,0647	0,1091	0,1686	0,1916	0,1821	0,1244	0,0370	14	
	7		0,0000	0,0020	0,0259	0,0545	0,1124	0,1643	0,1821	0,1659	0,0739	13	
	8			0,0004	0,0084	0,0222	0,0609	0,1144	0,1480	0,1797	0,1201	12	
	9			0,0001	0,0022	0,0074	0,0271	0,0654	0,0987	0,1597	0,1602	11	
	10			0,0000	0,0005	0,0020	0,0099	0,0308	0,0543	0,1171	0,1762	10	20
	11				0,0001	0,0005	0,0030	0,0120	0,0247	0,0710	0,1602	9	
	12				0,0000	0,0001	0,0008	0,0039	0,0092	0,0355	0,1201	8	
	13					0,0000	0,0002	0,0010	0,0028	0,0146	0,0739	7	
	14						0,0000	0,0002	0,0007	0,0049	0,0370	6	
	15							0,0000	0,0001	0,0013	0,0148	5	
	16								0,0000	0,0003	0,0046	4	
	17									0,0000	0,0011	3	
	18										0,0002	2	
	19										0,0000	1	
	20											0	
25	0	0,7778	0,2774	0,0718	0,0105	0,0038	0,0008	0,0001	0,0000			25	
	1	0,1964	0,3650	0,1994	0,0524	0,0236	0,0063	0,0014	0,0005	0,0000		24	
	2	0,0238	0,2305	0,2659	0,1258	0,0708	0,0251	0,0074	0,0030	0,0004	0,0000	23	
	3	0,0018	0,0930	0,2265	0,1929	0,1358	0,0641	0,0243	0,0114	0,0019	0,0001	22	
	4	0,0001	0,0269	0,1384	0,2122	0,1867	0,1175	0,0572	0,0313	0,0071	0,0004	21	
	5	0,0000	0,0060	0,0646	0,1782	0,1960	0,1645	0,1030	0,0658	0,0199	0,0016	20	
	6		0,0010	0,0239	0,1188	0,1633	0,1828	0,1472	0,1096	0,0442	0,0053	19	
	7		0,0001	0,0072	0,0645	0,1108	0,1654	0,1712	0,1487	0,0800	0,0143	18	
	8		0,0000	0,0018	0,0290	0,0623	0,1241	0,1651	0,1673	0,1200	0,0322	17	
	9			0,0004	0,0110	0,0294	0,0781	0,1336	0,1580	0,1511	0,0609	16	
	10			0,0001	0,0035	0,0118	0,0417	0,0916	0,1264	0,1612	0,0974	15	
	11			0,0000	0,0010	0,0040	0,0189	0,0536	0,0862	0,1465	0,1328	14	25
	12				0,0002	0,0012	0,0074	0,0268	0,0503	0,1140	0,1550	13	
	13				0,0000	0,0003	0,0025	0,0115	0,0251	0,0760	0,1550	12	
	14					0,0001	0,0007	0,0042	0,0108	0,0434	0,1328	11	
	15					0,0000	0,0002	0,0013	0,0040	0,0212	0,0974	10	
	16						0,0000	0,0004	0,0012	0,0088	0,0609	9	
	17							0,0001	0,0003	0,0031	0,0322	8	
	18							0,0000	0,0001	0,0009	0,0143	7	
	19								0,0000	0,0002	0,0053	6	
	20									0,0000	0,0016	5	
	21										0,0004	4	
	22										0,0001	3	
	23										0,0000	2	
n	k	p 0,99	0,95	0,9	$\frac{5}{6}$	0,8	0,75	0,7	$\frac{2}{3}$	0,6	0,5	k	n

Alle freien Plätze dieser Seite würden durch das Runden auf vier Nachkommastellen den Wert 0,0000 enthalten.

Binomialverteilung

Wertetafel zur Binomialverteilung (n = 50)

$$P(X=k) = \binom{n}{k} \cdot p^k \cdot (1-p)^{n-k}$$

n	k	p 0,01	0,05	0,1	$\frac{1}{6}$	0,2	0,25	0,3	$\frac{1}{3}$	0,4	0,5	k	n
	0	0,6050	0,0769	0,0052	0,0001	0,0000						50	
	1	0,3056	0,2025	0,0286	0,0011	0,0002	0,0000					49	
	2	0,0756	0,2611	0,0779	0,0054	0,0011	0,0001					48	
	3	0,0122	0,2199	0,1386	0,0172	0,0044	0,0004	0,0000				47	
	4	0,0015	0,1360	0,1809	0,0405	0,0128	0,0016	0,0001	0,0000			46	
	5	0,0001	0,0658	0,1849	0,0745	0,0295	0,0049	0,0006	0,0001			45	
	6	0,0000	0,0260	0,1541	0,1118	0,0554	0,0123	0,0018	0,0004			44	
	7		0,0086	0,1076	0,1405	0,0870	0,0259	0,0048	0,0012	0,0000		43	
	8		0,0024	0,0643	0,1510	0,1169	0,0463	0,0110	0,0033	0,0002		42	
	9		0,0006	0,0333	0,1410	0,1364	0,0721	0,0220	0,0077	0,0005		41	
	10		0,0001	0,0152	0,1156	0,1398	0,0985	0,0386	0,0157	0,0014		40	
	11		0,0000	0,0061	0,0841	0,1271	0,1194	0,0602	0,0286	0,0035	0,0000	39	
	12			0,0022	0,0546	0,1033	0,1294	0,0838	0,0465	0,0076	0,0001	38	
	13			0,0007	0,0319	0,0755	0,1261	0,1050	0,0679	0,0147	0,0003	37	
	14			0,0002	0,0169	0,0499	0,1110	0,1189	0,0898	0,0260	0,0008	36	
	15			0,0001	0,0081	0,0299	0,0888	0,1223	0,1077	0,0415	0,0020	35	
	16			0,0000	0,0035	0,0164	0,0648	0,1147	0,1178	0,0606	0,0044	34	
	17				0,0014	0,0082	0,0432	0,0983	0,1178	0,0808	0,0087	33	
	18				0,0005	0,0037	0,0264	0,0772	0,1080	0,0987	0,0160	32	
	19				0,0002	0,0016	0,0148	0,0558	0,0910	0,1109	0,0270	31	
50	20				0,0001	0,0006	0,0077	0,0370	0,0705	0,1146	0,0419	30	50
	21				0,0000	0,0002	0,0036	0,0227	0,0503	0,1091	0,0598	29	
	22					0,0001	0,0016	0,0128	0,0332	0,0959	0,0788	28	
	23					0,0000	0,0006	0,0067	0,0202	0,0778	0,0960	27	
	24						0,0002	0,0032	0,0114	0,0584	0,1080	26	
	25						0,0001	0,0014	0,0059	0,0405	0,1123	25	
	26						0,0000	0,0006	0,0028	0,0259	0,1080	24	
	27							0,0002	0,0013	0,0154	0,0960	23	
	28							0,0001	0,0005	0,0084	0,0788	22	
	29							0,0000	0,0002	0,0043	0,0598	21	
	30								0,0001	0,0020	0,0419	20	
	31								0,0000	0,0009	0,0270	19	
	32									0,0003	0,0160	18	
	33									0,0001	0,0087	17	
	34									0,0000	0,0044	16	
	35										0,0020	15	
	36										0,0008	14	
	37										0,0003	13	
	38										0,0001	12	
	39										0,0000	11	
n	k	p 0,99	0,95	0,9	$\frac{5}{6}$	0,8	0,75	0,7	$\frac{2}{3}$	0,6	0,5	k	n

Alle freien Plätze dieser Seite würden durch das Runden auf vier Nachkommastellen den Wert 0,0000 enthalten.

Binomialverteilung

Wertetafel zur Binomialverteilung (n = 100)

$$P(X=k) = \binom{n}{k} \cdot p^k \cdot (1-p)^{n-k}$$

n	k	p	0,01	0,05	0,1	$\frac{1}{6}$	0,2	0,25	0,3	$\frac{1}{3}$	0,4	0,5	k	n
	0		0,3660	0,0059	0,0000								100	
	1		0,3697	0,0312	0,0003								99	
	2		0,1849	0,0812	0,0016								98	
	3		0,0610	0,1396	0,0059	0,0000							97	
	4		0,0149	0,1781	0,0159	0,0001							96	
	5		0,0029	0,1800	0,0339	0,0003	0,0000						95	
	6		0,0005	0,1500	0,0596	0,0009	0,0001						94	
	7		0,0001	0,1060	0,0889	0,0025	0,0002						93	
	8		0,0000	0,0649	0,1148	0,0058	0,0006						92	
	9			0,0349	0,1304	0,0118	0,0015	0,0000					91	
	10			0,0167	0,1319	0,0214	0,0034	0,0001					90	
	11			0,0072	0,1199	0,0350	0,0069	0,0003					89	
	12			0,0028	0,0988	0,0520	0,0128	0,0006					88	
	13			0,0010	0,0743	0,0703	0,0216	0,0014	0,0000				87	
	14			0,0003	0,0513	0,0874	0,0335	0,0030	0,0001				86	
	15			0,0001	0,0327	0,1002	0,0481	0,0057	0,0002	0,0000			85	
	16			0,0000	0,0193	0,1065	0,0638	0,0100	0,0006	0,0001			84	
	17				0,0106	0,1052	0,0789	0,0165	0,0012	0,0001			83	
	18				0,0054	0,0971	0,0909	0,0254	0,0024	0,0003			82	
	19				0,0026	0,0838	0,0981	0,0365	0,0044	0,0006			81	
	20				0,0012	0,0679	0,0993	0,0493	0,0076	0,0013			80	
	21				0,0005	0,0517	0,0946	0,0626	0,0124	0,0024	0,0000		79	
	22				0,0002	0,0371	0,0849	0,0749	0,0190	0,0043	0,0001		78	
	23				0,0001	0,0252	0,0720	0,0847	0,0277	0,0073	0,0001		77	
	24				0,0000	0,0162	0,0577	0,0906	0,0380	0,0117	0,0003		76	
	25					0,0098	0,0439	0,0918	0,0496	0,0178	0,0006		75	
	26					0,0057	0,0316	0,0883	0,0613	0,0256	0,0012		74	
	27					0,0031	0,0217	0,0806	0,0720	0,0351	0,0022		73	
	28					0,0016	0,0141	0,0701	0,0804	0,0458	0,0038		72	
	29					0,0008	0,0088	0,0580	0,0856	0,0569	0,0063		71	
	30					0,0004	0,0052	0,0458	0,0868	0,0673	0,0100	0,0000	70	
	31					0,0002	0,0029	0,0344	0,0840	0,0760	0,0151	0,0001	69	
	32					0,0001	0,0016	0,0248	0,0776	0,0819	0,0217	0,0001	68	
	33					0,0000	0,0008	0,0170	0,0685	0,0844	0,0297	0,0002	67	
100	34						0,0004	0,0112	0,0579	0,0831	0,0391	0,0005	66	100
	35						0,0002	0,0070	0,0468	0,0784	0,0491	0,0009	65	
	36						0,0001	0,0042	0,0362	0,0708	0,0591	0,0016	64	
	37						0,0000	0,0024	0,0268	0,0612	0,0682	0,0027	63	
	38							0,0013	0,0191	0,0507	0,0754	0,0045	62	
	39							0,0007	0,0130	0,0403	0,0799	0,0071	61	
	40							0,0004	0,0085	0,0308	0,0812	0,0108	60	
	41							0,0002	0,0053	0,0225	0,0792	0,0159	59	
	42							0,0001	0,0032	0,0158	0,0742	0,0223	58	
	43							0,0000	0,0019	0,0107	0,0667	0,0301	57	
	44								0,0010	0,0069	0,0576	0,0390	56	
	45								0,0005	0,0043	0,0478	0,0485	55	
	46								0,0003	0,0026	0,0381	0,0580	54	
	47								0,0001	0,0015	0,0292	0,0666	53	
	48								0,0001	0,0008	0,0215	0,0735	52	
	49								0,0000	0,0004	0,0152	0,0780	51	
	50									0,0002	0,0103	0,0796	50	
	51									0,0001	0,0068	0,0780	49	
	52									0,0001	0,0042	0,0735	48	
	53									0,0000	0,0026	0,0666	47	
	54										0,0015	0,0580	46	
	55										0,0008	0,0485	45	
	56										0,0004	0,0390	44	
	57										0,0002	0,0301	43	
	58										0,0001	0,0223	42	
	59										0,0001	0,0159	41	
	60										0,0000	0,0108	40	
	61											0,0071	39	
	62											0,0045	38	
	63											0,0027	37	
	64											0,0016	36	
	65											0,0009	35	
	66											0,0005	34	
	67											0,0002	33	
	68											0,0001	32	
	69											0,0001	31	
n	k	p	0,99	0,95	0,9	$\frac{5}{6}$	0,8	0,75	0,7	$\frac{2}{3}$	0,6	0,5	k	n

Alle freien Plätze dieser Seite würden durch das Runden auf vier Nachkommastellen den Wert 0,0000 enthalten.

Binomialverteilung

Summierte Binomialverteilung (n = 10; 20; 25)

$$P(X \leq k) = \sum_{i=0}^{k} \binom{n}{i} \cdot p^i \cdot (1-p)^{n-i}$$

n	k	p	0,01	0,05	0,1	$\frac{1}{6}$	0,2	0,25	0,3	$\frac{1}{3}$	0,4	0,5	k	n
10	0		0,9044	0,5987	0,3487	0,1615	0,1074	0,0563	0,0282	0,0173	0,0060	0,0010	9	10
	1		0,9957	0,9139	0,7361	0,4845	0,3758	0,2440	0,1493	0,1040	0,0464	0,0107	8	
	2		0,9999	0,9885	0,9298	0,7752	0,6778	0,5256	0,3828	0,2991	0,1673	0,0547	7	
	3		1,0000	0,9990	0,9872	0,9303	0,8791	0,7759	0,6496	0,5593	0,3823	0,1719	6	
	4			0,9999	0,9984	0,9845	0,9672	0,9219	0,8497	0,7869	0,6331	0,3770	5	
	5			1,0000	0,9999	0,9976	0,9936	0,9803	0,9527	0,9234	0,8338	0,6230	4	
	6				1,0000	0,9997	0,9991	0,9965	0,9894	0,9803	0,9452	0,8281	3	
	7					1,0000	0,9999	0,9996	0,9984	0,9966	0,9877	0,9453	2	
	8						1,0000	1,0000	0,9999	0,9996	0,9983	0,9893	1	
	9								1,0000	1,0000	0,9999	0,9990	0	
20	0		0,8179	0,3585	0,1216	0,0261	0,0115	0,0032	0,0008	0,0003	0,0000	0,0000	19	20
	1		0,9831	0,7358	0,3917	0,1304	0,0692	0,0243	0,0076	0,0033	0,0005	0,0000	18	
	2		0,9990	0,9245	0,6769	0,3287	0,2061	0,0913	0,0355	0,0176	0,0036	0,0002	17	
	3		1,0000	0,9841	0,8670	0,5665	0,4114	0,2252	0,1071	0,0604	0,0160	0,0013	16	
	4			0,9974	0,9568	0,7687	0,6296	0,4148	0,2375	0,1515	0,0510	0,0059	15	
	5			0,9997	0,9887	0,8982	0,8042	0,6172	0,4164	0,2972	0,1256	0,0207	14	
	6			1,0000	0,9976	0,9629	0,9133	0,7858	0,6080	0,4793	0,2500	0,0577	13	
	7				0,9996	0,9887	0,9679	0,8982	0,7723	0,6615	0,4159	0,1316	12	
	8				0,9999	0,9972	0,9900	0,9591	0,8867	0,8095	0,5956	0,2517	11	
	9				1,0000	0,9994	0,9974	0,9861	0,9520	0,9081	0,7553	0,4119	10	
	10					0,9999	0,9994	0,9961	0,9829	0,9624	0,8725	0,5881	9	
	11					1,0000	0,9999	0,9991	0,9949	0,9870	0,9435	0,7483	8	
	12						1,0000	0,9998	0,9987	0,9963	0,9790	0,8684	7	
	13							1,0000	0,9997	0,9991	0,9935	0,9423	6	
	14								1,0000	0,9998	0,9984	0,9793	5	
	15									1,0000	0,9997	0,9941	4	
	16										1,0000	0,9987	3	
	17											0,9998	2	
	18											1,0000	1	
25	0		0,7778	0,2774	0,0718	0,0105	0,0038	0,0008	0,0001	0,0000	0,0000	0,0000	24	25
	1		0,9742	0,6424	0,2712	0,0629	0,0274	0,0070	0,0016	0,0005	0,0001	0,0000	23	
	2		0,9980	0,8729	0,5371	0,1887	0,0982	0,0321	0,0090	0,0035	0,0004	0,0000	22	
	3		0,9999	0,9659	0,7636	0,3816	0,2340	0,0962	0,0332	0,0149	0,0024	0,0001	21	
	4		1,0000	0,9928	0,9020	0,5937	0,4207	0,2137	0,0905	0,0462	0,0095	0,0005	20	
	5			0,9988	0,9666	0,7720	0,6167	0,3783	0,1935	0,1120	0,0294	0,0020	19	
	6			0,9998	0,9905	0,8908	0,7800	0,5611	0,3407	0,2215	0,0736	0,0073	18	
	7			1,0000	0,9977	0,9553	0,8909	0,7265	0,5118	0,3703	0,1536	0,0216	17	
	8				0,9995	0,9843	0,9532	0,8506	0,6769	0,5376	0,2735	0,0539	16	
	9				0,9999	0,9953	0,9827	0,9287	0,8106	0,6956	0,4246	0,1148	15	
	10				1,0000	0,9988	0,9944	0,9703	0,9022	0,8220	0,5858	0,2122	14	
	11					0,9997	0,9985	0,9893	0,9558	0,9082	0,7323	0,3450	13	
	12					0,9999	0,9996	0,9966	0,9825	0,9585	0,8462	0,5000	12	
	13					1,0000	0,9999	0,9991	0,9940	0,9836	0,9222	0,6550	11	
	14						1,0000	0,9998	0,9982	0,9944	0,9656	0,7878	10	
	15							1,0000	0,9995	0,9984	0,9868	0,8852	9	
	16								0,9999	0,9996	0,9957	0,9461	8	
	17								1,0000	0,9999	0,9988	0,9784	7	
	18									1,0000	0,9997	0,9927	6	
	19										0,9999	0,9980	5	
	20										1,0000	0,9995	4	
	21											0,9999	3	
	22											1,0000	2	
n	k	p	0,99	0,95	0,9	$\frac{5}{6}$	0,8	0,75	0,7	$\frac{2}{3}$	0,6	0,5	k	n

Alle freien Plätze dieser Seite würden durch das Runden auf vier Nachkommastellen den Wert 1,0000 enthalten.

Werden Werte über den nicht hinterlegten, kursiv gedruckten Eingang der Tabelle abgelesen, also für $p \geq 0{,}5$, muss die Differenz 1−(abgelesener Wert) ermittelt werden.

Binomialverteilung

Summierte Binomialverteilung (n = 50)

$$P(X \leq k) = \sum_{i=0}^{k} \binom{n}{i} \cdot p^i \cdot (1-p)^{n-i}$$

n	k	p	0,01	0,05	0,1	$\frac{1}{6}$	0,2	0,25	0,3	$\frac{1}{3}$	0,4	0,5	k	n
	0		0,6050	0,0769	0,0052	0,0001	0,0000	0,0000	0,0000	0,0000	0,0000	0,0000	49	
	1		0,9106	0,2794	0,0338	0,0012	0,0002	0,0000	0,0000	0,0000	0,0000	0,0000	48	
	2		0,9862	0,5405	0,1117	0,0066	0,0013	0,0001	0,0000	0,0000	0,0000	0,0000	47	
	3		0,9984	0,7604	0,2503	0,0238	0,0057	0,0005	0,0000	0,0000	0,0000	0,0000	46	
	4		0,9999	0,8964	0,4312	0,0643	0,0185	0,0021	0,0002	0,0000	0,0000	0,0000	45	
	5		1,0000	0,9622	0,6161	0,1388	0,0480	0,0070	0,0007	0,0001	0,0000	0,0000	44	
	6			0,9882	0,7702	0,2506	0,1034	0,0194	0,0025	0,0005	0,0000	0,0000	43	
	7			0,9968	0,8779	0,3911	0,1904	0,0453	0,0073	0,0017	0,0001	0,0000	42	
	8			0,9992	0,9421	0,5421	0,3073	0,0916	0,0183	0,0050	0,0002	0,0000	41	
	9			0,9998	0,9755	0,6830	0,4437	0,1637	0,0402	0,0127	0,0008	0,0000	40	
	10			1,0000	0,9906	0,7986	0,5836	0,2622	0,0789	0,0284	0,0022	0,0000	39	
	11				0,9968	0,8827	0,7107	0,3816	0,1390	0,0570	0,0057	0,0000	38	
	12				0,9990	0,9373	0,8139	0,5110	0,2229	0,1035	0,0133	0,0002	37	
	13				0,9997	0,9693	0,8894	0,6370	0,3279	0,1715	0,0280	0,0005	36	
	14				0,9999	0,9862	0,9393	0,7481	0,4468	0,2612	0,0540	0,0013	35	
	15				1,0000	0,9943	0,9692	0,8369	0,5692	0,3690	0,0955	0,0033	34	
	16					0,9978	0,9856	0,9017	0,6839	0,4868	0,1561	0,0077	33	
	17					0,9992	0,9937	0,9449	0,7822	0,6046	0,2369	0,0164	32	
	18					0,9997	0,9975	0,9713	0,8594	0,7126	0,3356	0,0325	31	
50	19					0,9999	0,9991	0,9861	0,9152	0,8036	0,4465	0,0595	30	50
	20					1,0000	0,9997	0,9937	0,9522	0,8741	0,5610	0,1013	29	
	21						0,9999	0,9974	0,9749	0,9244	0,6701	0,1611	28	
	22						1,0000	0,9990	0,9877	0,9576	0,7660	0,2399	27	
	23							0,9996	0,9944	0,9778	0,8438	0,3359	26	
	24							0,9999	0,9976	0,9892	0,9022	0,4439	25	
	25							1,0000	0,9991	0,9951	0,9427	0,5561	24	
	26								0,9997	0,9979	0,9686	0,6641	23	
	27								0,9999	0,9992	0,9840	0,7601	22	
	28								1,0000	0,9997	0,9924	0,8389	21	
	29									0,9999	0,9966	0,8987	20	
	30									1,0000	0,9986	0,9405	19	
	31										0,9995	0,9675	18	
	32										0,9998	0,9836	17	
	33			Alle freien Plätze dieser Seite würden durch das Runden auf vier Nachkommastellen den Wert 1,0000 enthalten.							0,9999	0,9923	16	
	34										1,0000	0,9967	15	
	35											0,9987	14	
	36											0,9995	13	
	37											0,9998	12	
	38											1,0000	11	
n	k	p	0,99	0,95	0,9	$\frac{5}{6}$	0,8	0,75	0,7	$\frac{2}{3}$	0,6	0,5	k	n

Werden Werte über den nicht hinterlegten, kursiv gedruckten Eingang der Tabelle abgelesen, also für $p \geq 0,5$, muss die Differenz 1−(abgelesener Wert) ermittelt werden.

Binomialverteilung

Summierte Binomialverteilung (n = 100)

$$P(X \leq k) = \sum_{i=0}^{k} \binom{n}{i} \cdot p^i \cdot (1-p)^{n-i}$$

n	k	p	0,01	0,05	0,1	$\frac{1}{6}$	0,2	0,25	0,3	$\frac{1}{3}$	0,4	0,5	k	n
	0		0,3660	0,0059	0,0000	0,0000	0,0000	0,0000	0,0000	0,0000	0,0000	0,0000	99	
	1		0,7358	0,0371	0,0003	0,0000	0,0000	0,0000	0,0000	0,0000	0,0000	0,0000	98	
	2		0,9206	0,1183	0,0019	0,0000	0,0000	0,0000	0,0000	0,0000	0,0000	0,0000	97	
	3		0,9816	0,2578	0,0078	0,0000	0,0000	0,0000	0,0000	0,0000	0,0000	0,0000	96	
	4		0,9966	0,4360	0,0237	0,0001	0,0000	0,0000	0,0000	0,0000	0,0000	0,0000	95	
	5		0,9995	0,6160	0,0576	0,0004	0,0000	0,0000	0,0000	0,0000	0,0000	0,0000	94	
	6		0,9999	0,7660	0,1172	0,0013	0,0001	0,0000	0,0000	0,0000	0,0000	0,0000	93	
	7		1,0000	0,8720	0,2061	0,0038	0,0003	0,0000	0,0000	0,0000	0,0000	0,0000	92	
	8			0,9369	0,3209	0,0095	0,0009	0,0000	0,0000	0,0000	0,0000	0,0000	91	
	9			0,9718	0,4513	0,0213	0,0023	0,0000	0,0000	0,0000	0,0000	0,0000	90	
	10			0,9885	0,5832	0,0427	0,0057	0,0001	0,0000	0,0000	0,0000	0,0000	89	
	11			0,9957	0,7030	0,0777	0,0126	0,0004	0,0000	0,0000	0,0000	0,0000	88	
	12			0,9985	0,8018	0,1297	0,0253	0,0010	0,0000	0,0000	0,0000	0,0000	87	
	13			0,9995	0,8761	0,2000	0,0469	0,0025	0,0001	0,0000	0,0000	0,0000	86	
	14			0,9999	0,9274	0,2874	0,0804	0,0054	0,0002	0,0000	0,0000	0,0000	85	
	15			1,0000	0,9601	0,3877	0,1285	0,0111	0,0004	0,0000	0,0000	0,0000	84	
	16				0,9794	0,4942	0,1923	0,0211	0,0010	0,0001	0,0000	0,0000	83	
	17				0,9900	0,5994	0,2712	0,0376	0,0022	0,0002	0,0000	0,0000	82	
	18				0,9954	0,6965	0,3621	0,0630	0,0045	0,0005	0,0000	0,0000	81	
	19				0,9980	0,7803	0,4602	0,0995	0,0089	0,0011	0,0000	0,0000	80	
	20				0,9992	0,8481	0,5595	0,1488	0,0165	0,0024	0,0000	0,0000	79	
	21				0,9997	0,8998	0,6540	0,2114	0,0288	0,0048	0,0000	0,0000	78	
	22				0,9999	0,9369	0,7389	0,2864	0,0479	0,0091	0,0001	0,0000	77	
	23				1,0000	0,9621	0,8109	0,3711	0,0755	0,0164	0,0003	0,0000	76	
	24					0,9783	0,8686	0,4617	0,1136	0,0281	0,0006	0,0000	75	
	25					0,9881	0,9125	0,5535	0,1631	0,0458	0,0012	0,0000	74	
	26					0,9938	0,9442	0,6417	0,2244	0,0715	0,0024	0,0000	73	
	27					0,9969	0,9658	0,7224	0,2964	0,1066	0,0046	0,0000	72	
	28					0,9985	0,9800	0,7925	0,3768	0,1524	0,0084	0,0000	71	
	29					0,9993	0,9888	0,8505	0,4623	0,2093	0,0148	0,0000	70	
	30					0,9997	0,9939	0,8962	0,5491	0,2766	0,0248	0,0000	69	
	31					0,9999	0,9969	0,9307	0,6331	0,3525	0,0398	0,0001	68	
	32					1,0000	0,9984	0,9554	0,7107	0,4344	0,0615	0,0002	67	
	33						0,9993	0,9724	0,7793	0,5188	0,0913	0,0004	66	
100	34						0,9997	0,9836	0,8371	0,6019	0,1303	0,0009	65	100
	35						0,9999	0,9906	0,8839	0,6803	0,1795	0,0018	64	
	36						0,9999	0,9948	0,9201	0,7511	0,2386	0,0033	63	
	37						1,0000	0,9973	0,9470	0,8123	0,3068	0,0060	62	
	38							0,9986	0,9660	0,8630	0,3822	0,0105	61	
	39							0,9993	0,9790	0,9034	0,4621	0,0176	60	
	40							0,9997	0,9875	0,9341	0,5433	0,0284	59	
	41							0,9999	0,9928	0,9566	0,6225	0,0443	58	
	42							0,9999	0,9960	0,9724	0,6967	0,0666	57	
	43							1,0000	0,9979	0,9831	0,7635	0,0967	56	
	44								0,9989	0,9900	0,8211	0,1356	55	
	45								0,9995	0,9943	0,8689	0,1841	54	
	46								0,9997	0,9969	0,9070	0,2421	53	
	47								0,9999	0,9983	0,9362	0,3086	52	
	48								0,9999	0,9991	0,9577	0,3822	51	
	49								1,0000	0,9996	0,9729	0,4602	50	
	50									0,9998	0,9832	0,5398	49	
	51									0,9999	0,9900	0,6178	48	
	52									1,0000	0,9942	0,6914	47	
	53										0,9968	0,7579	46	
	54										0,9983	0,8159	45	
	55										0,9991	0,8644	44	
	56										0,9996	0,9033	43	
	57										0,9998	0,9334	42	
	58										0,9999	0,9557	41	
	59										1,0000	0,9716	40	
	60											0,9824	39	
	61											0,9895	38	
	62											0,9940	37	
	63											0,9967	36	
	64											0,9982	35	
	65											0,9991	34	
	66											0,9996	33	
	67											0,9998	32	
	68											0,9999	31	
	69											1,0000	30	
n	k	p	0,99	0,95	0,9	$\frac{5}{6}$	0,8	0,75	0,7	$\frac{2}{3}$	0,6	0,5	k	n

Alle freien Plätze dieser Seite würden durch das Runden auf vier Nachkommastellen den Wert 1,0000 enthalten.

Werden Werte über den nicht hinterlegten, *kursiv* gedruckten Eingang der Tabelle abgelesen, also für p ≥ 0,5 , muss die Differenz 1−(abgelesener Wert) ermittelt werden.

Gaußsche Summenfunktion

$\Phi(x) = \frac{1}{\sqrt{2\pi}} \int_{-\infty}^{x} e^{-t^2} dt$ mit $\Phi(-x) = 1 - \Phi(x)$ Beispiele: $\Phi(-0,47) = 0,3192$

$\Phi(1,05) = 0,8531$

x	$\Phi(-x)$	$\Phi(x)$	x	$\Phi(-x)$	$\Phi(x)$	x	$\Phi(-x)$	$\Phi(x)$	x	$\Phi(-x)$	$\Phi(x)$	x	$\Phi(-x)$	$\Phi(x)$
	0,	0,		0,	0,		0,	0,		0,	0,		0,	0,
0,01	4960	5040	0,61	2709	7291	1,21	1131	8869	1,81	0351	9649	2,41	0080	9920
0,02	4920	5080	0,62	2676	7324	1,22	1112	8888	1,82	0344	9656	2,42	0078	9922
0,03	4880	5120	0,63	2643	7357	1,23	1093	8907	1,83	0336	9664	2,43	0075	9925
0,04	4840	5160	0,64	2611	7389	1,24	1075	8925	1,84	0329	9671	2,44	0073	9927
0,05	4801	5199	0,65	2578	7422	1,25	1056	8944	1,85	0322	9678	2,45	0071	9929
0,06	4761	5239	0,66	2546	7454	1,26	1038	8962	1,86	0314	9686	2,46	0069	9931
0,07	4721	5279	0,67	2514	7486	1,27	1020	8980	1,87	0307	9693	2,47	0068	9932
0,08	4681	5319	0,68	2483	7517	1,28	1003	8997	1,88	0301	9699	2,48	0066	9934
0,09	4641	5359	0,69	2451	7549	1,29	0985	9015	1,89	0294	9706	2,49	0064	9936
0,10	4602	5398	0,70	2420	7580	1,30	0968	9032	1,90	0287	9713	2,50	0062	9938
0,11	4562	5438	0,71	2389	7611	1,31	0951	9049	1,91	0281	9719	2,51	0060	9940
0,12	4522	5478	0,72	2358	7642	1,32	0934	9066	1,92	0274	9726	2,52	0059	9941
0,13	4483	5517	0,73	2327	7673	1,33	0918	9082	1,93	0268	9732	2,53	0057	9943
0,14	4443	5557	0,74	2296	7704	1,34	0901	9099	1,94	0262	9738	2,54	0055	9945
0,15	4404	5596	0,75	2266	7734	1,35	0885	9115	1,95	0256	9744	2,55	0054	9946
0,16	4364	5636	0,76	2236	7764	1,36	0869	9131	1,96	0250	9750	2,56	0052	9948
0,17	4325	5675	0,77	2206	7794	1,37	0853	9147	1,97	0244	9756	2,57	0051	9949
0,18	4286	5714	0,78	2177	7823	1,38	0838	9162	1,98	0239	9761	2,58	0049	9951
0,19	4247	5753	0,79	2148	7852	1,39	0823	9177	1,99	0233	9767	2,59	0048	9952
0,20	4207	5793	0,80	2119	7881	1,40	0808	9192	2,00	0228	9772	2,60	0047	9953
0,21	4168	5832	0,81	2090	7910	1,41	0793	9207	2,01	0222	9778	2,61	0045	9955
0,22	4129	5871	0,82	2061	7939	1,42	0778	9222	2,02	0217	9783	2,62	0044	9956
0,23	4090	5910	0,83	2033	7967	1,43	0764	9236	2,03	0212	9788	2,63	0043	9957
0,24	4052	5948	0,84	2005	7995	1,44	0749	9251	2,04	0207	9793	2,64	0041	9959
0,25	4013	5987	0,85	1977	8023	1,45	0735	9265	2,05	0202	9798	2,65	0040	9960
0,26	3974	6026	0,86	1949	8051	1,46	0721	9279	2,06	0197	9803	2,66	0039	9961
0,27	3936	6064	0,87	1922	8078	1,47	0708	9292	2,07	0192	9808	2,67	0038	9962
0,28	3897	6103	0,88	1894	8106	1,48	0694	9306	2,08	0188	9812	2,68	0037	9963
0,29	3859	6141	0,89	1867	8133	1,49	0681	9319	2,09	0183	9817	2,69	0036	9964
0,30	3821	6179	0,90	1841	8159	1,50	0668	9332	2,10	0179	9821	2,70	0035	9965
0,31	3783	6217	0,91	1814	8186	1,51	0655	9345	2,11	0174	9826	2,71	0034	9966
0,32	3745	6255	0,92	1788	8212	1,52	0643	9351	2,12	0170	9830	2,72	0033	9967
0,33	3707	6293	0,93	1762	8238	1,53	0630	9370	2,13	0166	9834	2,73	0032	9968
0,34	3669	6331	0,94	1736	8264	1,54	0618	9382	2,14	0162	9838	2,74	0031	9969
0,35	3632	6368	0,95	1711	8289	1,55	0606	9394	2,15	0158	9842	2,75	0030	9970
0,36	3594	6406	0,96	1685	8315	1,56	0594	9406	2,16	0154	9846	2,76	0029	9971
0,37	3557	6443	0,97	1660	8340	1,57	0582	9418	2,17	0150	9850	2,77	0028	9972
0,38	3520	6480	0,98	1635	8365	1,58	0571	9429	2,18	0146	9854	2,78	0027	9973
0,39	3483	6517	0,99	1611	8389	1,59	0559	9441	2,19	0143	9857	2,79	0026	9974
0,40	3446	6554	1,00	1587	8413	1,60	0548	9452	2,20	0139	9861	2,80	0026	9974
0,41	3409	6591	1,01	1562	8438	1,61	0537	9463	2,21	0136	9864	2,81	0025	9975
0,42	3372	6628	1,02	1539	8461	1,62	0526	9474	2,22	0132	9868	2,82	0024	9976
0,43	3336	6664	1,03	1515	8485	1,63	0516	9484	2,23	0129	9871	2,83	0023	9977
0,44	3300	6700	1,04	1492	8508	1,64	0505	9495	2,24	0125	9875	2,84	0023	9977
0,45	3264	6736	1,05	1469	8531	1,65	0495	9505	2,25	0122	9878	2,85	0022	9978
0,46	3228	6772	1,06	1446	8554	1,66	0485	9515	2,26	0119	9881	2,86	0021	9979
0,47	3192	6808	1,07	1423	8577	1,67	0475	9525	2,27	0116	9884	2,87	0021	9979
0,48	3156	6844	1,08	1401	8599	1,68	0465	9535	2,28	0113	9887	2,88	0020	9980
0,49	3121	6879	1,09	1379	8621	1,69	0455	9545	2,29	0110	9890	2,89	0019	9981
0,50	3085	6915	1,10	1357	8643	1,70	0446	9554	2,30	0107	9893	2,90	0019	9981
0,51	3050	6950	1,11	1335	8665	1,71	0436	9564	2,31	0104	9896	2,91	0018	9982
0,52	3015	6985	1,12	1314	8686	1,72	0427	9573	2,32	0102	9898	2,92	0018	9982
0,53	2981	7019	1,13	1292	8708	1,73	0418	9582	2,33	0099	9901	2,93	0017	9983
0,54	2946	7054	1,14	1271	8729	1,74	0409	9591	2,34	0096	9904	2,94	0016	9984
0,55	2912	7088	1,15	1251	8749	1,75	0401	9599	2,35	0094	9906	2,95	0016	9984
0,56	2877	7123	1,16	1230	8770	1,76	0392	9608	2,36	0091	9909	2,96	0015	9985
0,57	2843	7157	1,17	1210	8790	1,77	0384	9616	2,37	0089	9911	2,97	0015	9985
0,58	2810	7190	1,18	1190	8810	1,78	0375	9625	2,38	0087	9913	2,98	0014	9986
0,59	2776	7224	1,19	1170	8830	1,79	0367	9633	2,39	0084	9916	2,99	0014	9986
0,60	2743	7257	1,20	1151	8849	1,80	0359	9641	2,40	0082	9918	3,00	0013	9987

Binomialverteilung

Stichwortverzeichnis

Änderungsrate
    Bakterienwachstum, 11
    Medikamentenkonzentration, 14
Öffnungswinkel, 31
Übergangsgraph, 31

Abbildung, 24, 26, 29, 30
Abstand
    Punkt-Ebene, 30
Asymptote, 13, 17
Aufnahmefähigkeit, 8
Aufstellen von Funktionen
    Exponentialfunktion, 14
    ganzrationale Funktionen, 9
    gebrochenrationale Funktionen, 19

Baumdiagramm, 36, 38
Beleuchtungsstärke, 20
Berührpunkt
    Kugel-Ebene, 30
Bernoulliexperiment, 38
Bernoullikette, 40
Binomialverteilung, 35, 36, 39

Definitionsbereich
    gebrochenrationale Funktionen, 10
    ln-Funktion, 18

Ebenenschar, 31
Exponentielles Wachstum, 22
Extremwertaufgabe, 20
Extremwertaufgaben
    Aufnahmefähigkeit, 8
    Ertrag, 9
    Kosten, 10
    Volumen, 11

Fehler 1. Art, 38
Fehler 2. Art, 35
Fixvektor, 31–33
Fläche
    ins Unendliche reichende, 13
    zwischen Graph und Achse, 12
    zwischen zwei Graphen, 12
Funktionenschar
    e-Funktion, 12, 13
    ln-Funktion, 17
Funktionenscharen
    gebrochenrationale Funktionen, 10

Gütemaß, 21
Gaußfunktion, 35, 38
Gemeinsame Eigenschaften
    von Graphen, 10
Geraden
    gegenseitige Lage, 34
Glockenkurve, 21
Grenzwert, 21

Halbkugel, 26
Hypothesentest, 35, 36, 38–40

Integralanpassung, 21
Integralgleichung, 19
Interpretation von Graphen, 10, 19
Inverse Matrix, 32, 33
Irrtumswahrscheinlichkeit, 38

Kreiswinkel, 24

l'Hopital-Regel, 17
Laplace-Bedingung, 38
Lotgerade, 31

Matrizenmultiplikation, 32, 33
Mittelwert
    von Integralen, 20

Näherungsfunktion, 22
Neigungswinkel, 29, 32
Nullhypothese, 35, 36, 38–40

Ortskurve, 17

Partielle Integration, 14
Populationsentwicklung, 13
Produktintegration, 14
Projektion, 24
Pyramide, 26, 32
Pyramidenstumpf, 32, 34

Regression, 22
Rotation
    um die y-Achse, 16
Rotationskörper
    ln-Funktionen, 16, 17

Schatten, 26
Schattenlänge, 29
Schnitt
    Gerade - Ebene, 29
Schwerpunkt, 32
Sonnenstrahlen, 26
Spurpunkte, 29
Symmetrie, 16, 21
Symmetrieabbildung, 30

Tetraeder, 30
Tetraeder-Würfel, 40
Trapez, 34

Vektorprodukt, 51
Vierfeldertafel, 38

Wachstumsgeschwindigkeit, 11, 22
Windschiefe Geraden, 32, 34
Winkelberechnung
    zwischen Ebenen, 32

Ziehen
    ohne Zurücklegen, 39

Ihr Feedback zu diesem Buch

Für Ihre Anregungen, Hinweise und Bewertungen sind wir dankbar und offen.
Sie helfen damit, dieses Buch noch weiter zu optimieren ... für einen bestmöglichen
Erfolg im Mathe-Abi.

Als einfache und schnelle Verfahren bieten sich folgende Wege für Ihr Feedback an:
- per Post: einfach dieses Blatt im frankierten Umschlag zurücksenden;
- per Fax: an unsere Faxnummer 0761 45699 45;
- per E-mail: an info@freiburger-verlag.de;
- per Internet: unter www.freiburger-verlag.de.

Besten Dank für Ihre Mithilfe! Zudem erhalten Sie für alle Vorschläge, die in Folgeauflagen eingearbeitet werden, als Dankeschön eine kleine Aufmerksamkeit von uns.

Erfolg im Mathe-Abi NRW
Das Prüfungsaufgaben-Übungsbuch für den Leistungskurs

Seite	Anregung

Erfolg im Mathe-Abi NRW
Übungsbücher für das Basiswissen und für Prüfungsaufgaben

Freiburger Verlag GmbH
›Erfolg im Mathe-Abi‹
Hartkirchweg 37

79111 Freiburg

Fax: 0761 45699 45

Absender:

_____
Name / Vorname / Position

_____
Straße / Nr.

_____
PLZ / Ort

_____
Tel. für Rückfragen

_____
email-Adresse

_____
Kundennummer, falls bekannt

_____
Schule

_____
Klasse

_____
Schuladresse

**Besten Dank für Ihre Mithilfe!
Ihr Freiburger-Verlags-Team**